SCHAUM'S
outlines

German Vocabulary

Third Edition

Edda Weiss

Conrad J. Schmitt

Former Editor-in-Chief
Foreign Language Department, McGraw-Hill

Lois M. Feuerle, Ph.D.

Former Coordinator of Court Interpreting Services
New York Unified Court System

Christine Effertz

Former Adult Education Program Instructor
Volkshochschule Ravensberg, Halle, Bielefeld, Germany

Schaum's Outline Series

**Mc
Graw
Hill**

New York   Chicago   San Francisco
Lisbon   London   Madrid   Mexico City
Milan   New Dehli   San Juan
Seoul   Singapore   Sydney   Toronto

EDDA WEISS taught German at Hackensack High School, Hackensack, New Jersey. In addition to *Schaum's Outline of German Vocabulary,* she is the author of *Deutsch: Entdecken Wir Es!* and *Deutsch: Erleben Wir Es!*

CONRAD J. SCHMITT was Editor in Chief of Foreign Language, ESL, and bilingual publishing with McGraw-Hill. Prior to joining McGraw-Hill, Mr. Schmitt taught languages at all levels of instruction, from elementary school through college. He also served as Coordinator of Foreign Languages for the Hackensack, New Jersey, Public Schools. In addition to *Schaum's Outline of Spanish Vocabulary,* Mr. Schmitt is the author of *Schaum's Outline of Spanish Grammar, Español: Comencemos, Español: Sigamos,* and the *Let's Speak Spanish* and *A Cada Paso* series. He is also coauthor of *Español: A Descubrirlo, Español: A Sentirlo, La Fuente Hispana, Le Français: Commençons, Le Français: Continuons,* and *Schaum's Outline of Italian Grammar.*

LOIS M. FEUERLE received her B.A. in German from the University of Vermont, her J.D. from the New York University School of Law, and her doctorate in Germanic Languages and Literatures from the University of Kansas. Dr. Feuerle also spent two years at the Christian-Albrechts-Universität in Kiel, Germany, in addition to her studies in Vienna and Salzburg, Austria. She was later Lektorin für Amerikanistik at the Pädagogische Hochschule in Kiel. She has taught German to students of all ages in a variety of contexts, including the University of Kansas Intensive Language Institute in Holzkirchen, Germany, Marshall University, the German Language School of Morris Plains, and Montclair State University. She was later Adjunct Assistant Professor of German and Translation in the Department of Foreign Languages at the New York University School of Continuing Education, where she also administered the Translation Studies Program. She subsequently served as the Coordinator of Court Interpreting Services for the New York State Unified Court System, Office of Court Administration, and then as Coordinator of Court Interpreter Certification, Testing and Training for the Oregon Judicial Department. She has translated numerous books, law review articles, and a wide variety of other legal materials and non-legal materials from German into English. She currently serves on the boards of directors of the National Association of Judiciary Interpreters and Translators (NAJIT) and of the American Translators Association (ATA). She is also the coauthor of the three-book series *Communicating in German: Novice/Intermediate/Advanced* and of the second, third, and fourth editions of *Schaum's Outline of German Grammar.*

CHRISTINE EFFERTZ earned her degree in English and Education at the University of Bielefeld, where she specialized in teaching English as a Second Language and *Deutsch für Ausländer* (German for Foreigners). She also attended classes at Montclair State University in Montclair, New Jersey, and observed teaching styles at the Montclair Adult School. Ms. Effertz has extensive experience teaching German to preschool and school-age children, as well as English to adults in the workplace in both traditional and nontraditional educational settings. For many years she was employed in the adult education program at the *Volkshochschule Ravensberg, Halle,* where she taught beginning, intermediate, and advanced English classes, as well as special classes for adult learners 50 years of age and older. Ms. Effertz currently makes daily use of both her German and English skills for a German manufacturing company, where she manages its relations with the English-speaking world.

Schaum's Outline of
GERMAN VOCABULARY

Copyright © 2010, 1999, 1986 by The McGraw-Hill Companies, Inc. All rights reserved. Printed in the United States of America. Except as permitted under the Copyright Act of 1976, no part of this publication may be reproduced or distributed in any form or by any means, or stored in a data base or retrieval system, without the prior written permission of the publisher.

3 4 5 6 7 8 9 0 CUS CUS 0 1 4 3 2

ISBN 978-0-07-161547-1
MHID 0-07-161547-4

Sponsoring Editor: Anya Kozorez
Production Supervisor: Tama L. Harris
Editing Supervisor: Maureen B. Dennehy
Project Supervision: Village Bookworks, Inc.

Library of Congress Cataloging-in-Publication Data

Weiss, Edda.
    Schaum's outline of German vocabulary / Edda Weiss ... [et al.]. — 3rd ed.
      p. cm. — (Schaum's outline series)
    ISBN-13: 978-0-07-161547-1
    ISBN-10: 0-07-161547-4
    1. German language—Conversation and phrase books—English. 2. German
language—Vocabulary. I. Title. II. Title: German vocabulary.
  PF3074.73.W45 2009
  438.3'421—dc22
                                      2009025932

Preface to the Third Edition

Much has happened in the German-speaking world in the decade since the second edition of *Schaum's Outline of German Vocabulary* was published in 1999. Memories of the former German Democratic Republic are fading, and the Federal Republic of Germany remains a major economic force. Germany and Austria, together with 13 other European Union member countries, have abandoned their old currencies, the German Mark (DM) and the Austrian Schilling (ÖS), in favor of the Euro, while non-EU members Switzerland and Liechtenstein continue to use the Swiss Franc (SFR) as their common currency. But for the student of language, it is the controversial German Orthographic Reform—*die deutsche Rechtschreibreform*—that may be the most important change since the second edition.

On July 1, 1996, the representatives of the four German-speaking countries, Germany, Austria, Switzerland, and Liechtenstein, signed an international agreement to introduce the new spelling by August 1, 1998. After a transition period marked by considerable resistance and debate that resulted in minor revisions, the German Orthographic Reform went into effect on August 1, 2006.

The German Orthographic Reform addresses several important issues, the most significant of which is the endeavor to make German orthography reflect the sounds of spoken German more closely. Other issues are capitalization, hyphenation, writing certain words separately or together, and punctuation. It should be reassuring to the student that some authorities estimate that about 90% of the changes mandated by the reform involve the letters **ss** and **ß**.

Although the new spelling rules must be observed in German schools, a number of authors, publishers, and newspapers have chosen to continue to observe some version of the old rules. A simple tip-off as to whether a publication follows the old or the new rules is to find the German word for "that" introducing a subordinate clause (e.g., „**Ich weiß, dass sie hier ist**" vs. "**Ich weiß, daß sie hier ist**"). If the German word ends in **ss**, the publication is following the new spelling rules, and if the word is spelled with **ß**, it is adhering to the old rules: **dass** (new) vs. **daß** (old).

Schaum's Outline of German Vocabulary follows the new rules. For a reference work that presents and illustrates the new rules, consult *Duden, Die Deutsche Rechtschreibung* (ed. 24, vol. 1, Dudenverlag, 2006). This work provides a comprehensive list of 130,000 entries, showing the preferred and acceptable spellings and, importantly, highlighting the differences between the old and the new.

In all other respects, the goals of this new edition of *Schaum's Outline of German Vocabulary* remain the same as those of the preceding edition.

Lois M. Feuerle
Christine Effertz

Preface to the Second Edition

The purpose of this book is to provide the user with words in context—the vocabulary that is needed to converse meaningfully and effectively in everyday situations about everyday topics. Although the book contains a review of many common basic words that the user has no doubt already encountered in his or her study of German up to now, the aim of *Schaum's Outline of German Vocabulary* is to enrich the student's knowledge of the language by presenting words that seldom appear in typical language-learning textbooks, but which are essential in order to communicate comfortably in a given situation.

Unlike a typical bilingual dictionary, *Schaum's Outline of German Vocabulary* introduces each word in context in easy-to-remember subject matter groupings and then manipulates the context in illustrative sentences and exercises so that the user can make each word his or her own. Because words often have a range of meanings and because perfect one-for-one equivalence is rare between two languages, as the user becomes more and more familiar with German, he or she will discover that the words we have glossed for the situations presented in this book might have other meanings when used in different contexts. This should not be a cause for uneasiness on the part of the student; it is a sign that the student's knowledge of German is growing and becoming deeper.

The content of each chapter is focused on a real-life situation, such as making a telephone call, traveling by plane, staying at a hotel, or using a computer. In order to build vocabulary and to provide the practice required to retain it, each chapter is divided into subtopics in which a few new words are introduced. Each subtopic is then followed by a series of exercises in which the student has the opportunity to use the words presented. A master answer key is included in this book so that users can self-correct their responses immediately, a very important step in language acquisition. Footnotes and appendixes provide additional useful information.

So that the student can also use this book as a reference tool, at the end of each chapter there is a German-English vocabulary list with the key words that were used in that chapter. An English-German vocabulary list for each chapter appears after the appendixes. In addition, at the end of the book there is a German-English glossary and an English-German glossary covering the entire book. Great care has been taken to include the plural forms of nouns, since this is much less predictable in German than in English.

Schaum's Outline of German Vocabulary can be used as a review text or as an enriching supplement to any basic text. It is ideal for self study and is a handy resource for travelers to prepare themselves for visits to German-speaking countries. Because German grammar is quite different from English grammar, to develop a high level of proficiency, it is recommended that this book be used in conjunction with a reference grammar such as *Schaum's Outline of German Grammar*.

Lois M. Feuerle
Christine Effertz

Contents

CHAPTER 1

At the Airport
Am Flughafen

Getting to the Airport

Der Flughafen hat zwei Terminals (*Hallen*).
Halle A ist für *Auslandsflüge*.
Halle B ist für *Inlandsflüge*.
Man kann *ein Taxi* zum Flughafen *nehmen*.
Man kann *einen Bus nehmen*.
Der Bus *fährt* vom *Hauptbahnhof* in der Stadt *ab*.

terminals
international flights
domestic/national flights
take a taxi
take a bus
leaves from the main railroad station

1. Complete the following paragraph.

Ich möchte nicht mit dem Taxi zum Flughafen fahren. Das kostet zu viel. Ich fahre lieber mit dem (1) _____. Die Busse fahren vom (2) _____ in der Stadt ab. Diese Busse fahren oft. Sie (3) _____ alle fünfzehn Minuten vom Hauptbahnhof ab.

2. Complete the following dialog.

—Zu welchem Terminal wollen Sie, bitte?
—Gibt es mehr als ein (1) _____ am Flughafen?
—Ja, es gibt zwei. Terminal A ist für (2) _____, und (3) _____ B ist für
(4) _____.
—Ich fliege nach New York. Es ist ein (5) _____. Ich möchte zu
(6) _____ A, bitte.

Fig. 1-1

Checking In (Fig. 1-1)

Da ist der *Schalter der Fluggesellschaft.*	*airline counter*
Die *Schlange* ist *lang.*	*line; long*
Der Mann möchte den *Flugschein* sehen.	*ticket*
Sie möchte auch den *Reisepass* und das *Visum* sehen.	*passport; visa*

3. Complete the following paragraph.

Wenn man am Flughafen ankommt, muss man zum (1) _____ der Fluggesellschaft gehen. Oft ist dort eine lange (2) _____, weil so viele Passagiere am (3) _____ warten. Am Schalter muss man seinen (4) _____ zeigen. Bei einem (5) _____ muss man dem Mann auch seinen (6) _____ zeigen.

Fig. 1-2

Speaking with the Airline Agent (Fig. 1-2)

—Ihr Flugticket[1] bitte.

—*Bitte schön.*   *certainly (here it is)*

—Sie fliegen nach Frankfurt? Darf ich Ihren Pass sehen?
  Danke schön. Möchten Sie am Fenster oder am Gang
  sitzen?

—*Am Gang,* bitte.   *on the aisle*

—Sie haben Platz C *in Reihe* 20. Haben Sie *Gepäck*?   *in row; luggage*

—Ja. Ich habe einen *Koffer* und eine *Tasche.*   *suitcase; bag*

—Nehmen Sie *Handgepäck* an Bord?   *carry-on luggage*

—Nur eine *Aktentasche.*   *briefcase*

—Gut. Ihr Handgepäck muss *unter den Sitz passen.*   *fit under the seat*
  Hier ist ein *Anhänger* für Ihren Koffer.   *tag*

—Danke schön.

—Alles klar. Hier ist Ihre *Bordkarte, Flug* Nummer 375 *boarding pass; flight*
  nach Frankfurt, Platz C, Reihe 20. Und hier sind zwei
  Fluggepäckscheine für Ihr Gepäck. Ihr Koffer wird   *baggage claim stubs*
  nach Frankfurt *durchgecheckt.*[2] Sie können ihn in   *checked*
  Frankfurt *abholen.* Ihr Flug *wird* innerhalb einer   *claim, pick up*
  halben Stunde *aufgerufen.* Gute Reise!   *will be announced*

---

[1]The German word **Flugschein** is also often used. In general, however, flight vocabulary in German is heavily angli-
cized and one frequently hears words such as **Terminal** and **Gate** used instead of **Flughalle** and **Ausgang.**

[2]See footnote 1. The terms **eingecheckt, ausgecheckt,** and **durchgecheckt** are commonly used.

4. Complete the following sentences.

1. Herr Bosch fliegt von New York nach Frankfurt. Es ist ein _____.
2. Er ist am _____ der Fluggesellschaft.
3. Er spricht mit der Dame. Sie möchte seinen _____ sehen. Da es ein Auslandsflug ist, möchte sie auch seinen _____ sehen.
4. Er möchte einen _____ am _____.
5. Platz C, _____ 22 ist am _____.
6. In den Flugzeugen muss das _____ unter den Sitz passen. Das ist kein Problem für Herrn Bosch. Er hat nur eine _____ bei sich.
7. Die Dame gibt ihm einen _____ für seinen Koffer.
8. Man braucht eine _____, um an Bord zu kommen.
9. Herr Bosch fliegt mit _____ 375 nach Frankfurt. Er hat _____ C, _____ 22.
10. Sein Koffer wird nach Frankfurt durchgecheckt. Er hat seinen _____ und kann seinen Koffer in Frankfurt _____.

5. Answer the following questions with complete sentences, based on Fig. 1-3.

1. Wo ist der Passagier? _____
2. Mit wem spricht sie? _____
3. Was gibt sie der Dame am Schalter? _____
4. Wo möchte sie sitzen? _____
5. Wie viele Koffer hat sie? _____
6. Hat sie Handgepäck? _____
7. Was hat sie? _____
8. Passt die Aktentasche unter den Sitz? _____
9. Was gibt die Dame am Schalter dem Passagier?

   _____
10. Mit welchem Flug fliegt sie? _____
11. Wohin fliegt sie? _____
12. Welchen Platz hat sie? _____
13. Wo ist der Platz? _____
14. Wie viele Koffer werden durchgecheckt? _____
15. Wo kann sie ihre Koffer abholen? _____

6. Choose the option that correctly completes each of the following sentences.

1. _____ Die Passagiere müssen der Dame am Schalter ihre Reisepässe zeigen, weil es ein _____ ist.
   - a. Auslandsflug
   - b. langer Flug
   - c. Inlandsflug
2. _____ Platz C ist _____.
   - a. am Fenster
   - b. am Gang
   - c. in der Mitte
3. _____ Um mein Gepäck zu identifizieren, brauche ich diesen _____.
   - a. Platz
   - b. Koffer
   - c. Fluggepäckschein
4. _____ Um an Bord zu kommen, braucht man _____.
   - a. eine Bordkarte
   - b. einen Anhänger
   - c. einen Fluggepäckschein
5. _____ Mein Platz ist in _____ 22.
   - a. Schalter
   - b. Reihe
   - c. Nichtraucherzone

Fig. 1-3

Listening to Announcements

Ein Flug *wird aufgerufen*. Lufthansa Flug 375 nach Frankfurt ist *zum Abflug bereit*. Die Passagiere gehen durch die *Sicherheitskontrolle* und dann zum Gate 18, Terminal A.

is being announced
ready for departure
security

7. Complete the following sentences.

1. Flug 375 ist zum _____ bereit.
2. Der _____ wird aufgerufen.
3. Flug 375 _____ wird aufgerufen.
4. Die Passagiere müssen durch die _____ gehen.
5. Ihr Handgepäck wird von der _____ kontrolliert.
6. Die Passagiere gehen zum _____ 18.

8. Complete the following sentences.

1. Die Maschine wird abfliegen. Der _____ wird aufgerufen.
2. Der Flug geht _____ Frankfurt.
3. Die Passagiere müssen durch die _____.
4. Die Passagiere gehen zum _____ 18, _____ A.

Eine Ankunft *wird durchgesagt*. Die Fluggesellschaft *gibt die Ankunft* des Fluges 375 aus New York *bekannt*, in Terminal B, Gate 20.

is being announced
announces the arrival

9. Complete the following sentences.

—Ich habe die Durchsage nicht verstanden. Wurde unser Flug schon aufgerufen?

—Nein, ein anderer Flug wurde (1) _____.

—Welcher Flug?

—(2) _____ 306 (3) _____ Hamburg (4) _____ Paris.

Going Through Security

Jeder Passagier muss durch die *Sicherheitskontrolle*.	security
Man[3] muss das Handgepäck *flach* auf das *Fließband* legen.	flat; conveyor belt
Das Gepäck wird *durchleuchtet*.	x-rayed
Die Handtasche muss man auch auf das Fließband legen.	
Der Passagier muss dann durch die *Sicherheitsschleuse* gehen.	security gate
Wenn es dann *summt*, muss man *Schlüssel, Münzen, usw.*	buzzes; keys, coins, etc.
in den kleinen *Korb* legen.	basket
Man muss die *Taschen ausleeren*.	pockets; empty
Danach wird man mit der *Magnetsonde* kontrolliert.	wand
Wenn es jetzt nicht summt, bekommt man sein Handgepäck	
zurück.	
Dann darf man weiter zum *Gate* gehen.	gate

10. Complete the following paragraph.

Ich fliege heute nach München. Nachdem ich meine Bordkarte bekommen habe, muss ich durch die (1) _____. Erst lege ich meinen Mantel auf das (2) _____. Dann lege ich meinen Koffer (3) _____ auf das Fließband, wo er (4) _____ wird. Meine (5) _____ lege ich auch auf das Fließband. Danach gehe ich durch die (6) _____. Es (7) _____! Was mache ich jetzt? Ich leere meine Taschen aus. Ich lege meine (8) _____ und (9) _____ in den kleinen (10) _____. Jetzt werde ich mit der (11) _____ kontrolliert. Es summt nicht. Ich darf jetzt weiter zum (12) _____.

Frau Möller kommt am Flughafen an und sieht, dass es zwei Hallen gibt. Eine ist für Auslandsflüge und die andere für Inlandsflüge. Da sie ins Ausland fliegt, geht sie zum Terminal für Auslandsflüge. Sie geht sofort zum Schalter der Fluggesellschaft, mit der sie fliegt. Sie zeigt der Dame am Schalter ihren Flugschein. Die Dame möchte auch ihren Reisepass sehen. Alles ist in Ordnung. Frau Möller gibt ihr Gepäck ab. Sie hat zwei Koffer. Die Dame klebt zwei Fluggepäckscheine auf die Flugscheinhülle und erklärt Frau Möller, dass sie ihre Koffer nach der Ankunft in New York abholen kann. Die Dame gibt ihr auch einen Anhänger für die Tasche, die sie mit an Bord nimmt. Das Handgepäck, also die Tasche, muss unter den Sitz passen. Frau Möller sagt der Dame, dass sie einen Platz am Gang gebucht hatte. Der Computer bestätigt aber diesen reservierten Platz nicht. Kein Problem! Der Flug ist nicht voll besetzt. Es gibt noch Plätze, sogar am Gang. Frau Möller bekommt ihre Bordkarte. Sie hat Platz C, Reihe 20. Flug 375 nach New York fliegt von Gate Nummer 28 ab. Frau Möller möchte wissen, ob es ein Nonstopflug ist. Nein, das ist es nicht. Zwischenlandung ist in Düsseldorf, aber die Transitpassagiere brauchen nicht umzusteigen. Die Maschine fliegt dann nach New York weiter.

---

[3]The impersonal construction with **man** (*one*) is used much more frequently in German than in English, where constructions with *one* (e.g., *One doesn't do that!*) sound a bit stilted and are not used very much in everyday conversation.

Bald darauf hört Frau Möller diese Durchsage: „Lufthansa Flug 375 nach New York ist zum Abflug bereit. Bitte gehen Sie nicht zum Gate 28, sondern zum Gate 18."

11. Complete the following sentences, based on the story of Frau Möller.

1. Es gibt zwei _____ im Flughafen. Eine ist für _____ und die andere für_____.
2. Die _____ arbeitet am _____ der _____.
3. Die Passagiere müssen der Dame ihre _____ zeigen. Wenn sie ins Ausland fliegen, brauchen sie auch _____.
4. Frau Möller gibt der Dame ihr _____. Sie hat zwei Koffer.
5. Die Dame klebt die _____ auf die Flugscheinhülle. Frau Möller wird die _____ brauchen, wenn sie ihr Gepäck in New York abholt.
6. Frau Möller nimmt eine _____ an Bord. Das _____ muss unter den Sitz _____.
7. Frau Möller möchte am _____ sitzen.
8. Der Computer zeigt keine Platzreservierung für Frau Möller. Das Flugzeug ist nicht voll _____. Es gibt _____ Plätze.
9. Frau Möller sieht sich ihre _____ an. Sie hat _____ C, _____ 20.
10. Die Maschine macht eine _____ in Düsseldorf, aber Frau Möller muss nicht _____.
11. Der _____ von Flug 375 _____ New York mit Zwischenlandung in Düsseldorf wird durchgesagt.
12. Die Passagiere des Lufthansafluges Nummer 375 müssen zum _____ 18 gehen.

12. Answer the following questions with complete sentences, based on the story of Frau Möller.

1. Wo kommt Frau Möller an? _____
2. Wie viele Terminals gibt es? _____
3. Warum gibt es zwei? _____
4. Wohin geht Frau Möller sofort? _____
5. Was möchte die Dame sehen? _____
6. Wie viele Koffer hat Frau Möller? _____
7. Worauf klebt die Dame die Fluggepäckscheine? _____
8. Wo kann Frau Möller ihre Koffer abholen? _____
9. Was nimmt sie mit an Bord? _____
10. Wohin muss das Handgepäck passen? _____
11. Hat Frau Möller einen reservierten Platz? _____
12. Warum ist das kein Problem? _____
13. Welchen Platz hat Frau Möller? _____
14. Zu welchem Ausgang muss sie gehen? _____
15. Ist es ein Nonstopflug? _____

13. Complete the following paragraph, based on the story of Frau Möller.

Frau Möller fliegt mit (1) _____ 375 (2) _____ New York. Die Maschine macht eine (3) _____ in Düsseldorf, aber Frau Möller muss nicht (4) _____. Sie hat (5) _____ C, (6) _____ 20.

Key Words

abfahren *to leave (trains, buses)*
abfliegen *to leave (planes)*
der Abflug, die Abflüge *departure (of planes)*
abholen *to pick up*
die Aktentasche, die Aktentaschen *briefcase*
der Anhänger, die Anhänger *tag*
ankommen *to arrive*
die Ankunft, die Ankünfte *arrival*
der Aufruf, die Aufrufe *announcement*
aufrufen *to announce*
(einen Flug) aufrufen *to announce (a flight)*
aus *from (arriving from)*
auschecken *to check out*
der Ausgang, die Ausgänge *gate*
der Auslandsflug, die Auslandsflüge
    international flight
(einen Flugschein) ausstellen *to issue (a ticket)*
der Bahnhof, die Bahnhöfe *railroad station*
bekannt geben *to announce*
bereit *ready*
(voll) besetzt *full (fully booked)*
an Bord *on board*
die Bordkarte, die Bordkarten *boarding pass*
der Bus, die Busse *bus*
durchchecken *to check through*
durchleuchten *to x-ray*
die Durchsage, die Durchsagen *announcement*
durchsagen *to announce*
einchecken *to check in*
das Fenster, die Fenster *window*
am Fenster *by the window*
fliegen *to fly*
das Fließband, die Fließbänder *conveyor belt*
der Flug, die Flüge *flight*
der Fluggepäckschein, die Fluggepäckscheine
    baggage claim check
die Fluggesellschaft, die Fluggesellschaften
    airline
der Flughafen, die Flughäfen *airport*
die Fluglinie, die Fluglinien *airline*
der Flugschein, die Flugscheine *airline ticket*
die Flugscheinhülle, die Flugscheinhüllen
    ticket holder
das Flugzeug, die Flugzeuge *plane*
frei *free (available)*
der Gang, die Gänge *aisle*
am Gang *on the aisle*
das Gate, die Gates *gate*
das Gepäck *luggage*
das Gepäck aufgeben *to check one's luggage*

die Halle, die Hallen *terminal*
das Handgepäck *carry-on luggage*
der Hauptbahnhof, die Hauptbahnhöfe
    main railroad station
der Inlandsflug, die Inlandsflüge *domestic/
    national flight*
der Koffer, die Koffer *suitcase*
der Korb, die Körbe *basket*
die Maschine, die Maschinen *plane*
mitnehmen *to take along*
nach *to (destination)*
die Nichtraucherzone, die Nichtraucherzonen
    no smoking section
der Nonstopflug, die Nonstopflüge *nonstop flight*
der Passagier, die Passagiere *passenger (male or
    female)*
passen *to fit*
der Platz, die Plätze *seat*
die Platzreservierung, die Platzreservierungen
    seat reservation
rauchen *to smoke*
die Raucherzone, die Raucherzonen *smoking
    section*
die Reihe, die Reihen *row*
die Reise, die Reisen *trip*
reisen *to travel*
der Reisepass (Pass), die Reisepässe (Pässe)
    passport
der Schalter, die Schalter *counter*
die Schlange, die Schlangen *line, queue*
die Sicherheitskontrolle, die Sicherheitskontrollen
    security check
die Sicherheitsschleuse, die Sicherheitsschleusen
    security gate
der Sitz, die Sitze *seat*
summen *to buzz*
der Tarif, die Tarife *fare*
die Tasche, die Taschen *bag*
das Taxi, die Taxis *taxi*
ein Taxi (einen Bus) nehmen *to take a taxi (bus)*
das Terminal, die Terminals *terminal*
der Transitpassagier, die Transitpassagiere
    through passenger (male or female)
das Ticket, die Tickets *ticket*
umsteigen *to change (planes, trains, etc.)*
unter *under, underneath*
das Visum, die Visa *visa*
zeigen *to show*
die Zwischenlandung, die Zwischenlandungen
    stopover

CHAPTER 2

On the Airplane
Im Flugzeug

Welcome on Board (Fig. 2-1)

Der *Flugkapitän* (der Pilot) und das *Kabinenpersonal* (die
Besatzung) *befassen sich mit* der *Sicherheit* der Passagiere.
Die *Flugbegleiter* arbeiten im Flugzeug.

pilot; crew
occupy themselves with safety
flight attendants

Fig. 2-1

Sie *begrüßen* die Passagiere und *betreuen* sie. Die	*greet; take care of*
Erste-Klasse-Kabine ist *vorne.*	*in front*
Die *größere Kabine* ist für die Economy-Klasse.	*main (larger) cabin*
Während des Fluges dürfen die Passagiere nicht ins *Cockpit.*	*cockpit*
Das *Betreten* des Cockpits ist *verboten.*	*no admittance*
Das Flugzeug (Die Maschine) ist *startbereit.*	*ready for takeoff*
Es (Sie) startet.	
Die Maschine *landet* in München.	*lands*

1. Complete the following sentences.

1. Das Personal an Bord ist das _____.
2. Die _____ betreuen die Passagiere.
3. Vorne ist immer die _____.
4. Die Passagiere der Economy-Klasse reisen in der _____.
5. Während des Fluges ist das Betreten des _____ verboten.
6. Der Pilot sitzt im _____.
7. Zu Beginn des Fluges _____ die Maschine.
8. Am Ende des Fluges _____ die Maschine.

Announcements on Board

Unsere *Flugzeit beträgt* sieben Stunden und fünfzig Minuten.	*flying time; is* (lit., *amounts to*)
Wir befinden uns in einer *Flughöhe* von zwölftausend Metern.	*altitude*
(Wir fliegen in einer Höhe von ...)	
Wir fliegen mit einer *Geschwindigkeit* von siebenhundert	*speed*
Kilometern *pro Stunde.*	*per hour*

2. Complete the following paragraph.

Meine Damen und Herren! Flugkapitän Becker und seine (1) _____
(2) _____ Sie an Bord unseres Fluges nach New York. Wir (3) _____
in etwa fünf Minuten. Unsere (4) _____ von Düsseldorf nach New York
(5) _____ sieben Stunden und fünfzig Minuten. Wir werden uns in einer
(6) _____ von zwölftausend Metern befinden, und wir erreichen eine
(7) _____ von siebenhundert Kilometern (8) _____.

Safety on Board (Fig. 2-2)

Im Notfall:	*in case of emergency*
Eine *Schwimmweste* ist unter Ihrem Sitz.	*life jacket*
Bei einem *Luftdruckabfall* fallen die *Sauerstoffmasken*	*reduction in air pressure; oxygen masks*
automatisch herab.	
Es befinden sich *jeweils* zwei *Notausgänge* im *vorderen*	*each; emergency exits; front*
und *hinteren* Teil des Flugzeuges.	*back part*
Es gibt *außerdem* vier Notausgänge über den *Tragflächen.*	*in addition; wings*

3. Answer the following questions with complete sentences.

1. Wo sind die Schwimmwesten im Flugzeug? _____
2. Was passiert bei einem Luftdruckabfall? _____
3. Wo sind die Notausgänge? _____

Fig. 2-2

Mobiltelefone (*Handys*) dürfen an Bord nicht *benutzt* werden.	*cell phones; use*
Sie dürfen Laptops, CD-Player oder MP3-Player nach dem Take-off benutzen.	
Die Passagiere sollen *angeschnallt sitzen bleiben*.	*remain seated with seat belts fastened*
Während des *Starts* und der *Landung* müssen die Passagiere ihre *Sicherheitsgurte anlegen*.	*takeoff; landing* *seat belts; fasten*
Auch während des Fluges sollen die Passagiere angeschnallt sitzen bleiben.	
Während des Fluges kann das Flugzeug *unerwarteter Turbulenz begegnen*.	*encounter unexpected turbulence*
Bei Turbulenz *schaukelt* das Flugzeug.	*bounces, bumps*

4. Complete the following paragraph.

Während des (1) _____ und auch während der (2) _____ müssen die Passagiere (3) _____ sitzen bleiben. Sie dürfen nicht im Gang auf- und ablaufen. Sie sollen nicht nur sitzen bleiben, sondern sie sollen auch die (4) _____ anlegen. Es ist empfehlenswert, während des ganzen Fluges (5) _____ sitzen zu bleiben. Man weiß nie, wann das Flugzeug unerwarteter (6) _____ begegnen wird. Bei Turbulenz (7) _____ das Flugzeug. Mobiltelefone dürfen (8) _____ nicht benutzt werden. Kurz nach dem Start darf man einen (9) _____ benutzen. Auch ein (10) _____ oder ein (11) _____ ist erlaubt.

Der Kapitän hat das *Schild „Nicht rauchen" eingeschaltet.*[1]   *no smoking sign; turned on*
Das Schild „Nicht rauchen" *leuchtet* während des Starts   *is lit*
   und der Landung.
Während das Schild „Nicht rauchen" eingeschaltet ist,
   dürfen die Passagiere nicht rauchen.
Auch in der *Raucherzone* ist das Rauchen *verboten.*   *smoking section; forbidden*
Im Gang ist das Rauchen verboten.
In den *Toiletten* ist das Rauchen verboten.   *lavatories*

5. Complete the following sentences.

   1. An Bord dürfen die Passagiere nicht in der _____, im _____ und
      in den _____ rauchen.
   2. Auch dürfen sie nicht rauchen, wenn das _____ _____ ist.
   3. Das _____ leuchtet während des Starts und der _____.

Fig. 2-3

Das *Handgepäck* darf nicht im Gang stehen.   *carry-on luggage*
Das Handgepäck muss *unter den Sitz passen.*   *fit under the seat*
Falls es nicht unter den Sitz passt, muss es in die
   Ablage (Gepäckablage) *über dem Sitz* passen.   *overhead compartment*
Während des Starts und der Landung muss die
   Rückenlehne senkrecht gestellt werden.   *back of seat; in an upright position*

---

[1]As noted in Chapter 1, most flights these days are non-smoking flights.

6. Complete the following paragraph.

Viele Passagiere bringen Handgepäck an Bord. Aber sie dürfen es nicht in den
(1) _____ stellen. Das Handgepäck muss unter den (2) _____ oder
in die (3) _____ über den Sitzen (4) _____. Es ist eine
Sicherheitsvorschrift. Während des (5) _____ und der (6) _____
muss die (7) _____ (8) _____ gestellt werden.

Services on Board (Fig. 2-4)

Während des Fluges:

Wir servieren *Getränke*.	*drinks*
Es gibt *Zeitungen* und *Zeitschriften*.	*newspapers; magazines*
Wir servieren eine warme/kalte *Mahlzeit*.	*meal*
Vor der Landung servieren wir ein *Frühstück*.	*breakfast*
Es gibt fünf *Musikkanäle*.	*music channels*
Möchten Sie *Kopfhörer*?	*headphones, headset*
Wir *zeigen* Ihnen einen Film.	*show*
Für den Kopfhörer muss man oft eine *Gebühr* zahlen.	*charge, fee*
Es gibt auch *Decken* und *Kopfkissen*.	*blankets; pillows*
In der *Tasche am Sitz vor Ihnen* befindet sich eine *Spucktüte*.	*seat pocket; in front of you; airsickness bag*

Fig. 2-4

7. Complete the following paragraph.

Während des Fluges servieren die Flugbegleiter eine warme (1) _____.
Vor der Landung wird ein (2) _____ serviert. Während des Fluges kann man Musik
hören. Es gibt (3) _____, und die Passagiere können unter klassischer Musik,
Popmusik usw. wählen. Nach der Mahlzeit wird ein (4) _____ gezeigt.
Wenn man Musik hören oder den Film sehen will, muss man oft eine (5) _____
für den (6) _____ zahlen. Wenn man schlafen möchte, bringen die Flugbegleiter
(7) _____ und (8) _____.

8. Complete the following paragraph.

Ich bin sehr müde. Ich möchte nichts essen, keine Musik hören und keinen Film sehen.
Ich möchte nur schlafen. Bitte, bringen Sie mir eine (1) _____ und ein
(2) _____.

Täglich umfliegen Tausende von Flugzeugen die Erde. Während die Passagiere an Bord kommen,
begrüßen die Flugbegleiter und die Besatzung ihre Passagiere und zeigen ihnen ihre Plätze. Vorne ist
meistens die Kabine für Erste-Klasse-Passagiere, und im hinteren Teil sitzen die Economy-Passagiere.
Während des Fluges gibt es viele Durchsagen. Die Flugbegleiter müssen an den Komfort und an die
Sicherheit der Passagiere denken. Sie erklären ihnen, wie die Sauerstoffmaske und die Schwimmweste
benutzt werden. Sie zeigen ihnen, wo sich die Notausgänge und die Toiletten befinden. Es gibt einige
wichtige Vorschriften, die die Passagiere befolgen müssen. Handys dürfen nicht benutzt werden. Das
Handgepäck muss unter den Sitz oder in die Gepäckablage passen. Das Rauchen ist während des Starts
und der Landung, in der Nichtraucherzone, in den Gängen und in den Toiletten verboten. Auch wenn der
Flugkapitän das Schild „Nicht rauchen" einschaltet, darf man nicht rauchen. Während des Starts und der
Landung müssen die Passagiere die Sicherheitsgurte anlegen und ihre Rückenlehnen senkrecht stellen.
Die Besatzung empfiehlt den Passagieren, auch während des Fluges angeschnallt zu bleiben. Man weiß
nie, wann das Flugzeug einer Turbulenz begegnet und schaukelt.
Während des Fluges servieren die Flugbegleiter Getränke und eine Mahlzeit. Sie bringen den Passa-
gieren, die schlafen möchten, Decken und Kopfkissen. Auf vielen Langstreckenflügen bietet die Flug-
gesellschaft den Passagieren verschiedene Musikkanäle und Filme. Die Flugbegleiter verteilen Kopfhörer an die Passagiere, die Musik hören möchten. In der Economy-Klasse muss man oft eine Gebühr
für die Kopfhörer zahlen.
Während des gesamten Fluges ist das Betreten des Cockpits verboten. Oft teilt der Flugkapitän den
Passagieren die voraussichtliche Flugzeit, die Flughöhe, die Flugroute und die Geschwindigkeit mit. Im
Namen der gesamten Besatzung wünscht der Flugkapitän den Passagieren einen angenehmen Flug.

9. Complete the following sentences.

1. In den meisten Flugzeugen gibt es zwei _____. Die vordere Kabine ist
   für _____-Passagiere. Die größere _____ ist für
   _____-Klasse-Passagiere.
2. Die _____ begrüßen die Passagiere, wenn sie an Bord kommen.
3. Bei einem Luftdruckabfall fallen die _____ herab.
4. Das _____ muss unter den Sitz oder in die _____ passen.
5. Während des _____ und der _____ darf nicht geraucht werden.
6. Man darf nicht rauchen, wenn das _____ eingeschaltet ist.
7. Die Passagiere müssen ihre _____ während des Starts und der Landung
   senkrecht stellen.
8. Die Besatzung empfiehlt den Passagieren, auch während des Fluges ihre _____
   anzulegen.

9. Auf Langstreckenflügen servieren die Flugbegleiter _____ und eine
_____.

10. Wenn ein Passagier Musik hören oder den Film sehen möchte, bringt der Flugbegleiter
einen _____. In der Economy-Klasse muss der Passagier oft dafür eine
_____ zahlen.

10. Match each item on the left with the appropriate item on the right.

1. _____ das gesamte Personal an Bord	a. die Sicherheitsgurte
2. _____ was bei einem Luftdruckabfall automatisch herabfällt	b. die Rückenlehne
3. _____ was die Passagiere brauchen, um an Bord zu kommen	c. die Notausgänge
4. _____ was bei Start und Landung senkrecht gestellt werden muss	d. die Tasche am Sitz
5. _____ was die Passagiere anlegen	e. die Besatzung
6. _____ das Personal, das die Passagiere betreut	f. eine Bordkarte
7. _____ wo man im Notfall das Flugzeug verlässt	g. die Flughöhe
8. _____ was man zahlen muss	h. die Gepäckablage
9. _____ für das Handgepäck	i. die Sauerstoffmaske
10. _____ was dem Flugzeug begegnen kann	j. die Flugbegleiter
	k. die Flugroute
	l. eine Gebühr
	m. die Turbulenz

11. Answer the following questions with complete sentences.

1. Wer begrüßt die Passagiere? _____
2. Wie viele Kabinen gibt es in vielen Flugzeugen?
_____

3. Wer erklärt, wie die Sauerstoffmaske benutzt wird?
_____

4. Wohin müssen die Passagiere ihr Handgepäck stellen (legen)?
_____

5. Dürfen Handys an Bord benutzt werden?
_____

6. Was müssen die Passagiere während des Starts und der Landung tun?
_____

7. Warum empfiehlt die Besatzung den Passagieren, auch während des Fluges angeschnallt
zu bleiben? _____

8. Was servieren die Flugbegleiter während des Fluges?
_____

9. Was bringen sie den Passagieren auch? _____
10. Was sagt der Flugkapitän durch? _____

Key Words

angenehm *pleasant*
angeschnallt sitzen bleiben *to remain seated with
seat belts fastened*
(die Sicherheitsgurte) anlegen *to fasten (the seat
belt)*
sich anschnallen *to fasten (seat belts)*
arbeiten *to work*
sich befassen mit *to occupy oneself with*

sich befinden *to be, be located*
befolgen *to follow*
begegnen *to encounter, meet*
begrüßen *to greet, welcome*
benutzen *to use*
die Besatzung, die Besatzungen *crew*
betragen *to amount to*
Betreten verboten *no admittance*

betreuen *to take care of*
der CD-Player, die CD-Player *CD player*
das Cockpit, die Cockpits *cockpit*
die Decke, die Decken *blanket*
die Economy-Klasse *economy class*
eingeschaltet *turned on*
empfehlen *to recommend*
empfehlenswert *recommended, advisable*
erklären *to explain*
erlauben *permit, allow*
erreichen *to reach*
die Erste Klasse *first class*
im Falle *in case*
der Film, die Filme *film, movie*
fliegen *to fly*
der Flug, die Flüge *flight*
der Flugbegleiter, die Flugbegleiter
    flight attendant (male)
die Flugbegleiterin, die Flugbegleiterinnen
    flight attendant (female)
der Flügel, die Flügel *wing*
der Flugkapitän, die Flugkapitäne *captain, pilot*
die Flugroute, die Flugrouten *flight plan*
die Flugzeit, die Flugzeiten *flying time*
das Frühstück *breakfast*
die Gebühr, die Gebühren *charge*
die Gepäckablage, die Gepäckablagen
    overhead compartment
gesamt *entire, all of*
die Geschwindigkeit, die Geschwindigkeiten
    speed
das Getränk, die Getränke *drink*
der Gurt, die Gurte *belt*
das Handgepäck *carry-on luggage*
das Handy, die Handys *cell phone*
herabfallen *to fall (down from above)*
im hinteren Teil *in the rear*
die Kabine, die Kabinen *cabin*
das Kabinenpersonal *flight personnel*
der Kanal, die Kanäle *channel*
der Kopfhörer, die Kopfhörer *headphones*
das Kopfkissen, die Kopfkissen *pillow*
landen *to land*
die Landung, die Landungen *landing*
der Langstreckenflug, die Langstreckenflüge
    long-distance flight
der Laptop, die Laptops *laptop*
leuchten *to be lit up*
der Luftdruck *air pressure*
der Luftdruckabfall *reduction in air pressure*

die Luftkrankheit *airsickness*
die Mahlzeit, die Mahlzeiten *meal*
mitteilen *to inform*
das Mobiltelefon, die Mobiltelefone *cell phone*
der MP3-Player, die MP3-Player *MP3 player*
der Notausgang, die Notausgänge *emergency exit*
der Notfall, die Notfälle *emergency*
oft *often*
passen *to fit*
passieren *to happen*
der Pilot, die Piloten *pilot*
rauchen *to smoke*
die Rückenlehne, die Rückenlehnen
    back (of seat)
die Sauerstoffmaske, die Sauerstoffmasken
    oxygen mask
schaukeln *to bounce*
das Schild, die Schilder *sign*
die Schwimmweste, die Schwimmwesten
    life jacket
senkrecht *upright*
die Sicherheit *security*
der Sicherheitsgurt, die Sicherheitsgurte *seat belt*
die Sicherheitsvorschrift,
    die Sicherheitsvorschriften *safety regulation*
die Spucktüte, die Spucktüten *airsickness bag*
der Start, die Starts *start*
startbereit *ready for takeoff*
starten *to start*
stehen *to stand*
stellen *to place*
in Stereo *in stereo*
pro Stunde *per hour*
die Tasche, die Taschen am Sitz *seat pocket*
im hinteren Teil *in the rear compartment*
im vorderen Teil *in the forward compartment*
die Toilette, die Toiletten *toilet*
die Tragfläche, die Tragflächen *wing (of plane)*
die Turbulenz, die Turbulenzen *turbulence*
unerwartete Turbulenz *unexpected turbulence*
verboten *forbidden*
verlassen *to leave*
im vorderen Teil *in the front*
vorne *in the front*
voraussichtlich *expected*
wählen *to choose*
zahlen *to pay*
die Zeitschrift, die Zeitschriften *magazine*
die Zeitung, die Zeitungen *newspaper*
die Zone, die Zonen *zone*

CHAPTER 3

Passport Control and Customs
Passkontrolle und Zollabfertigung

Passport Control and Immigration

Hier ist mein *Reisepass.*[1]	*passport*
mein *Visum.*	*visa*
Wie lange bleiben Sie?	*how long; stay*
Nur ein paar Tage.	*only a few days*
eine Woche.	*a week*
einen Monat.	*a month*
Reisen Sie *geschäftlich?*	*on business*
zum Vergnügen?	*for pleasure*
Ich bin *auf der Durchreise.*	*passing through*
Wo werden Sie *übernachten?*	*stay overnight*

1. Complete the following dialog.

Bei der Passkontrolle
—Ihr (1) _____, bitte.
—Hier (2) _____ er.
—Wie lange (3) _____ Sie?
—Ich bleibe (4) _____.
—Wo (5) _____ Sie?
—Ich übernachte im Hotel „Zur Post."
—Reisen Sie (6) _____ oder zum (7) _____?
—Zum (8) _____. Es ist eine Urlaubsreise.

At Customs

Ich habe *nichts zu verzollen.*	*nothing to declare*
etwas zu verzollen.	*something to declare*
Wenn Sie nichts zu verzollen haben, folgen Sie den	
grünen Zeichen.	*green signs*
Wenn Sie etwas zu verzollen haben, folgen Sie den	
roten Zeichen.	*red signs*

---

[1]Since November 1993, citizens of European Union (EU) member states are no longer required to show their passports or identity cards when traveling between EU countries (except under special circumstances).

Der *Zollbeamte* fragt:	*customs agent*
Haben Sie *Zigaretten* (*Tabak*) bei sich?	*cigarettes; tobacco*
Whiskey?	
Obst (*Früchte*) oder *Gemüse*[2]?	*fruit; vegetables*
Ich habe nur meine *persönlichen Sachen* bei mir.	*personal effects*
(Ich habe *nichts weiter dabei*.)	*nothing more with me*
Darf ich Ihre *Zollerklärung* sehen?	*customs declaration*
Ich habe eine *Flasche* Whiskey zu verzollen.	*bottle*
Bitte *öffnen* Sie *diese Tasche*.	*open; this bag*
diesen Koffer.	*this suitcase*
Falls Sie mehr als einen Liter Whiskey bei sich haben, müssen Sie durch den Zoll.	
Der Whiskey muss *verzollt werden*.	*pay duty*

2. Complete the following sentences.

1. In diesem Flughafen wird nicht das gesamte Gepäck untersucht. Die Passagiere, die nichts zu _____ haben, können den _____ folgen. Diejenigen, die _____ zu verzollen haben, können den _____ folgen.

2. Dieses Land erlaubt die zollfreie Einfuhr von zwei Litern Whiskey. Wenn man drei Liter bei sich hat, muss der dritte Liter _____ werden.

3. Der Zollbeamte will meine _____ sehen.

4. Ich habe nichts zu verzollen, weil ich nur meine _____ bei mir habe.

Key Words

auf der Durchreise sein *to be passing through*
die Frucht, die Früchte *fruit*
das Gemüse *vegetables*
geschäftlich *on business*
das Obst *fruit*
öffnen *to open*
die Passkontrolle, die Passkontrollen
  passport control
der Personalausweis, die Personalausweise
  identity card
die persönlichen Sachen *personal effects*
der Tabak *tobacco*
übernachten *to stay overnight (short time)*
untersuchen *to check, examine*
die Urlaubsreise, die Urlaubsreisen *vacation trip*

zum Vergnügen *for pleasure*
verzollen *to declare, pay duty*
der Whiskey *whiskey*
wie lange? *how long?*
das Zeichen, die Zeichen *sign*
die Zigarette, die Zigaretten *cigarette*
der Zoll *customs duty*
die Zollabfertigung, die Zollabfertigungen
  customs
der Zollbeamte, die Zollbeamten *customs official*
  (*male*)
die Zollbeamtin, die Zollbeamtinnen *customs*
  official (female)
die Zollerklärung *customs declaration*

---

[2] Importation of fruit and vegetables within Europe is not generally prohibited.

CHAPTER 4

At the Train Station
Im Bahnhof

Getting a Ticket (Fig. 4-1)

Ich fahre *mit dem Zug.*	*by train*
die *Fahrkarte*[1]	*ticket*
die *Rückfahrkarte*	*round-trip ticket*

---

[1]With the exception of local and commuter trains, most German trains have both first- and second-class cars. There is usually a choice of smoking cars (**Raucher**) and non-smoking cars (**Nichtraucher**). For special fares, check the Deutsche Bahn website at *www.db.de*.

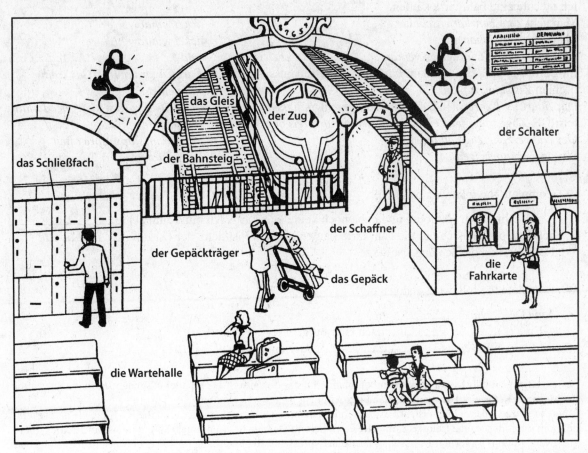

Fig. 4-1

Von Kiel nach Hamburg, *einfach*, bitte.   *one-way*
Kiel-Hamburg, eine Rückfahrkarte, bitte.
Ich fahre von Köln nach München.
Ich *fahre* nicht nach Köln *zurück*.   *return*
Ich brauche keine Rückfahrkarte.
Ich brauche eine *einfache Fahrkarte*.   *one-way ticket*

1. Complete the following dialog.

Im Hauptbahnhof Hamburg[2]

Fahrgast   Eine (1) _____ nach Kiel, bitte.
Schalterbeamte   Einfach oder eine (2) _____?
Fahrgast   Eine (3) _____, bitte. Ich fahre nicht nach Hamburg zurück.

2. Complete the following dialog.

Im Hauptbahnhof Hannover

Fahrgast   Eine (1) _____ nach Köln, bitte.
Schalterbeamte   Eine Rückfahrkarte oder eine (2) _____?
Fahrgast   Ich fahre in zwei Tagen nach Hannover zurück. Eine (3) _____,
                  bitte.

Different Types of Trains[3]

Ich möchte eine Fahrkarte kaufen.
Man geht zum *Fahrkartenschalter*.   *ticket window*
Man geht zum *Schalter*.   *ticket window*
Dort werden die Fahrkarten *verkauft*.   *sold*
Im *Euro City-Zug* (EC) und im *InterCity-Zug* (IC) muss man   *EuroCity train; InterCity train*
    einen *Zuschlag* zahlen.   *supplement*
Der *InterCity Express* (ICE) ist ein *Hochgeschwindigkeitszug*. *InterCity Express; high-speed train*
Für ICE-Züge muss man einen *besonderen Fahrpreis* bezahlen.   *special fare*
Der *Nahverkehrszug hält öfter*.   *local train; stops more often*
Wir müssen *umsteigen*.   *change trains*

3. Complete the following paragraph.

Ich fahre nach Hamburg und habe noch keine Fahrkarte. Ich muss zum (1) _____
gehen. Dort kann ich mir die Fahrkarte kaufen. Aber wo ist denn der (2) _____?
Da ist er, und die Schlange ist kurz.

4. Complete the following dialog.

Am (1) _____
—Eine (2) _____ nach Hamburg, bitte.
—Möchten Sie eine (3) _____ oder eine (4) _____?

---

[2]Larger cities generally have a **Hauptbahnhof** (main train station), as well as a number of smaller stations named after their location in the city. For example, **Hamburg-Altona** is a station in Hamburg.
[3]There are three types of long-distance express trains in Germany: the ICE, the EC, and the IC. There are also several different kinds of regional trains, e.g., **InterRegio** trains and **D-Züge** (conventional express trains). In addition, there are several options for local travel, such as the **StadtExpress** and **RegionalBahn** for travel between nearby cities, and the **U-Bahn** (subway) or **S-Bahn** (light rail), and buses and the **Straßenbahn** (streetcar) for travel within a city.

—Ich fahre nicht zurück. Eine (5) _____, bitte. Was kostet sie?

—Nehmen Sie einen InterCity-Zug oder einen InterRegio?

—Nicht den InterRegio. Einen (6) _____, bitte.

—Die (7) _____ für den InterCity-Zug kostet neunzig Euro.[4]

Waiting for the Train

der *Fahrplan*	timetable, schedule
nach	to (a destination)
die *Abfahrt*	departure
die *Ankunft*	arrival
die *Verspätung*	delay
Der D-Zug nach Braunschweig soll um 14.10 Uhr *abfahren*.	leave
Er wird nicht *pünktlich* abfahren.	on time
Er wird mit Verspätung abfahren.	
Er wird um 15.00 Uhr abfahren.	
Der Zug *hat* fünfzig Minuten *Verspätung*.	is (50 minutes) late
Der Zug wird fünfzig Minuten Verspätung haben.	
Die *Fahrgäste* müssen warten.	passengers

5. Answer the following questions.

1. Wann soll der Zug nach Braunschweig abfahren?

   _____

2. Wird er pünktlich abfahren? _____

3. Wann wird er abfahren? _____

4. Hat der Zug Verspätung? _____

5. Mit wie viel Verspätung fährt der Zug ab?

   _____

6. Complete the following paragraph.

   Der Zug fährt nicht pünktlich ab. Es gibt eine (1) _____. Der Zug wird um 15.00 Uhr, nicht um 14.10 Uhr abfahren. Er wird mit (2) _____ Minuten (3) _____ abfahren. Die Fahrgäste müssen auf den Zug warten.

Checking Your Luggage[5]

Ich habe viel *Gepäck*.	luggage
Ich habe viele *Koffer*.	suitcases
Ich kann nicht alle Koffer *tragen*.	carry
Ich kann den *Kofferkuli* benutzen.	luggage cart
Ich kann mein Gepäck in einem *Schließfach* lassen.	locker
Ich muss eine Münze in den *Schlitz einwerfen*.	slot; insert
Dann nehme ich den *Schlüssel* mit.	key
Ich *hole* das Gepäck später *ab*.	pick up

---

[4]The currency can also be expressed using the symbol € or **EUR**. Note that the euro symbol € can be placed either in front of or following the number. Euros are broken down into *eurocents*, or simply *cents*. There are 100 eurocents in one euro.

[5]Although there are no porters or a staffed luggage check at the small train stations these days, occasionally the larger train stations may offer porter service.

Auf großen Bahnhöfen gibt es oft eine *Gepäckaufbewahrung*.	*baggage checkroom*
Ich *gebe* meine Koffer bei der Gepäckaufbewahrung *ab*.	*check (baggage)*
Ich *lasse* sie bei der Gepäckaufbewahrung.	*leave*
Bei der Gepäckaufbewahrung bekomme ich einen Gepäckschein.	*baggage claim check*
Man kann sein Gepäck nur *zurückbekommen*, wenn man einen Gepäckschein hat.	*get back*

7. Complete the following sentences.

    1. Ich habe viele Koffer. Ich habe viel _____.
    2. Ich kann die Koffer nicht tragen. Ich brauche einen _____.
    3. Ich muss noch eine Stunde warten. Ich werde die Koffer in einem _____ lassen.
    4. Ich muss eine Münze in den _____ einwerfen.
    5. Dann muss ich den _____ mitnehmen.
    6. Bevor ich zum Zug gehe, muss ich mir mein Gepäck _____.

8. Complete the following paragraph.

    Herr Schultz kommt am Hauptbahnhof an. Es ist 13 Uhr. Der Zug fährt erst um 15 Uhr ab. Er hat viel (1) _____ und kann nicht alles tragen. Er holt einen (2) _____ für sein (3) _____. Mit dem (4) _____ bringt er das Gepäck zum Schließfach. Er wirft eine (5) _____ in den Schlitz und nimmt den (6) _____ mit. Um 14.30 kommt er zum (7) _____ zurück und holt sein (8) _____ wieder ab. Der Zug fährt um (9) _____ ab.

Getting on the Train

Herr Schultz bringt das Gepäck zum *Bahnsteig*.	*platform*
Der ICE nach Köln fährt in fünf Minuten ab.	
Er fährt von *Gleis* 7 ab.	*track*
Im Zug ist mein *Platz reserviert*.	*reserved seat*
Ich habe eine *Platzreservierung*.	*seat reservation*
Mein Platz ist in *Wagen* Nummer 13.	*car*
Meine *Platznummer* ist 117 im dritten *Abteil*.	*seat number; compartment*

9. Complete the following sentences.

    1. Der ICE nach Köln wird von _____ 7 abfahren.
    2. Ich habe eine _____, aber ich weiß die Nummer nicht.
    3. Meine Platznummer ist 117 im dritten _____, _____ Nummer 13.

10. Complete the following sentences.

    1. Der Zug fährt bald ab. Wir müssen zum _____ gehen.
    2. In den _____ sind jeweils sechs Sitzplätze.

On the Train

Da kommt der *Schaffner*.	*conductor*
Er will die Fahrkarten *kontrollieren*.	*check*
Die Fahrgäste essen im *Speisewagen*.	*dining car*

Die Fahrgäste schlafen im *Liegewagen.*[6]   *couchette*
                      im *Schlafwagen.*   *sleeping car*

11. Complete the following sentences.

1. Der Mann, der die Fahrkarten kontrolliert, ist der _____.
2. In einem Nachtzug kann man im _____ schlafen.
3. Im _____ können die Fahrgäste etwas essen.

  Frau Meyer macht eine Bahnfahrt. Vor dem Bahnhof steigt sie am Taxistand aus dem Taxi. Sie hat vier Koffer bei sich. Sie kann nicht alles tragen und holt sich einen Kofferkuli. Im Bahnhof erfährt sie, dass der Zug nicht pünktlich abfahren wird. Der Zug wird mit einer Verspätung von einer halben Stunde abfahren. Darum will sie ihr Gepäck im Schließfach lassen. Dann geht sie zum Schalter und kauft ihre Fahrkarte. Sie kauft eine Rückfahrkarte erster Klasse nach Flensburg. Dann setzt sie sich in das Bahnhofscafé und trinkt eine Tasse Kaffee. Nach einer halben Stunde geht sie zum Schließfach und holt ihr Gepäck ab. Sie holt wieder einen Kofferkuli und bringt ihr Gepäck zum Bahnsteig. Der Zug ist schon am Bahnsteig. Frau Meyer sucht Wagen 7 und steigt in den Zug ein. Dann sucht sie ihren Platz. Ihr reservierter Platz ist 112 in einem Erster-Klasse-Abteil in Wagen 7.

  Da es kein Nachtzug ist, hatte sie kein Bett im Schlafwagen reservieren lassen. Bald kommt der Schaffner und kontrolliert die Fahrkarten. Alles ist in Ordnung. Dann fragt sie ihn, wo der Speisewagen ist. Der Speisewagen ist der dritte Wagen des Zuges.

12. Mark the statements below *true* (T) or *false* (F), based on the story of Frau Meyer.

1. _____ Frau Meyer macht eine Bahnfahrt.
2. _____ Sie kommt mit dem Autobus zum Bahnhof.
3. _____ Mit ihrem Gepäck braucht sie keine Hilfe, weil sie nur einen Koffer bei sich hat.
4. _____ Der Zug fährt pünktlich ab.
5. _____ Sie kauft eine einfache Fahrkarte.
6. _____ Sie hat eine Reservierung für den Schlafwagen.
7. _____ Frau Meyer gibt ihr Gepäck bei der Gepäckaufbewahrung ab.
8. _____ Frau Meyer zeigt dem Schaffner ihren Gepäckschein.

13. Answer the following questions, based on the story of Frau Meyer.

1. Wie kommt Frau Meyer zum Bahnhof? _____
2. Wie viele Koffer hat sie bei sich? _____
3. Was holt Frau Meyer? _____
4. Fährt der Zug pünktlich ab? _____
5. Mit wie viel Verspätung fährt der Zug ab?

    _____
6. Was macht sie mit ihrem Gepäck? _____
7. Wo kauft sie die Fahrkarte? _____
8. Will sie eine einfache Fahrkarte kaufen? _____
9. Fährt sie Erster Klasse oder Zweiter Klasse? _____
10. Wie bringt sie ihr Gepäck zum Bahnsteig?

    _____
11. Ist der Zug schon da? _____
12. Welchen Wagen sucht sie? _____

_____

[6]In a couchette, there are six pullout bunks in each compartment. A sleeping car has comfortable sleepers.

13. Welchen Platz hat Frau Meyer? _____
14. Warum hat sie kein Bett reservieren lassen?

_____

15. Was fragt Frau Meyer den Schaffner?

_____

14. Match each item on the left with the appropriate item on the right.

1. _____ das Gepäck
2. _____ das Gleis
3. _____ der Schalter
4. _____ der Kofferkuli
5. _____ das Schließfach
6. _____ mit Verspätung

a. wo die Fahrgäste ihr Gepäck lassen können
b. alle Koffer und Taschen, die ein Fahrgast bei sich hat
c. nicht pünktlich
d. wo die Züge abfahren
e. wo man die Fahrkarten kauft
f. zum Gepäck transportieren

Key Words

abfahren *to leave*
die Abfahrt, die Abfahrten *departure*
abgeben *to check (baggage)*
abholen *to pick up, call for*
das Abteil, die Abteile *compartment*
ankommen *to arrive*
die Ankunft, die Ankünfte *arrival*
aussteigen *to get off*
die Bahnfahrt, die Bahnfahrten *train trip*
das Bahnhofscafé, die Bahnhofscafés *station café*
der Bahnsteig, die Bahnsteige *platform*
bekommen *to get, receive*
bezahlen *to pay*
die einfache Fahrkarte *one-way ticket*
einsteigen *to get on*
einwerfen *to put in*
erfahren *to find out*
der Fahrgast, die Fahrgäste *passenger*
die Fahrkarte, die Fahrkarten *ticket*
der Fahrplan, die Fahrpläne *schedule, timetable*
die Gepäckaufbewahrung *baggage checkroom*
der Gepäckschein, die Gepäckscheine *baggage claim check*
der Gepäckträger, die Gepäckträger *porter*
das Gleis, die Gleise *track*
der Hauptbahnhof, die Hauptbahnhöfe *main train station*
der Kofferkuli, die Kofferkulis *luggage cart*
kontrollieren *to check (e.g., tickets, passports)*
lassen *to leave*
der Liegewagen, die Liegewagen *couchette*

die Münze, die Münzen *coin*
nach *to (a destination)*
der Nachtzug, die Nachtzüge *night train*
der Nahverkehrszug, die Nahverkehrszüge *local train*
in Ordnung *all right, okay*
die Platznummer, die Platznummern *seat number*
pünktlich *on time*
reservieren *to reserve*
reserviert *reserved*
die Reservierung, die Reservierungen *reservation*
die Rückfahrkarte, die Rückfahrkarten *round-trip ticket*
rufen *to call*
der Schaffner, die Schaffner *conductor*
der Schalter, die Schalter *ticket window*
der Schlafwagen, die Schlafwagen *sleeping car*
das Schließfach, die Schließfächer *locker*
der Schlitz, die Schlitze *slot*
der Schlüssel, die Schlüssel *key*
der Sitzplatz, die Sitzplätze *seat*
der Speisewagen, die Speisewagen *dining car*
tragen *to carry*
das Trinkgeld, die Trinkgelder *tip*
umsteigen *to change (trains, buses)*
verspätet *late*
die Verspätung, die Verspätungen *delay*
der Wagen, die Wagen *car*
der Zug, die Züge *train*
zurückbekommen *to get back*
der Zuschlag, die Zuschläge *supplement*

CHAPTER 5

The Automobile
Das Auto

Renting a Car

Ich möchte ein Auto *mieten*.	rent
zum Tagestarif mieten.	by the day
zum Wochentarif mieten.	by the week
Muss man auch *Kilometergeld* zahlen?	mileage (in kilometers) charge
Was kostet es pro Kilometer?	
Ist *Benzin* (*Sprit*) im Preis *inbegriffen*?	gasoline; included
Sprit ist teuer.	
Haben Sie ein Auto mit *Automatikgetriebe*?	automatic transmission
Ich möchte eine *Vollkaskoversicherung*.	comprehensive auto liability insurance plus collision
Hier ist mein *Führerschein*.	driver's license
Ich möchte mit einer *Kreditkarte bezahlen*.	credit card; pay
Unterschreiben Sie bitte *den Vertrag* (*Mietvertrag*).	sign the contract

1. Complete the following sentences.

1. Ich möchte nicht mit der Bahn fahren. Darum _____ ich mir ein Auto.
2. Man kann das Auto zum _____ oder zum _____ mieten.
3. Es _____ 99,– € pro Tag. Der _____ ist 500,– €.
4. Manchmal muss man dazu ein _____ zahlen.
5. Das _____ ist nicht im Preis inbegriffen.
6. In manchen Ländern braucht man einen internationalen _____, um ein Auto mieten zu können.
7. Da ein Unfall möglich ist, ist eine _____ eine gute Idee.
8. Sprit ist sehr _____.

2. Complete the following dialog.

—Ich möchte gern ein Auto (1) _____.
—Was für ein Auto möchten Sie?
—Ein kleines (2) _____, bitte.
—Wie lange möchten Sie es mieten?
—Wie viel nehmen Sie pro (3) _____ und wie viel pro (4) _____?
—Der (5) _____ ist 99,– € und der (6) _____ 500,– €. Und die (7) _____ gehen extra.

—Und wie viel kostet der (8) _____?

—0,50 €, und das Benzin ist nicht (9) _____.

—Gut. Ich möchte das Auto für eine Woche.

—Ich empfehle Ihnen eine (10) _____, im Falle eines Unfalls.

—Warum nicht …

—Darf ich Ihren (11) _____ sehen, bitte?

—Hier ist er. Muss ich jetzt (12) _____?

—Ja. Sie können mit einer (13) _____ bezahlen.

—Schön. Ich zahle mit der (14) _____.

—Hier ist Ihr Führerschein. Bitte (15) _____ Sie den Mietvertrag hier.

Checking Out the Car (Figs. 5-1 and 5-2)

Ich kann *bremsen*.	*brake*
kuppeln.	*engage the clutch*
schalten.	*shift gears*
einen Gang einlegen.	*shift gears*
in einen anderen Gang schalten.	*shift gears*
halten.	*stop*
den Motor anlassen.	*start the car*
Wie *betätigt* man den *Blinker*?	*operate; directional signal*
Wie funktioniert das *Abblendlicht*?	*low beams*
das *Standlicht*?	*parking lights*
das *Fernlicht*?	*high beams*
Wie funktionieren *die Scheibenwischer*?	*windshield wipers*
Die *Windschutzscheibe* ist *schmutzig*.	*windshield; dirty*
Wie muss ich *den ersten Gang einlegen*?	*shift into first gear*
den Rückwärtsgang einlegen?	*put into reverse*
in den *Leerlauf schalten*?	*neutral; shift*
Ist im *Handschuhfach* eine Landkarte?	*glove compartment*
Ist ein *Wagenheber* da?	*jack*
Ist er im *Kofferraum*?	*trunk*
Ist ein *Ersatzreifen* im Kofferraum?	*spare tire*
Eine *Radkappe fehlt*.	*hubcap is missing*
Hat das Auto *ein Navigationssystem (Navi)*?	*GPS*

3. Choose the option that correctly completes each of the following sentences.

1. _____ Ehe ich schalte, muss ich mit dem Fuß auf _____ treten.

     a. die Bremse   b. die Kupplung   c. das Gaspedal

2. _____ Um zu halten, muss man _____.

     a. bremsen   b. den Motor anlassen   c. auf die Kupplung treten

3. _____ Beim Wenden muss man _____ betätigen.

     a. das Armaturenbrett   b. den Blinker   c. die Hupe

4. _____ Nachts muss man _____.

     a. das Licht einschalten   b. den Blinker betätigen   c. die Scheibenwischer betätigen

5. _____ Dort ist jemand auf der Straße. Ich muss _____.

     a. schalten   b. bremsen   c. blinken

6. _____ Ehe ich den Motor anlasse, stecke ich den Zündschlüssel in _____.

     a. den Blinker   b. die Zündung   c. das Lenkrad

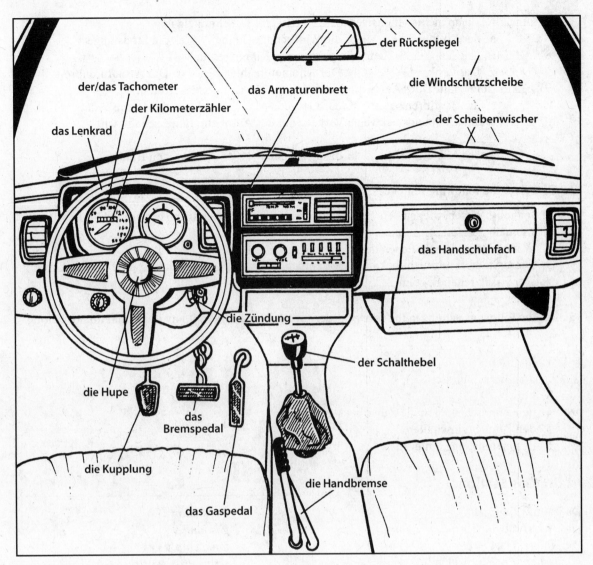

Fig. 5-1

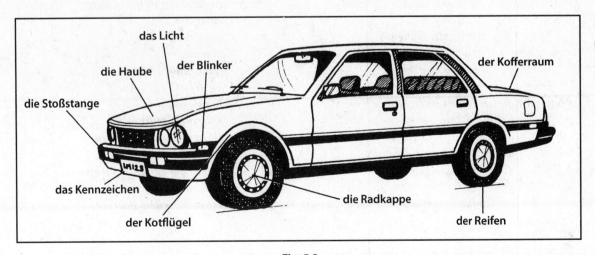

Fig. 5-2

7. _____ Ich kann nichts sehen, weil _____ schmutzig ist.
    a. der Kotflügel   b. die Windschutzscheibe   c. die Stoßstange

8. _____ _____ zeigt die gefahrenen Kilometer an.
    a. Das Lenkrad   b. Der Kilometerzähler   c. Das Armaturenbrett

9. _____ Beim Halten des Autos muss man auf _____ treten.
    a. die Handbremse   b. das Gaspedal   c. das Bremspedal

10. _____ Wenn ich abends bei wenig Verkehr auf der Autobahn fahre, schalte ich _____ ein.
    a. das Abblendlicht   b. das Fernlicht   c. den Blinker

4. Complete the following sentences.

1. Ich muss wissen, wie ich den ersten Gang oder den Rückwärtsgang einlege. Ich muss wissen, wie man _____.

2. Wenn ich wende, schalte ich den _____ ein.

3. Diese Stadt ist mir nicht bekannt. Hoffentlich ist im _____ eine Straßenkarte.

4. Der Ersatzreifen liegt im _____.

5. Put the following actions in the proper order for starting a car; omit any items that do not belong.

_____ _____ _____ _____ _____ _____

1. bremsen
2. den Motor anlassen
3. hupen
4. den Zündschlüssel in die Zündung stecken
5. den Blinker einschalten
6. den ersten Gang einlegen

At the Gas Station

Da ist eine *Tankstelle*.	gas station
Das Auto braucht *Benzin*.	gasoline
Der *Tank* ist fast *leer*.	tank; empty
Für sechzig Euro Benzin, bitte.	sixty euros' worth
Zwanzig Liter Benzin.[1]	twenty liters
Ich muss *tanken*.	fill the tank
Kontrollieren Sie das *Kühlwasser im Kühler*.	check; water in the radiator
die *Batterie*.	battery
die *Bremsflüssigkeit*.	brake fluid
den *Ölstand*.	oil level
die *Zündkerzen*.	spark plugs
den *Reifendruck*.	tire pressure
Können Sie *diesen Reifen wechseln*?	change this tire
die *Windschutzscheibe waschen*?	clean the windshield
die *Zündung einstellen*?	adjust the ignition system
die *Bremsanlage erneuern*?	replace the brake system
die *Auspuffanlage erneuern*?	replace the exhaust system
den *Vergaser einstellen*?	adjust the carburetor
die *Radlager schmieren*? *ölen*?	grease the wheel bearings

---

[1]Twenty liters is about 5.3 gallons.

6. Complete the following sentences.

1. Der _____ ist fast leer. Ich muss zur _____.
2. Ich werde den _____ nicht ganz auffüllen. Ich brauche nur zwanzig _____ Benzin.
3. Der Motor läuft heiß, kontrollieren Sie bitte das _____.
4. Kontrollieren Sie auch den _____.
5. Ich muss die _____ waschen. Ich kann nichts sehen, weil sie so schmutzig ist.
6. Nach ein paar hundert Kilometern ist es eine gute Idee, den _____ und die _____ zu kontrollieren.

Directions for Using a Self-service Pump

1. *Zapfventil abheben* und in den Tank *einführen*.[2]	*gas nozzle; lift; insert*
2. Zapfventil *betätigen*. Bei *vollem* Tank *schließt* Zapfventil *selbsttätig*.	*turn on; full; shuts off automatically*
3. Zapfventil *einhängen* und Tank *verschließen*.	*hang up; close*
4. *Zapfsäulennummer merken* und *an der Kasse* zahlen.	*pump number; note; at the cashier*

7. Put the following actions in the proper order for using a self-service pump.

____ ____ ____ ____ ____ ____

1. An der Kasse zahlen
2. Zapfventil betätigen
3. Zapfventil einhängen
4. Tank verschließen
5. Zapfventil abheben
6. Zapfventil in den Tank einführen

Some Minor Car Problems

Ich habe den Wagen *abgewürgt*.	*stalled*
Ich hatte eine *Panne*.	*breakdown*
Der Wagen *bleibt liegen*.	*has broken down*
streikt.	*doesn't start*
springt nicht an.	*doesn't start*
Das *Kühlwasser* ist zu *heiß*.	*radiator water; hot*
Der Motor ist *überhitzt*.	*overheated*
klopft.	*knocks*
vibriert.	*vibrates*
Der *Ersatzreifen fehlt*.	*spare; is missing*
Der Tank *leckt*.	*is leaking/dripping*
Beim Bremsen macht es *viel Lärm*.	*a lot of noise*
Ich habe einen *Platten*.	*flat tire*
Können Sie einen *Abschleppwagen schicken*?	*tow truck; send*
Der Abschleppwagen wird das Auto *abschleppen*.	*tow*
Können Sie das Auto *sofort reparieren*?	*immediately; repair*
die *Ersatzteile* sofort *beschaffen*?	*spare parts; get*
die *Reparaturen ausführen*?	*make repairs*

---

[2]When giving instructions or commands in German, the simple infinitive is often used as a substitute for the imperative.

8. Complete the following paragraph.

Wir fuhren auf der Autobahn und hatten eine (1) _____. Das Auto ist
(2) _____ geblieben. Es sprang nicht wieder an. Ich musste einen
(3) _____ rufen, der das Auto zur nächsten Tankstelle (4) _____
konnte.

9. Complete the following sentences.

1. Wenn ein Auto _____, macht es Lärm.
2. Der Kühler hat viel _____ verloren, und ich glaube, dass der Motor überhitzt ist.
3. Weil der Motor nicht anspringt, muss ich einen _____ rufen.
4. Wenn ich einige _____ brauche, hoffe ich, dass man sie sofort beschaffen kann.
5. Der Mechaniker sagt, dass er das Auto sofort _____ kann.

Key Words

das Abblendlicht, die Abblendlichter *low beams*
abheben *to lift*
abschleppen *to tow*
der Abschleppwagen, die Abschleppwagen
  tow truck
abwürgen *to stall*
anlassen *to start (a car)*
anspringen *to start (a car)*
die Anzahlung, die Anzahlungen *deposit, down*
  payment
das Armaturenbrett, die Armaturenbretter
  dashboard
der Auspuff, die Auspuffe *exhaust*
das Auto, die Autos *car*
das Automatikgetriebe, die Automatikgetriebe
  automatic transmission
die Batterie, die Batterien *battery*
das Benzin *gasoline*
beschaffen *to get, procure*
betätigen *to turn on, operate*
der Blinker, die Blinker *directional signal*
bremsen *to brake*
die Bremsflüssigkeit, die Bremsflüssigkeiten
  brake fluid
das Bremspedal, die Bremspedale *brake pedal*
einführen *to insert*
einhängen *to hang up*
(einen Gang) einlegen *to shift (into a gear)*
einschalten *to turn on*
einstellen *to adjust*
erneuern *to replace*
der Ersatzreifen, die Ersatzreifen *spare tire*
das Ersatzteil, die Ersatzteile *spare part*
der Euro, die Euros (EUR, €) *euro*
fehlen *to be missing*

das Fernlicht, die Fernlichter *high beams*
der Führerschein, die Führerscheine
  driver's license
füllen *to fill*
der Gang, die Gänge *gear*
im ersten Gang *in first gear*
das Gaspedal, die Gaspedale *gas pedal,*
  accelerator
halten *to stop*
die Handbremse, die Handbremsen *hand brake*
das Handschuhfach, die Handschuhfächer
  glove compartment
die Haube, die Hauben *hood*
die Hupe, die Hupen *horn*
hupen *to blow the horn*
inbegriffen *included*
die Kasse, die Kassen *cashier's window*
das Kennzeichen, die Kennzeichen *license plate*
das Kilometergeld *mileage (kilometer) charge*
der Kilometerzähler, die Kilometerzähler
  odometer (reads in kilometers)
klopfen *to knock*
der Kofferraum, die Kofferräume *trunk*
der Kotflügel, die Kotflügel *fender*
die Kreditkarte, die Kreditkarten *credit card*
der Kühler, die Kühler *radiator*
das Kühlwasser *water in radiator*
kuppeln *to engage the clutch*
die Kupplung, die Kupplungen *clutch*
der Lärm *noise*
lecken *to leak, drip out*
leer *empty*
der Leerlauf *neutral*
das Lenkrad, die Lenkräder *steering wheel*
liegen bleiben *to stall*

merken *to note*
mieten *to rent*
der Mietvertrag, die Mietverträge *rental contract*
die Nummer, die Nummern *number*
das Nummernschild, die Nummernschilder
   license plate
das Öl *oil*
ölen *to lubricate*
der Ölstand *oil level*
die Panne, die Pannen *breakdown*
der Platten, die Platten *flat tire*
die Radkappe, die Radkappen *hubcap*
das Radlager, die Radlager *wheel bearings*
der Reifen, die Reifen *tire*
der Reifendruck *tire pressure*
die Reparatur, die Reparaturen *repair*
reparieren *to repair*
der Rückspiegel, die Rückspiegel *rearview mirror*
der Rückwärtsgang *reverse gear*
schalten *to shift (gears)*
der Schalthebel, die Schalthebel *gearshift*
der Scheibenwischer, die Scheibenwischer
   windshield wiper
schicken *to send*
schließen *to close*
schmieren *to grease, lubricate*
selbsttätig *automatically*
der Sprit *gas*
stecken *to put*

die Stoßstange, die Stoßstangen *bumper*
der/das Tachometer, die Tachometer *speedometer*
der Tagestarif, die Tagestarife *daily charge*
der Tank, die Tanks *gas tank*
die Tankstelle, die Tankstellen *gas station*
teuer *expensive*
treten *to step on*
überhitzen *to overheat*
der Unfall, die Unfälle *accident*
unterschreiben *to sign*
der Verkehr *traffic*
verschließen *to close, lock*
der Vertrag, die Verträge *contract*
vibrieren *to vibrate*
voll *full*
die Vollkaskoversicherung,
   die Vollkaskoversicherungen
   comprehensive insurance coverage
der Wagen, die Wagen *car*
der Wagenheber, die Wagenheber *jack*
das Wenden *turning*
die Windschutzscheibe, die Windschutzscheiben
   windshield
der Wochentarif, die Wochentarife *weekly charge*
die Zapfsäule, die Zapfsäulen *gas pump*
das Zapfventil, die Zapfventile *nozzle*
die Zündkerze, die Zündkerzen *spark plugs*
der Zündschlüssel, die Zündschlüssel *ignition key*
die Zündung *ignition*

CHAPTER 6

Asking for Directions
Nach dem Weg fragen

Asking for Directions While on Foot (Fig. 6-1)

Entschuldigung. Ich *habe mich verirrt.*	*lost my way*
Können Sie mir sagen, wo die Holtenauer*straße* ist?	*street*
Welche *Kreuzung* suchen Sie?	*intersection*
Die Kreuzung Holtenauerstraße–Beseler *Allee*	*avenue*
Ist es *weit von hier* oder *in der Nähe?*	*far from here; near*
Kann ich *zu Fuß gehen?*	*walk, go by foot*
Sie müssen *eine Straße zurückgehen.*	*turn around, walk back a block*
rechts um die Ecke biegen.	*turn right (at the corner)*
links um die Ecke biegen.	*left*
einige Straßen geradeaus gehen.	*continue straight for a few blocks*
einige Straßen weiter gehen.	*continue a few blocks*

1. Complete the following dialog.

—Entschuldigung. Ich weiß nicht, wo ich bin. Ich habe mich (1) _____.

—Vielleicht kann ich Ihnen helfen. Welche (2) _____ suchen Sie?

—Die Holtenauerstraße.

—Aber die Holtenauerstraße ist sehr lang. Sie geht durch die ganze Stadt. Welche Hausnummer suchen Sie?

—Ich weiß es nicht. Ich möchte zur (3) _____ Holtenauerstraße-Düppelstraße.

—Ja, ich weiß, wo das ist.

—Ist es sehr (4) _____?

—Nein. Es ist nicht sehr (5) _____ von hier. Es ist in der (6) _____. Sie können zu (7) _____ gehen. Aber es ist in der entgegengesetzten Richtung. Sie müssen auf der Feldstraße (8) _____. Drei Straßen weiter (9) _____ Sie links um die Ecke. Das ist die Beseler Allee. Dann gehen Sie drei Straßen (10) _____. Die dritte (11) _____ ist die Holtenauerstraße. Hier gehen Sie rechts um die Ecke. Die nächste Straße ist die (12) _____ Holtenauerstraße-Düppelstraße.

—Danke schön. Darf ich das wiederholen? Ich gehe (13) _____. Drei Straßen weiter (14) _____ ich links um die (15) _____. Dann muss ich (16) _____ Straßen geradeaus gehen. An der Kreuzung Beseler Allee– Holtenauerstraße biege ich (17) _____ um die Ecke. Die nächste Straße ist die (18) _____ Holtenauerstraße-Düppelstraße.

—Genau.

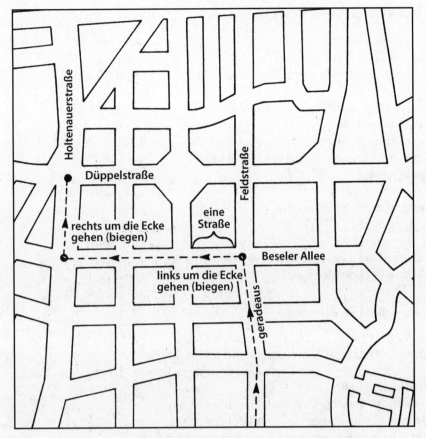

Fig. 6-1

—Wo ist die Feldstraße, bitte?

—Sie ist weit von hier. Sie müssen *den Bus nehmen*. Die   *take the bus*
  Bushaltestelle ist an der *nächsten Ecke*. An der sechsten   *bus stop; next corner*
  Haltestelle müssen Sie *aussteigen*. Das ist die Feldstraße.   *get off*

2. Complete the following dialog.

—Entschuldigung. Wissen Sie, wo die Feldstraße ist?

—Ja, aber das ist ziemlich (1) _____. Sie können nicht (2) _____ gehen.
  Sie müssen den (3) _____ nehmen.

—Wie komme ich zum Bus?

—Die (4) _____ ist an der nächsten (5) _____.

—An der (6) _____ halten zwei Buslinien. Sie müssen die Zehn
  (7) _____. An der sechsten Haltestelle müssen Sie (8) _____.
  Das ist die Feldstraße.

—Danke schön.

—Bitte sehr.

Asking for Directions While in a Car (Fig. 6-2)

Wie *kommt man* nach Achterwehr?	*does one get*
Achterwehr ist ein *Vorort* von Kiel.	*suburb*
Sie müssen auf der *Bundesstraße*[1] *nach* Kiel fahren.	*highway; to*
Das ist die B4.	
Sie können auch auf der *Autobahn*[1] nach Kiel fahren.	*superhighway*
Wie komme ich zur Autobahn?	
Fahren Sie bis zur zweiten *Ampel*.	*traffic light*
An der zweiten Ampel müssen Sie links *abbiegen* und	*turn off*
dann *geradeaus* fahren.	*straight*
Es ist keine *Einbahnstraße*.	*one-way street*
Bleiben Sie auf dem rechten *Fahrstreifen*.	*lane*
Es gibt viel *Verkehr*.	*traffic*
Es ist die *Hauptverkehrszeit*.	*rush hour*
Verlassen Sie die Autobahn bei der zweiten *Ausfahrt*.	*leave; exit*
Auf der Autobahn gibt es oft einen *Stau*.	*traffic jam*

3. Complete the following sentences.

1. Achterwehr ist ein _____ von Kiel.
2. Man kann auf der _____ nach Kiel fahren.
3. Viele Autos, Lastwagen und Busse sind unterwegs. Es gibt viel _____ auf der Bundesstraße.
4. Alle fahren zur gleichen Zeit nach Hause. Es ist die _____.
5. Es gibt einen _____ auf der Autobahn.
6. Es geht schneller, wenn man statt der Bundesstraße die _____ nimmt.
7. Auf der Autobahn gibt es drei _____ in jeder Richtung.
8. Ich muss auf dem rechten _____ bleiben, weil wir bei der nächsten _____ die Autobahn verlassen.
9. Wir können nicht in diese Straße hineinfahren. Es ist eine _____.
10. Siehst du die _____ nicht? Es ist rot, und wir müssen halten.

---

[1]There are no tolls on the **Autobahn** for passenger cars and generally no speed limits. On the **Autobahn**, there are usually three lanes in each direction, as on many American superhighways and interstate highways. A **Bundesstraße** is also a highway, but not a superhighway. There are speed limits, generally 100 km/h (62 mph), and generally one or two lanes in each direction. A **Landstraße** is a country road, usually well paved, with one lane in each direction (100 km/h speed limit).

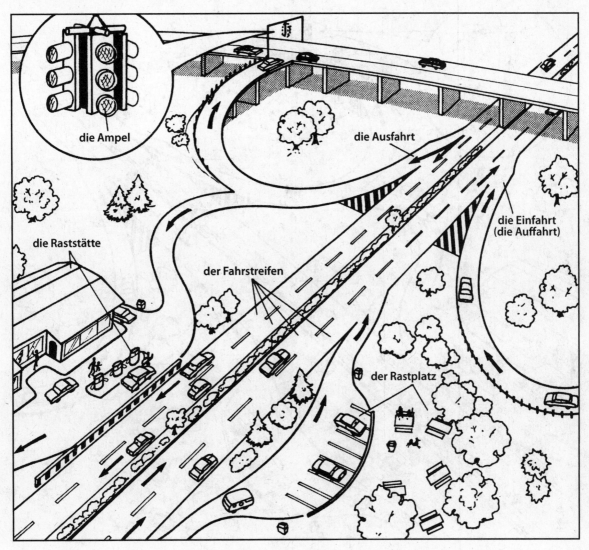

die Ampel

die Ausfahrt

die Einfahrt
(die Auffahrt)

die Raststätte

der Fahrstreifen

der Rastplatz

Fig. 6-2

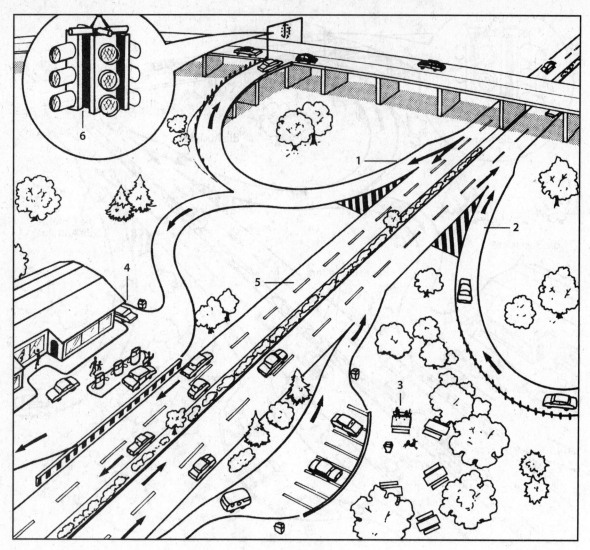

Fig. 6-3

4. Identify each numbered item in Fig. 6-3.

1. _____
2. _____
3. _____
4. _____
5. _____
6. _____

5. Match each item on the left with the appropriate item on the right.

1. _____ ein Verkehrslicht, das anzeigt, dass die Autos halten müssen   a. Vorort
2. _____ eine Straße, die nicht in beiden Richtungen befahren   b. Kreuzung
   werden kann   c. Hauptverkehrszeit
3. _____ wo sich zwei Straßen kreuzen   d. Ampel
4. _____ der Zeitraum, in dem es viel Verkehr gibt   e. geradeaus
5. _____ weder in der Stadt, noch sehr weit von der Stadt entfernt   f. Einbahnstraße
6. _____ weder rechts noch links

6. Complete the following sentences.

1. Ich möchte zur _____ Holtenauerstraße–Beseler Allee.
2. Die Beseler Allee ist drei Straßen _____.
3. Achterwehr ist drei Kilometer _____.
4. Fahren Sie auf der Bundesstraße _____ Kiel.
5. Achterwehr liegt an der Landstraße _____ Rendsburg.

Key Words

abbiegen *to turn off*

die Ampel, die Ampeln *traffic light*

die Auffahrt, die Auffahrten (Autobahn) *entrance*

die Ausfahrt, die Ausfahrten (Autobahn) *exit*

aussteigen *to get off*

die Autobahn, die Autobahnen *superhighway (limited access)*

(rechts/links um die Ecke) biegen *to turn (right/left at the corner)*

die Bundesstraße, die Bundesstraßen *highway*

die Bushaltestelle, die Bushaltestellen *bus stop*

die Ecke, die Ecken *corner*

die Einbahnstraße, die Einbahnstraßen *one-way street*

entfernt *far*

entgegengesetzt *opposite*

erreichen *to reach*

der Fahrstreifen, die Fahrstreifen *lane*

folgen *to follow*

(zu Fuß) gehen *to walk*

geradeaus *straight ahead*

die Haltestelle, die Haltestellen *stop (bus, etc.)*

die Hauptverkehrszeit, die Hauptverkehrszeiten *rush hour*

die Kreuzung, die Kreuzungen *intersection*

links *left*

links um die Ecke *left at the corner*

nach links fahren (gehen) *to turn left*

in der Nähe *nearby, in the vicinity*

der Rastplatz, die Rastplätze *rest area*

die Raststätte, die Raststätten *service area (with snack bar and gas)*

rechts *right*

rechts um die Ecke *right at the corner*

nach rechts fahren (gehen) *to turn right*

die Richtung, die Richtungen *direction*

die Straße, die Straßen *street*

verirrt *lost (one's way)*

die Verkehrsampel, die Verkehrsampeln *traffic light*

verlassen *to leave, get off*

der Vorort, die Vororte *suburb*

weder … noch *neither … nor*

weit *far*

weiter *farther on*

wenden *to make a U-turn*

zurückgehen *to go back, walk back*

CHAPTER 7

A Telephone Call
Ein Telefongespräch

Making a Local Call (Fig. 7-1)

Ich *will telefonieren.*	want to make a telephone call
Darf ich *das Telefon benutzen?*	use the telephone
Ich weiß die *Telefonnummer* nicht.	telephone number
die *Rufnummer* nicht.	telephone number
die *Vorwahl* nicht.	area code
Ich muss ins *Telefonbuch schauen.*	telephone book; look
Oder ich kann die *Auskunft anrufen.*	information; call
Ich *führe ein Ferngespräch.*	make a long-distance call
ein Ortsgespräch.	a local call
Ich *nehme den Hörer ab.*	pick up the receiver
Ich *hebe ab.*	pick up the receiver

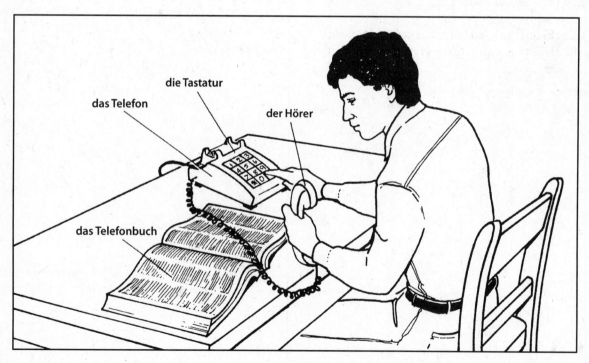

Fig. 7-1

Dann warte ich auf das *Amtszeichen.*   *dial tone*
Ich *wähle* die Telefonnummer mit der *Tastatur.*   *dial; keypad*
Es *klingelt.*   *is ringing*
Hier Mayer.[1]
Schumacher, guten Tag.

1. Complete the following paragraph.

Herr Neumann möchte (1) _____. Er will einen Freund anrufen, aber er weiß seine (2) _____ nicht. Er muss ins (3) _____ schauen. Da ist die Nummer. Sie ist 8 25 03. Da der Freund im selben Ort wohnt, ist es ein (4) _____. Herr Neumann hebt den Hörer (5) _____. Er wartet auf das (6) _____. Dann wählt er die Nummer mit der (7) _____. Es (8) _____. Er hat Glück. Sein Freund ist zu Hause.

Cell Phones

Ich hatte mit dem Auto einen *Unfall.*   *accident*
Gut, dass ich mein Handy mithatte.
Ich rufe den *Abschleppwagen* mit meinem Handy.   *tow truck*
Ich schicke meinem *Mann* (meiner *Frau*) eine *SMS.*   *husband (wife); text message*
Ich *simse,* dass ich mit Verspätung ankomme.   *text*
Ich kann meiner Frau *Bilder* von dem Unfall aufs   *pictures*
    Handy schicken.
Zum Glück bin ich nicht *verletzt.*   *luckily; injured*
Ich brauche keinen *Rettungswagen.*   *ambulance*
Man soll *Notrufnummern* wissen.   *emergency numbers*
    die *Polizei*—110   *police*
    die *Feuerwehr*—112   *fire department*
    der *Krankenwagen*—112   *ambulance*
Wenn man eine Nummer nicht weiß, ruft man die
    Auskunft an.   *information*
    Inlandsauskunft—118 33   *domestic information*
    Auslandsauskunft—118 34   *international information*

2. Complete the following sentences.

1. Ich hatte mit dem Auto einen _____.
2. Zum Glück hatte ich mein _____ mit.
3. Ich schickte meiner _____ eine SMS.
4. Mit dem Handy kann man auch _____ schicken.
5. Ich bin nicht _____. Ich brauche keinen _____.
6. Innerhalb ganz Deutschlands ist die Notrufnummer für die Polizei _____.

---

[1]When answering the telephone, a person identifies himself or herself with his or her last name.

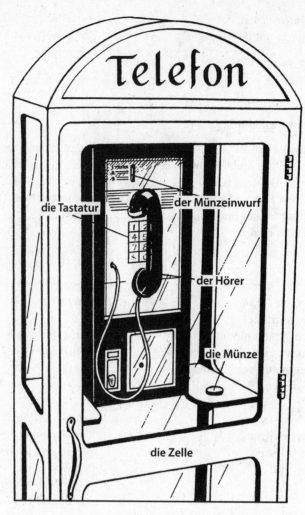

Fig. 7-2

Using a Public Telephone[2] (Fig. 7-2)

Wo ist eine *Telefonzelle*?	*telephone booth*
Sie brauchen *Kleingeld* oder eine *Telefonkarte*.	*change; telephone card*
Man muss *Folgendes tun*:	*do the following*
1. *den Hörer abnehmen*	*pick up the receiver*
2. *die Münzen einwerfen* oder Telefonkarte einschieben	*deposit coins*
3. auf das *Amtszeichen* warten	*dial tone*
4. *die Vorwahl wählen*	*dial the area code*
5. *die Rufnummer wählen*	*dial the number*
6. *auf den Anschluss warten* (*auf die Verbindung warten*)	*wait for the connection*
Jetzt kann man sprechen.	

---

[2]When dialing a telephone number within Germany, the area code always begins with a zero (e.g., 0431). However, when placing a telephone call to Germany from a foreign country, the initial zero in the area code is omitted (e.g., 431). The country code for Germany is 49, for Austria 43, and for Switzerland 41. When using a public telephone in Germany, it is possible to use coins (**Münzfernsprecher**) or a prepaid telephone card (**Kartentelefon**). Telephone cards can be purchased at post offices, stationery stores, and other outlets.

3. Complete the following paragraph.

Ich bin in einer (1) _____. Es ist das erste Mal, dass ich aus einer öffentlichen (2) _____ telefoniere. Was mache ich? Ach ja. Hier ist mein (3) _____. Zuerst muss ich den Hörer (4) _____. Na gut, ich (5) _____ den Hörer ab, (6) _____ die Münzen ein und warte auf das (7) _____. Da ist es. Dann wähle ich die (8) _____ mit der (9) _____. Wenn jemand antwortet, weiß ich, dass ich sprechen kann.

Speaking on the Telephone

Lorenz!
Guten Tag. Hier ist Feuerle. Ich möchte mit Herrn Billerbeck
  sprechen.
Einen Moment, bitte. Herr Billerbeck ist nicht hier.
Darf ich eine *Nachricht hinterlassen*?   *message; leave*
Selbstverständlich.   *of course*

4. Complete the following dialog, using fictitious names where necessary.

—Effertz!
—Guten Tag. Hier ist (1) _____. Ich möchte mit (2) _____ sprechen.
—Einen (3) _____. (4) _____ ist nicht hier.
—Ich möchte eine (5) _____ (6) _____, bitte.

Some Things That May Go Wrong

Es gibt kein Amtszeichen.	*There's no dial tone.*
Das Telefon ist *kaputt.*	*broken*
ist *außer Betrieb.*	*out of order*
funktioniert nicht.	*doesn't work*
Ich *habe mich verwählt.*	*dialed a wrong number (misdialed)*
Die *Leitung* ist *besetzt.*	*line; busy*
tot.	*dead*
Wir sind *unterbrochen* worden.	*cut off*
Ich versuche *später durchzukommen.*	*to call back (to get through) later*
Wie ist die *Durchwahlnummer*?	*direct dial*

5. Complete the following sentences.

1. Ich kann die Nummer nicht wählen. Ich höre kein _____.
2. Ich glaube, dass das Telefon nicht _____.
3. Ich höre ein Besetztzeichen. Die Leitung ist _____.
4. —Nein, Frau Krüger wohnt nicht hier.
   —Entschuldigen Sie, bitte. Ich habe mich _____.
5. Niemand nimmt den Hörer ab. Ich versuche _____.
6. Wir hatten gesprochen, und dann war die Leitung tot. Wir sind _____ worden.
7. Frau Bosch? Ja, sie arbeitet hier in der Firma. Hier ist die Zentrale. Haben Sie die
   _____?

Frau Siebuhr will ein Ferngespräch führen. Sie braucht nicht ins Telefonbuch zu schauen, weil sie die Telefonnummer ihrer Freundin weiß. Sie weiß auch die Vorwahl. Sie nimmt den Hörer ab, wartet auf das Amtszeichen und wählt ihre Nummer. Die Zentrale antwortet, nicht ihre Freundin.

—Institut für Meereskunde.

—Können Sie mich mit Frau Böhme verbinden?

—Einen Moment, bitte. Legen Sie nicht auf. Es tut mir leid. Die Leitung ist besetzt.

—Ja, ich weiß. Ich hörte das Besetztzeichen. Danke schön. Ich versuche später durchzukommen.

Fünf Minuten später versucht Frau Siebuhr es noch einmal. Sie nimmt wieder den Hörer ab, wartet auf das Amtszeichen und wählt dann. Gut. Es klingelt.

—Es tut mir leid. (Wieder die Zentrale.) Niemand hebt ab.

—Die Leitung war fünf Minuten besetzt, und jetzt nimmt niemand den Hörer ab.

Eine Stunde später versucht Frau Siebuhr es noch einmal über die Zentrale. Frau Siebuhr beginnt zu sprechen. Es ist kaum zu glauben. Die Zentrale hat sie falsch verbunden. Frau Siebuhr wählt noch einmal und erklärt das Problem. Die Zentrale verbindet Frau Siebuhr dann mit der gewünschten Nummer. Es klingelt, jemand nimmt den Hörer ab und meldet sich:

—Böhme.

—Hallo, Karla. Hier ist Gisela.

—Gisela! Wie geht's denn?

Und dann ist die Leitung tot. Das Amtszeichen kommt wieder. Frau Böhme und Frau Siebuhr sind unterbrochen worden. Frau Siebuhr wird wohl nie mit ihrer Freundin sprechen können.

6. Frau Siebuhr had four problems with her phone call. Express them with complete sentences.

1. _____

2. _____

3. _____

4. _____

7. Put the following actions in the proper order for making a phone call.

____ ____ ____ ____ ____ ____ ____

1. Den Hörer abnehmen.
2. Den Hörer auflegen.
3. Die Rufnummer mit der Tastatur wählen.
4. Die gewünschte Nummer im Telefonbuch suchen.
5. Auf das Amtszeichen warten.
6. Auf eine Antwort warten.
7. Ein Gespräch führen.

8. Complete the following sentences.

1. Ich höre kein Amtszeichen. Das Telefon ist außer _____.
2. Ich höre das Besetztzeichen. Die _____ ist besetzt.
3. Ich weiß die Telefonnummer nicht. Ich rufe die _____ an.
4. Der Herr, mit dem ich sprechen möchte, ist abwesend. Ich kann eine

    _____.

5. Die Frau, mit der ich sprechen möchte, wohnt nicht da. Ich habe mich _____.

9. Answer the following questions with complete sentences, based on the story of Frau Siebuhr.

1. Welche Art Gespräch führt Frau Siebuhr? _____

2. Warum braucht sie nicht ins Telefonbuch zu schauen?

    _____

3. Welche Information hat sie noch? _____

4. Was nimmt sie ab? _____

5. Wer hebt ab? _____

6. Warum kann Frau Siebuhr nicht mit ihrer Freundin sprechen?

_____

7. Warum kann sie beim zweiten Telefonanruf nicht durchkommen?

8. Hebt jemand beim dritten Anruf ab? _____

9. Ist es ihre Freundin? _____

10. Warum ist es nicht ihre Freundin? _____

11. Nimmt die Freundin beim vierten Mal den Hörer ab?

_____

12. Sprechen die beiden miteinander? _____

13. Warum können sie ihr Gespräch nicht zu Ende führen?

_____

Telephone Answering Machines

—Hier ist Nummer 68 74 66.
  Leider sind wir im Moment nicht zu Hause.
  Über eine Nachricht nach dem Piepton würden wir uns freuen.
—Hallo, Heike. Hier spricht Christine. Ich will mit Dir heute Abend ins Kino gehen. Bitte ruf mich zurück. Tschüss.

10. Answer the following questions with complete sentences.

1. Wer hat angerufen? _____

2. Welche Nummer hat sie erreicht? _____

3. Ist Heike zu Hause? _____

4. Mit wem spricht Christine? _____

5. Was soll man nach dem Piepton tun? _____

6. Was will Christine? _____

Key Words

abheben *to pick up (receiver)*
abnehmen *to pick up*
das Amtszeichen *dial tone*
der Anruf, die Anrufe *telephone call*
der Anrufbeantworter, die Anrufbeantworter
  answering machine
anrufen *to call up*
der Anschluss, die Anschlüsse *connection*
auf Wiederhören *good-bye*
die Auskunft *information*
außer Betrieb *out of order*
benutzen *to use*
besetzt *busy*
das Besetztzeichen, die Besetztzeichen
  busy signal
Bitte, bleiben Sie am Apparat. *Please hold.*
durchkommen *to get through*

durchwählen *to dial directly*
die Durchwahlnummer, die Durchwahlnummern
  direct dial
die Ehefrau, die Ehefrauen *wife*
der Ehemann, die Ehemänner *husband*
einschieben *to insert*
erreichen *to reach*
falsch verbunden (sein) *to have a wrong number*
das Ferngespräch, die Ferngespräche
  long-distance call
der Hörer, die Hörer *receiver*
das Kleingeld *change*
klingeln *to ring*
der Krankenwagen, die Krankenwagen
  ambulance
die Leitung, die Leitungen *line*
der Münzeinwurf, die Münzeinwürfe *coin slot*

die Nachricht, die Nachrichten *message*
noch einmal *again*
öffentlich *public*
der Ort, die Orte *town*
das Ortsgespräch, die Ortsgespräche *local call*
der Piepton, die Pieptöne *beep*
der Rettungswagen, die Rettungswagen
   ambulance
die Rufnummer, die Rufnummern
   telephone number
schauen *to look*
die SMS, die SMS *text message*
später *later*
die Tastatur, die Tastaturen *keypad*
der Telefonanruf, die Telefonanrufe
   telephone call
das Telefonbuch, die Telefonbücher
   telephone book
telefonieren *to call up*

die Telefonnummer, die Telefonnummern
   telephone number
die Telefonzelle, die Telefonzellen
   telephone booth
tot *dead*
Tschüss! *Bye!*
unterbrechen *to cut off*
unterbrochen *cut off (past participle)*
verbinden *to connect, put through*
die Verbindung, die Verbindungen *connection*
verletzt *injured*
versuchen *to try*
sich verwählen *to dial a wrong number*
die Vorwahl, die Vorwahlen *area code*
wählen *to dial*
warten *to wait*
die Zentrale, die Zentralen *message center*
zu Hause *at home*
zurückrufen *to call back*

Public Restrooms
Die Toilette

In German, it is not necessary to use circumlocutions when asking where to find a restroom. One simply asks, **Wo ist die Toilette, bitte?** or **Wo sind die Toiletten?**

One would NOT ask for the **Badezimmer**, since that is probably not what we are thinking of when we are asking for a public restroom. In German, a **Badezimmer** is a room with facilities to bathe, shower, or wash. A German **Badezimmer** generally contains a sink, toilet, shower, and/or bathtub.

In some public buildings, at trade fairs, and at rest stops on the **Autobahn**, there are often restroom attendants (**Toilettenmänner** and **Toilettenfrauen**) who oversee the facilities. It is customary to leave them a small tip.

CHAPTER 9

At the Hotel
Im Hotel

Checking In (Figs. 9-1 and 9-2)

Der Herr steht an der *Rezeption*.	reception desk
am *Empfang*.	reception desk
Der *Gast* sagt:	guest
Ich möchte ein *Einzelzimmer*.	single room
ein *Doppelzimmer* mit *zwei Betten*.	double room; two beds
ein Zimmer mit *Doppelbett*.	double bed

Fig. 9-1

Ich möchte ein Zimmer mit *Seeblick*.	*view of the sea*
zum Hof.	*facing the courtyard*
zur Straße.	*facing the street*
mit *Blick auf das Schwimmbad.*	*view of the swimming pool*
mit Blick auf die *Berge.*	*mountains*
Hat das Zimmer eine *Klimaanlage*?	*air conditioning*
Ist das Zimmer *klimatisiert*?	*air-conditioned*
Kann man *die Heizung höher drehen*?	*turn up the heat*
Hat das Zimmer ein Radio?	
einen *Wecker*?	*alarm clock*
einen Balkon?	
einen *Fernseher*?	*television set*
Internet-Anschluss?	*Internet connection*
Ist das Zimmer mit *Bad*?	*private bath*
mit *Dusche*?	*shower*
Ich möchte keine *Vollpension*.[1]	*room and board (lunch and dinner)*
Halbpension.	*room with lunch or dinner*
Was kostet das Zimmer?	
Ist das *Frühstück inbegriffen*?	*breakfast; included*
Ist die *Bedienung* inbegriffen?[2]	*service*

---

[1]At resorts, one can choose between full pension (breakfast plus lunch *and* dinner) and half pension (breakfast plus lunch *or* dinner).

[2]Service and taxes (**Bedienung** and **Mehrwertsteuer**) are always included.

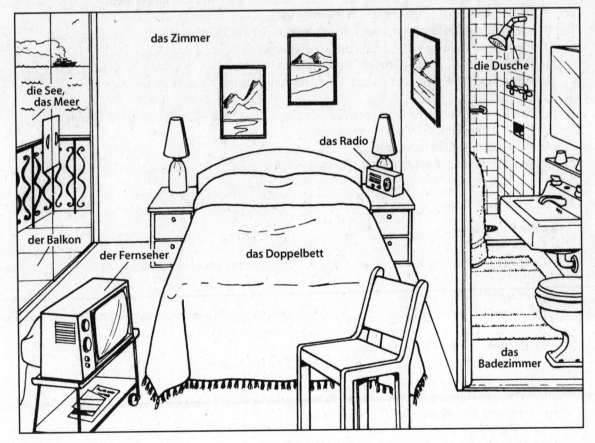

Fig. 9-2

Muss man *Kurtaxe* zahlen?	*special tax at health resorts and spas*
Wir *bleiben* bis Donnerstag.	*stay*
Wir haben *reservieren lassen.*	*made a reservation*
ein Zimmer *bestellt.*	*reserved*
vorbestellt.	*made a reservation*
Hier ist die *Bestätigung.*	*confirmation*
Der *Portier* sagt (Die *Empfangsdame* sagt):	*desk clerk (male); desk clerk (female)*
Das Hotel ist nicht *voll belegt.*	*full*
Es *stehen* noch Zimmer *zur Verfügung.*	*are available*
(Es gibt noch freie Zimmer.)	
Darf ich Ihren *Pass* (Reisepass) sehen?	*passport*
Wollen Sie bitte diesen *Meldeschein ausfüllen?*	*registration form; fill out*
Zahlen Sie mit Kreditkarte?	
Der *Hotelpage* bringt Ihre Koffer ins Zimmer.	*bellhop*
Bitte *lassen* Sie den *Zimmerschlüssel* beim Empfang.	*leave; room key*

1. Complete the following sentences.

1. Ein _____ ist nur für eine Person.
2. Ein Zimmer für zwei Personen ist ein _____.
3. Im Doppelzimmer können ein _____ oder zwei _____ stehen.
4. Ein Zimmer zur Straße ist lauter als ein Zimmer zum _____.
5. Da das Hotel am Strand liegt, möchte ich ein Zimmer mit _____.
6. Ich möchte nicht immer im Hotel essen. Daher möchte ich keine _____.
7. Die _____ und die _____ sind im Preis inbegriffen.
8. Im Sommer möchte ich immer ein Zimmer mit _____.
9. Ich weiß, dass es teurer ist, aber ich verlange immer ein Zimmer mit _____.
10. Ich habe das Zimmer _____. Hier ist die _____.
11. Der _____ arbeitet am Empfang.
12. Wenn das Hotel voll _____ ist, stehen keine Zimmer mehr zur _____.
13. Am Empfang muss der Gast einen _____ ausfüllen. Wenn es ein fremdes Land ist, muss der Gast dem Portier seinen _____ zeigen.
14. Viele Leute zahlen lieber mit _____.
15. Wenn man einen Laptop mithat, will man einen _____ haben.

2. Complete the following dialog.

An der Rezeption
—Guten Tag.
—Guten Tag. Haben Sie noch ein (1) _____ für zwei Personen?
—Haben Sie (2) _____?
—Nein, leider nicht.
—Das Hotel ist fast voll (3) _____. Drei Doppelzimmer stehen noch zur (4) _____. Hätten Sie lieber ein Zimmer mit (5) _____ oder ein Zimmer mit zwei (6) _____?
—Ein Zimmer mit (7) _____, bitte. Ist das Zimmer mit (8) _____ oder zur (9) _____?
—Die einzigen Zimmer, die noch zu haben sind, gehen zur (10) _____.
—In Ordnung. Was kostet das (11) _____?
—150,– € am Tag.
—Ist die (12) _____ inbegriffen?

—Ja, die (13) _____ und die (14) _____ sind im Preis inbegriffen, aber nicht das Frühstück.

—In Ordnung.

—Wie lange bleiben Sie?

—Wir bleiben bis (15) _____. Zur Zeit ist es sehr warm. Sind die Zimmer (16) _____?

—Ja, und das Zimmer ist mit (17) _____.

—Sehr gut.

—Also, (18) _____ Sie diesen Meldeschein aus und (19) _____ Sie hier. Darf ich Ihren (20) _____ sehen?

—Hier ist er.

—Danke schön.

—Bitte sehr.

Speaking with the Maid (Fig. 9-3)

Das *Zimmermädchen*	*maid*
Herein!	*Come in!*
Kommen Sie herein!	*Come in!*
Kann ich meine Wäsche zum Waschen geben?	*Can I have my things washed?*
Haben Sie einen Wäsche-Service?	*laundry service*
Können Sie diese Sachen waschen und bügeln?	*things; wash; iron*
Ich möchte etwas reinigen lassen.	*have something dry-cleaned*

Fig. 9-3

Wann ist es fertig?	*When will it be done?*
Wenn Sie *es heute zurückhaben* möchten, müssen Sie	*have it back today*
einen *Zuschlag zahlen.*	*pay a surcharge*
Können Sie das Zimmer jetzt *machen*?	*make up, clean*
Ich brauche *noch ein Kopfkissen.*	*another pillow*
eine Decke.	*another blanket*
ein Badetuch.	*another bath towel*
ein Stück Seife.	*another bar of soap*
Kleiderbügel.	*more hangers*
Toilettenpapier.	*more toilet paper*
Wo ist die *Steckdose* für den *Rasierapparat*?	*outlet; electric razor*
für den *Fön*?	*hair dryer*
Wie hoch ist die Spannung?	*What is the voltage?*

3. Complete the following sentences.

1. Das Zimmer soll gemacht werden. Ich werde das _____ rufen.
2. Ich habe viel Wäsche. Mal sehen, ob es einen _____ gibt.
3. Können Sie diese Sachen _____ und _____?
4. Kann ich das Kleid _____?
5. Ich kann meinen Rasierapparat nicht benutzen. Ich weiß nicht, wo die _____ ist.
6. In der letzten Nacht war es kalt. Ich möchte noch eine _____.
7. Ein großes Handtuch ist ein _____.

Fig. 9-4

8. Ich möchte duschen, aber es gibt keine _____.

9. Ich habe viel Kleidung bei mir. In den Hotels sind nie genug _____ in den Schränken.

10. Im Allgemeinen gibt es eine extra Rolle _____ im Badezimmer.

4. Identify each numbered item in Fig. 9-4.

1. _____	6. _____
2. _____	7. _____
3. _____	8. _____
4. _____	9. _____
5. _____	10. _____

Some Problems You May Have (Fig. 9-5)

Der *Wasserhahn funktioniert nicht.*	*faucet; doesn't work*
Das *Licht* geht nicht an.	*light*
Die Toilette funktioniert nicht.	
Der *Lichtschalter* funktioniert nicht.	*light switch*
Die *Glühbirne* ist *durchgebrannt.*	*bulb; burned out*
Das *Waschbecken* ist *verstopft.*	*sink (wash basin); clogged*
Es gibt kein *heißes Wasser.*	*hot water*

die Glühbirne ist durchgebrannt

der Lichtschalter

das Waschbecken ist verstopft

Fig. 9-5

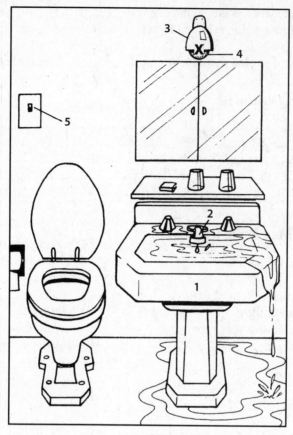

Fig. 9-6

5. Complete the following sentences.

1. Ich habe das Licht angeschaltet, aber nichts ist geschehen. Ich glaube, die _____ ist durchgebrannt, oder vielleicht funktioniert der _____ nicht.
2. Ich habe den _____ aufgedreht, aber es kommt kein Wasser.
3. Das Waschbecken läuft nicht ab. Es muss _____ sein.
4. Ich kann nicht duschen, wenn es kein _____ gibt.

6. Identify each numbered item in Fig. 9-6.

1. _____
2. _____
3. _____
4. _____
5. _____

Checking Out

An der Rezeption
Der Gast sagt:
Wann müssen wir das Zimmer *räumen*?   *vacate, leave*
Wann müssen wir *auschecken*?   *check out*
Ich möchte gern die *Rechnung* für Zimmer 21.   *bill*

Das haben Sie mir *falsch berechnet.*	*made a mistake on (my) bill*
Nehmen Sie *Kreditkarten*?	*credit cards*
Der Portier sagt:	
Haben Sie heute Morgen *noch etwas bestellt*?	*ordered anything else*
Ich habe *nichts weiter* bestellt.	*nothing else*
nichts mehr bestellt.	*nothing else*
Haben Sie *telefoniert*?	*made telephone calls*
Hier ist die *Rechnung.*	*total, bill*
Bitte, *unterschreiben* Sie hier.	*sign (a signature)*

7. Complete the following dialog.

An der Rezeption
—Ich möchte gern die (1) _____ für Zimmer 21.
—Wie ist Ihr Name, bitte?
—(2) _____.
—Haben Sie heute Morgen (3) _____ bestellt?
—Ja, das Frühstück.
—Haben Sie heute Morgen (4) _____?
—Nein.
—Gut. Hier ist die (5) _____. Die (6) _____ beträgt 170,– €.
—Entschuldigen Sie. Aber ich habe nichts weiter (7) _____. Den Wein haben Sie
    mir falsch (8) _____.
—Entschuldigung. Das ist für Zimmer 22.
—Nehmen Sie (9) _____?
—Ja, welche (10) _____ haben Sie?

8. Complete the following sentences.

1. Wenn ein Gast in einem Hotel ankommt, geht er zuerst zum _____.
2. Oft muss er einen Meldeschein _____ und der Empfangsdame seinen
    _____ zeigen.
3. Ein Gast, der allein ins Hotel geht, braucht ein _____. Zwei Gäste brauchen ein
    _____.
4. In den Hotels sind die _____ und die _____ im Preis inbegriffen.
5. Ein Zimmer zur _____ ist lauter als ein _____ zum
    _____.
6. Viele Leute _____ ihre Zimmer, ehe sie in ein Hotel gehen. Wenn sie
    ankommen, zeigen sie dem Portier ihre _____.
7. Wenn das Hotel keine freien Zimmer mehr hat, ist es _____.
8. Der _____ bringt die Koffer in die Zimmer.
9. Das _____ macht die Zimmer.
10. Einige Dinge, die ins Badezimmer gehören, sind _____, _____ und
    _____.
11. Im Sommer sind alle Zimmer _____.
12. Wenn ein Gast friert, braucht er noch eine _____ auf dem _____.
13. Man braucht _____, um die Kleidungsstücke aufzuhängen.
14. Viele Hotels bieten ihren Gästen einen _____ für ihre Wäsche an.
15. Wenn der Gast etwas _____ will, ruft er beim Zimmer-Service an.
16. Meistens müssen die Gäste das Zimmer um elf oder zwölf Uhr _____.
17. Wenn die Gäste ankommen oder auschecken, gehen sie zur _____.
18. Heutzutage bezahlen viele Leute lieber mit einer _____.

Fig. 9-7

9. Answer the following questions with complete sentences, based on Fig. 9-7.

1. Geht das Zimmer zur Straße? _____

2. Hat das Zimmer einen Balkon? _____

3. Was für ein Bett steht im Zimmer? _____

4. Was für ein Zimmer ist es? _____

5. Hat das Zimmer ein Bad? _____

6. Hat das Badezimmer eine Dusche oder eine Badewanne?

_____

7. Hat das Zimmer einen Fernseher? _____

8. Hat das Zimmer ein Telefon? _____

Fig. 9-8

10. Correct the following statements with complete sentences, based on Fig. 9-8.

1. Die Dame und der Herr stehen im Restaurant.

   _____

2. Sie checken aus. _____

3. Sie sprechen mit dem Hotelpagen. _____

4. Die Dame füllt den Meldeschein aus. _____

5. Der Herr hat eine Kreditkarte in der Hand.

Fig. 9-9

11. Answer the following questions with complete sentences, based on Fig. 9-9.

1. Was für ein Zimmer ist es? _____
2. Was liegt auf dem Bett? _____
3. Wer arbeitet im Zimmer? _____
4. Was macht sie? _____
5. Was hängt im Schrank? _____
6. Hat das Zimmer ein Bad? _____
7. Gibt es eine Dusche im Badezimmer? _____
8. Wie viele Handtücher hängen da? _____
9. Wie viele Rollen Toilettenpapier sind im Badezimmer?

_____

Key Words

ankommen *to arrive*

die Anmeldung, die Anmeldungen
   registration form

anschalten *to turn on (light and other electric
   devices)*

aufdrehen *to turn on (water faucet)*

auschecken *to check out*

das Badetuch, die Badetücher *bath towel*

das Badezimmer, die Badezimmer *bathroom*

das Becken, die Becken *basin*

die Bedienung, die Bedienungen *service*

berechnen *to charge*

falsch berechnen *to make a mistake in a charge
   on the bill*

der Berg, die Berge *mountains*

die Bestätigung, die Bestätigungen *confirmation*

bestellen *to reserve, order*
betragen *to amount to*
das Bett, die Betten *bed*
bieten *to offer*
bleiben *to stay*
mit Blick auf *facing*
bügeln *to iron*
die Decke, die Decken *blanket*
das Doppelbett, die Doppelbetten *double bed*
das Doppelzimmer, die Doppelzimmer
 double room
durchgebrannt *burned out (lightbulb)*
die Dusche, die Duschen *shower*
das Einzelbett, die Einzelbetten *twin bed*
das Einzelzimmer, die Einzelzimmer
 single room
der Empfang *reception desk*
die Empfangsdame, die Empfangsdamen
 desk clerk (female)
der Fernseher, die Fernseher *television set*
der Fön, die Föne *electric hair dryer*
fragen *to ask*
frieren *to be cold, freeze*
das Frühstück *breakfast*
funktionieren *to function, work*
der Gast, die Gäste *guest*
geheizt *heated*
die Glühbirne, die Glühbirnen *lightbulb*
die Halbpension *room with lunch or dinner*
das Handtuch, die Handtücher *hand towel*
heißes Wasser *hot water*
die Heizung *heat*
Herein! *Come in!*
zum Hof *facing the courtyard*
der Hotelpage, die Hotelpagen *bellhop*
(im Preis) inbegriffen *included (in the price)*
der Internet-Anschluss *Internet connection*
kalt *cold*
mir ist kalt *I'm cold*
die Kasse, die Kassen *cashier's window*
der Kleiderbügel, die Kleiderbügel *hanger*
die Klimaanlage, die Klimaanlagen
 air conditioning
klimatisiert *air-conditioned*
Kommen Sie herein! *Come in!*
das Kopfkissen, die Kopfkissen *pillow*
der Laptop, die Laptops *laptop*
das Licht *light*
der Lichtschalter, die Lichtschalter *light switch*
die Mehrwertsteuer *value-added tax*

der Meldeschein, die Meldescheine
 registration form
der Portier, die Portiers *receptionist (male)*
der Rasierapparat, die Rasierapparate *razor*
räumen *to check out of, vacate*
die Rechnung, die Rechnungen *bill*
reinigen lassen *to have dry-cleaned*
reservieren *to reserve*
die Rezeption *reception desk*
die Rolle, die Rollen *roll*
die Sachen *things*
das Schwimmbad, die Schwimmbäder
 swimming pool
die See *sea*
der Seeblick *view of the sea*
die Seife *soap*
der Service *service*
die Spannung *voltage*
die Steckdose, die Steckdosen *(electrical) outlet*
zur Straße *facing the street*
das Stück Seife *bar of soap*
die Toilette, die Toiletten *toilet*
das Toilettenpapier *toilet paper*
übernachten *to stay overnight*
unterschreiben *to sign (a signature)*
die Unterschrift, die Unterschriften *signature*
verlangen *to ask for*
verstopft *clogged*
voll belegt *full (hotel with no vacancy)*
die Vollpension *room and board (includes lunch
 and dinner)*
vorbestellen *to reserve*
was für ein (eine) *what kind of*
das Waschbecken, die Waschbecken *wash basin,
 sink*
waschen *to wash*
der Wäsche-Service *laundry service*
das Wasser *water*
der Wasserhahn, die Wasserhähne *faucet*
der Wecker, die Wecker *alarm clock*
das Zimmer, die Zimmer *room*
Zimmer frei *rooms available*
das Zimmer machen *to make up the room*
ein Zimmer mit Einzelbetten *room with twin
 beds*
das Zimmermädchen, die Zimmermädchen *maid*
der Zimmerschlüssel, die Zimmerschlüssel
 room key
der Zimmer-Service *room service*
der Zuschlag, die Zuschläge *surcharge*

CHAPTER 10

At the Bank
Auf der Bank

Exchanging Money (Fig. 10-1)

Wo ist eine *Bank*?	*bank*
Wo kann ich Geld *wechseln*?	*change*
Ich brauche *Geld.*	*money*
Ich möchte hundert Dollar wechseln.	
Ich möchte hundert Dollar in Euro wechseln.	
Haben Sie *Reiseschecks* oder *Bargeld*?	*traveler's checks; cash*

Fig. 10-1

Haben Sie *Travellerschecks*?	*traveler's checks*
Wie ist der *Wechselkurs*?	*rate of exchange*
Der Dollar steht bei 0,74 €.[1]	*.74 euros to the dollar*
Es gibt 0,74 € pro Dollar.	
Wie hoch ist die *Gebühr*?	*fee, charge*
Gehen Sie zur *Kasse*.	*cashier's window*

1. Complete the following paragraph.

Herr Jones ist in Deutschland und hat keine (1) _____. Er will hundert Dollar in (2) _____ wechseln. Er will das Geld nicht im Hotel wechseln, weil sie dort eine höhere (3) _____ nehmen. Er möchte es auf der (4) _____ wechseln. Er weiß, dass der (5) _____ auf der Bank günstiger ist als im Hotel.

2. Complete the following dialog.

—Ich möchte hundert Dollar (1) _____, bitte.
—Ja, bitte.
—Wie hoch ist der Wechselkurs?
—Haben Sie (2) _____ oder Bargeld?
—Reisechecks.
—Heute (3) _____ der Dollar bei 0,74 €.
—Gut.
—Haben Sie Ihren Reisepass?
—Ja. Hier ist er.
—Sie können zur (4) _____ gehen. Dort erhalten Sie das Geld.

Making Change

Ich habe die *Rechnung in bar* bezahlt.	*bill; in cash*
mit Bargeld bezahlt.	*in cash*
Ich habe *kein Bargeld mehr*.	*no more cash*
Ich muss *einen Scheck einlösen*.	*cash a check*
Ich habe nur noch *große Scheine*.	*large bills*
Können Sie diesen *200-Euro-Schein* wechseln?	*200-euro bill*
Ich habe kein *Kleingeld*.	*change*
keine *Münzen*.	*coins*

3. Complete the following paragraph.

Frau Zucker hat ihre Rechnung nicht per Scheck bezahlt. Sie hat in (1) _____ bezahlt. Jetzt hat sie kein (2) _____ mehr. Sie muss zur Bank gehen und einen Scheck (3) _____.

4. Complete the following paragraph.

Hör mal! Ich habe kein (1) _____. Kannst du mir diesen Zehneuroschein (2) _____? Ich brauche (3) _____ für das Telefon.

---

[1]Where English uses a comma to mark thousands, German uses a period; for example, English 250,000 is written as 250.000 in German. Where English uses a period for a decimal point, German uses a comma; for example, English 99.9% is written as 99,9% in German. Decimals in German cannot start with a comma; consequently, English .74 is written as 0,74 in German.

5. Complete the following dialogs.

Auf der Bank

—Ich möchte einen Travellerscheck einlösen, bitte.

—Ist es ein Dollar- oder ein Euro-Reisescheck?

— Er ist in (1) _____.

—Aber ich kann Ihnen keine Dollar geben.

—Ich weiß. Ich möchte den Travellerscheck in Euro wechseln. Wie ist der (2) _____?

—Der Dollar (3) _____ _____ 0,74 €.

—Gut.

—Sie können zur (4) _____ gehen.

An der Kasse

—Es sind zweihundert Euro. Hier sind zehn 20-Euro-(5) _____.

—Entschuldigen Sie. Können Sie einen der 20-(6) _____-Scheine in kleinere Scheine

(7) _____?

—Hier sind vier 5-Euro-(8) _____.

—Entschuldigen Sie nochmals. Ich habe überhaupt keine (9) _____. Können Sie

einen der 5-Euro-(10) _____ wechseln, bitte?

—Hier sind ein Zweieurostück und drei Eineurostücke.

—Besten Dank.

Using an Automated Teller Machine (ATM)

Es ist *Sonntagnachmittag* und die Banken sind *geschlossen*.	*Sunday afternoon; closed*
Ich habe mein ganzes Bargeld *ausgegeben*.	*spent*
Ich *brauche* aber mehr Bargeld.	*need*
Was mache ich?	
Ich gehe zum *Geldautomat*.	*ATM (cash machine)*
Ich stecke meine Karte in den Schlitz.	
Ich gebe meine *Geheimnummer* (PIN-Nummer) ein.	*PIN number*
Ich *wähle* den *Betrag*.	*select; amount*
Ich *entnehme* meine Karte und das Geld.	*take out*

6. Put the following actions in the proper order for using an ATM; omit any items that do not belong.

____ ____ ____ ____ ____ ____

1. die Geheimnummer eingeben
2. den Scheck unterschreiben
3. die Karte entnehmen
4. zur Kasse gehen
5. die Karte in den Schlitz stecken
6. den Betrag wählen

A Savings Account

Ich möchte *ein Sparkonto eröffnen*.	*open a savings account*
Ich möchte *Geld einzahlen*.	*make a deposit*
Ich möchte hundert Euro *einzahlen*.	*to deposit*
Ich will kein Geld von meinem *Konto abheben*.	*account; take out, withdraw*
Ich gehe zum *Bankschalter*.	*bank window (counter)*
Schalter.	*window (counter)*
Ich gebe dem *Kassierer* mein *Sparbuch*.	*teller, cashier; bankbook, passbook*
Bankangestellten mein Sparbuch.	*teller, bank employee*
Ich *spare* Geld.	*save*
Meine *Ersparnisse wachsen*.	*savings; grow*

7. Complete the following paragraph.

Ich spare Geld. Ich habe ein (1) _____ auf der Bank. Morgen werde ich
hundert Euro auf mein Konto (2) _____. Ich versuche, jeden Monat etwas
(3) _____ einzuzahlen. Ich gebe dem Bankangestellten mein (4) _____.
Wie Sie sehen, (5) _____ ich gern Geld, aber ich (6) _____ ungern
etwas ab. Meine (7) _____ sollen wachsen.

A Checking Account (Fig. 10-2)

Ich habe ein *Girokonto* bei der Bank.	*checking account*
Ich möchte einen Scheck *einlösen*.	*to cash*
Ich muss den Scheck *unterschreiben*.	*to sign*
Ich habe *keine Schecks mehr*.[2]	*no more checks*
Ich brauche neue *Schecks*.	*checks*
Wie ist mein *Kontostand*?	*balance*

[2]In Germany, there are no checkbooks as in the United States; rather, individual checks are placed in a plastic folder called a **Scheckheft**. These days, however, the majority of financial transactions are carried out by means of direct bank transfer (**Überweisung**).

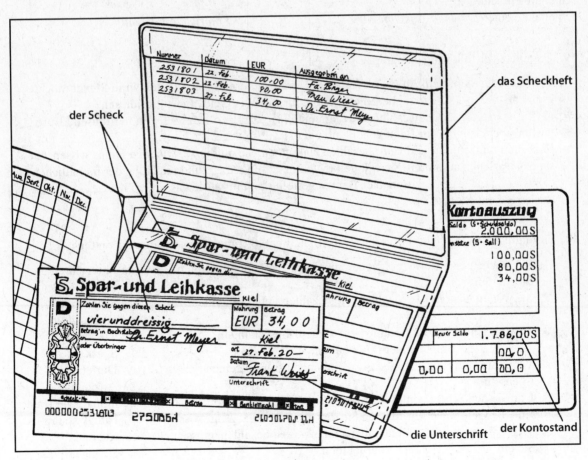

Fig. 10-2

8. Complete the following sentences.

1. Ich habe noch zweihundert Euro auf dem Konto. Der _____ ist zweihundert Euro.

2. Ich habe keine Schecks mehr. Ich brauche _____ Schecks.

3. —Können Sie diesen Scheck _____?

   —Ja, aber nur, wenn Sie bei dieser Bank ein _____ haben.

4. Wenn ich einen Scheck einlösen will, muss ich ihn _____.

5. Ich will nicht in bar zahlen. Ich werde per _____ bezahlen.

Getting a Loan

Ich kann jetzt nicht *die ganze Summe in bar* bezahlen.	*the entire sum in cash*
Ich möchte es nicht *auf Raten kaufen.*	*purchase on the installment plan*
Ich möchte nicht *in Raten bezahlen.*	*pay in installments*
Ich möchte *ein Darlehen aufnehmen.*	*take out a loan*
Mir wird ein Darlehen gewährt.	*I will be granted a loan.*
Ich *leiste eine Anzahlung* von fünfhundert Euro.	*make a down payment*
Wie *hoch* sind die *Zinsen?*	*high; interest*
Wie hoch ist der *Zinssatz?*	*interest rate*
Der Zinssatz *beträgt* sechs *Prozent.*	*is (amounts to); percent*
Ich werde in *monatlichen Raten* zahlen.	*monthly payments*
Wann ist der *Fälligkeitstag* der Raten?	*due date*
Ich kaufe ein Haus.	
Ich möchte eine *Hypothek aufnehmen.*	*mortgage; take out*

9. Complete the following paragraph.

Frau Meyer kauft ein Auto. Das Auto wird zwanzigtausend Euro kosten. Frau Meyer möchte es in (1) _____ bezahlen. Sie hat nicht genug Geld, um sofort alles in (2) _____ zu zahlen. Sie kann eine (3) _____ von fünftausend Euro leisten, aber sie muss zur Bank gehen und ein (4) _____ _____, um die restlichen fünfzehntausend Euro bezahlen zu können. Sie muss zwei wichtige Dinge wissen, ehe sie das Darlehen aufnimmt. Sie will den (5) _____ und die Höhe der monatlichen (6) _____ wissen. Der Bankangestellte sagt ihr auch, dass der (7) _____ am Ersten des Monats ist.

10. From the list on the right, select the appropriate item to complete each sentence on the left.

1. Sie machen eine Reise und wollen nicht viel Bargeld mitnehmen. Sie kaufen sich _____.

2. Sie wollen nicht in bar bezahlen. Sie bezahlen lieber mit einem _____.

3. Um mit einem Scheck bezahlen zu können, muss man ein _____ bei der Bank haben.

4. Wenn Sie kein _____ haben, müssen Sie einen Schein wechseln.

5. Ehe Sie den Scheck einlösen, müssen Sie ihn _____.

6. Ehe Sie Geld wechseln, müssen Sie den _____ wissen.

7. Wenn Sie nicht genug Geld haben, um etwas zu bezahlen, müssen Sie ein _____ aufnehmen.

8. Man muss die monatlichen Raten am _____ bezahlen.

a. unterschreiben
b. Reiseschecks
c. Scheckheft
d. Wechselkurs
e. Zinssatz
f. Sparkonto
g. Darlehen
h. Anzahlung
i. monatliche Rate
j. Fälligkeitstag
k. Bargeld
l. Kleingeld
m. Scheck

9. Ich habe nicht die ganze Summe in bar bezahlt. Ich habe in
   _____ bezahlt.

10. Ich kann nicht mit einem Scheck bezahlen, weil ich mein
    _____ nicht bei mir habe.

11. Wenn man Geld einzahlt oder abhebt, gibt man dem Kassierer
    das _____.

12. Ich spare Geld. Ich habe ein _____.

13. Ich weiß nicht, wie viel Geld auf dem Konto ist. Ich weiß nicht,
    wie mein _____ ist.

14. Ein Darlehen beim Hauskauf ist eine _____.

15. Auch wenn sie mir ein Darlehen gewähren, muss ich genug Bargeld
    haben, um eine _____ zu leisten.

n. Prozent
o. Schein
p. Hypothek
q. Sparbuch
r. Raten
s. Kontostand
t. in bar, mit Bargeld
u. Girokonto

11. Complete the following sentences.

1. Ich brauche Geld. Ich werde Dollar _____.
2. Ich habe Geld, das ich nicht brauche. Ich werde es auf mein Sparkonto _____.
3. Ich möchte einen Scheck _____.
4. Ehe ich den Scheck einlöse, muss ich ihn _____.
5. Um das Auto kaufen zu können, muss ich ein Darlehen _____.
6. Ich werde die Rechnung in bar _____.
7. Können Sie diesen Schein _____?
8. Ich mache eine Reise und muss Geld von meinem Konto _____.
9. Ich bezahle lieber in bar. Ich möchte nicht auf Raten _____.
10. Ich werde ein Sparkonto _____.

12. Complete the following sentences.

1. Ich möchte hundert Dollar _____ Euro wechseln.
2. Dann gehen wir _____ Kasse.
3. Ich bezahle nicht immer _____ bar.
4. Kannst du _____ Bargeld bezahlen?
5. Ich kaufe nichts _____ Raten. Ich bezahle nichts _____ Raten.

Key Words

abheben *to withdraw, take out money*
die Anzahlung, die Anzahlungen (leisten)
   (to make) a down payment
ausgeben *to spend*
die Bank, die Banken *bank*
der Bankangestellte, die Bankangestellten
   teller, bank employee (male)
die Bankangestellte, die Bankangestellten
   teller, bank employee (female)
der Bankschalter, die Bankschalter
   counter (window) at the bank
in bar bezahlen *to pay cash*
das Bargeld *cash*
der Betrag, die Beträge *amount*
betragen *to amount to*
bezahlen *to pay for*

brauchen *to need*
das Darlehen, die Darlehen *loan*
ein Darlehen aufnehmen *to take out a loan*
einlösen *to cash (a check)*
einzahlen *to deposit*
entnehmen *to take out*
erhalten *to receive*
eröffnen *to open*
die Ersparnisse *savings*
der Fälligkeitstag, die Fälligkeitstage *due date*
die Gebühr, die Gebühren *fee*
die Geheimnummer, die Geheimnummern
   PIN number
das Geld *money*
der Geldautomat, die Geldautomaten
   cash machine, ATM

das Geldstück, die Geldstücke *coin*
geschlossen *closed*
gewähren *to grant*
das Girokonto, die Girokonten *checking account*
höher *higher*
die Hypothek, die Hypotheken *mortgage*
eine Hypothek aufnehmen *to take out, assume
   a mortgage*
der Kassierer, die Kassierer *cashier (male)*
die Kassiererin, die Kassiererinnen *cashier
   (female)*
das Kleingeld *change (especially coins)*
das Konto, die Konten *account*
der Kontostand, die Kontostände *balance*
die monatliche Rate *monthly payment*
die Münze, die Münzen *coin*
niedriger *lower*
die Rate, die Raten *installment (payment)*
auf Raten kaufen *to purchase on the installment
   plan*
in Raten zahlen *to pay off in installments*
die Rechnung, die Rechnungen *bill*

der Reisescheck, die Reiseschecks
   traveler's check
das Scheckheft, die Scheckhefte *checkbook*
der Schein, die Scheine *bill (money)*
Sonntagnachmittag *Sunday afternoon*
das Sparbuch, die Sparbücher *bankbook,
   passbook*
sparen *to save*
das Sparkonto, die Sparkonten *savings account*
der Travellerscheck, die Travellerschecks
   traveler's check
die Überweisung, die Überweisungen
   direct bank transfer
unterschreiben *to endorse, sign*
wachsen *to grow*
wählen *to select*
der Wechselkurs, die Wechselkurse
   rate of exchange
wechseln *to exchange, change*
zahlen *to pay*
die Zinsen *interest*
der Zinssatz *interest rate*

CHAPTER 11

At the Post Office
Auf der Post

Sending a Letter (Fig. 11-1)

Ich möchte einen *Brief absenden.*	*letter; send*
Ich möchte meiner Mutter eine *Postkarte schicken.*	*postcard; send*
Ich kann sie nicht *in den Briefkasten[1] einwerfen.*	*mail (put into the mailbox)*
Ich habe keine *Briefmarken.*	*stamps*

[1]**Briefkasten** refers both to the public mailbox used to mail letters and to the mailbox at home used to receive mail.

Fig. 11-1

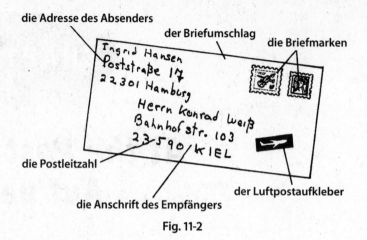

die Adresse des Absenders

der Briefumschlag

die Briefmarken

die Postleitzahl

der Luftpostaufkleber

die Anschrift des Empfängers

Fig. 11-2

Ich muss zum *Postamt*.	*post office*
zur *Post*.	*post office*
Ich kann Briefmarken auf der Post *kaufen*.	*buy*
Da ist der *Schalter*.	*counter, window*
Wie hoch ist das *Porto*?	*postage*
Was kostet ein Brief nach Portugal?	
in die *Vereinigten Staaten*?	*United States*
Per Luftpost kostet es 3,90 €.	*by airmail*
Ich möchte zwei Briefmarken zu drei Euro.	
Ich möchte den Brief *per Einschreiben* schicken.	*by registered mail*
Auf den *Briefumschlag* muss ich die Adresse des	*envelope*
Empfängers schreiben.	*recipient*
Die *Anschrift* des Empfängers steht auf dem Brief.	*address*
Die Adresse des *Absenders* steht auch auf dem Brief.	*sender*
Ich schreibe meine *Postleitzahl*.	*zip code*

1. Complete the following paragraph.

Ich möchte diese Karte absenden. Aber ich kann sie noch nicht in den (1) _____ einwerfen. Aus zwei Gründen muss ich zum (2) _____ gehen. Erstens weiß ich nicht, wie hoch das (3) _____ ist, und zweitens habe ich keine (4) _____. Ich werde die (5) _____ auf der (6) _____ kaufen.

2. Complete the following dialog.

Auf der (1) _____
—Ich möchte diesen Brief nach New York absenden. Was kostet das (2) _____, bitte?
—Wollen Sie den Brief per (3) _____ senden?
—Ja, bitte.
—Per (4) _____ in die Vereinigten Staaten kostet 3,90 Euro.
— Und was kostet eine Postkarte?
—Einen Euro.
—Gut. Geben Sie mir bitte zwei Briefmarken zu (5) _____ und zwei zu
(6) _____.

3. Answer the following questions, based on Fig. 11-2.

1. Senden Sie den Brief per Luftpost oder per Einschreiben?

_____

2. Wer ist der Empfänger? _____

3. Was ist die Postleitzahl des Empfängers? _____

4. Wer ist der Absender? _____

5. Wie viele Briefmarken sind auf dem Briefumschlag?

_____

6. Wo wohnt der Absender? _____

Sending a Package

Ich möchte *ein Paket abschicken.*	*send a package*
ein Päckchen absenden.	*send a small package*
Wie viel *wiegt es*? Wie *schwer* ist es?	*does it weigh; heavy*
Ich *weiß (es) nicht.*	*don't know*
Ich kann es *wiegen.*	*weigh*
Ich kann es auf die *Waage legen.*	*scale; place, put*
Möchten Sie es *versichern*?	*insure*
Ja, ich will es versichern lassen. Ist der *Inhalt zerbrechlich*?	*contents; fragile*
Bitte, *füllen* Sie eine *Zollerklärung* aus.	*fill out; customs declaration*
Wann *kommt es an*?	*will it arrive*
Per Flugzeug dauert es fünf Tage.	*by plane; takes*
Auf dem Landweg dauert es sechs Wochen.	*by surface mail*

4. Complete the following paragraph.

Ich möchte dieses (1) _____ nach England schicken. Aber ich weiß nicht, wie viel es wiegt, weil ich keine (2) _____ habe. Ich muss zum Postamt. Das Paket ist sehr wertvoll, mehr als zweihundert Euro. Ich werde es (3) _____ lassen. Ich muss eine Zollerklärung (4) _____. Es ist sehr (5) _____. Es ist aus Kristall. Ich kann es per (6) _____ schicken, dann dauert es nur fünf Tage. Aber das (7) _____ ist bei Luftpost viel höher.

Other Words You May Need

Ist *Post* für mich gekommen?	*mail*
Die Post wird *täglich außer* sonntags *ausgetragen*.	*daily; except; delivered*
Der *Briefträger* kommt vormittags.	*letter carrier*
Gibt es hier *Postfächer*?	*post office boxes*
Wo gibt es *Zahlungsanweisungen*?	*money orders*

5. Complete the following paragraph.

Ich muss nicht zum (1) _____ gehen, um meine Briefe abzuholen. Der (2) _____ wirft sie in meinen Briefkasten. Der (3) _____ kommt jeden Morgen um zehn Uhr. Sehen wir mal nach, ob (4) _____ da ist.

Key Words

abholen *to pick up*
abschicken *to send off, mail*
absenden *to send off, mail*
der Absender, die Absender *sender*
die Adresse, die Adressen *address*
die Anschrift, die Anschriften *address*
ausfüllen *to fill out (a form)*
austragen *to deliver*
der Brief, die Briefe *letter*
der Briefkasten, die Briefkästen *mailbox*
die Briefmarke, die Briefmarken *stamp*
der Briefumschlag, die Briefumschläge *envelope*
dauern *to last, take (time)*
per Einschreiben *by registered mail*
einwerfen *to mail*
der Empfänger, die Empfänger *recipient,*
   addressee
kaufen *to buy*
der Landweg *surface mail*
die Luftpost *airmail*
mit Luftpost *by airmail*
per Luftpost *via airmail*

das Päckchen, die Päckchen *(small) package*
das Paket, die Pakete *package*
das Porto *postage*
die Post *mail*
die Post *post office*
das Postamt, die Postämter *post office*
das Postfach, die Postfächer *post office box*
die Postgebühr, die Postgebühren *postage*
die Postkarte, die Postkarten *postcard*
die Postleitzahl, die Postleitzahlen *zip code*
schicken *to send*
versichern *to insure*
die Waage, die Waagen *scale*
werfen *to throw, mail*
wertvoll *valuable*
wiegen *to weigh*
die Zahlungsanweisung,
   die Zahlungsanweisungen *money order*
zerbrechlich *fragile*
die Zollerklärung, die Zollerklärungen
   customs declaration

CHAPTER 12

At the Hairdresser
Beim Friseur

For Men

Ich brauche einen *Haarschnitt*.	*haircut*
Der *Friseur (Frisör) schneidet* ihm das Haar mit einer *Schere*.	*barber, hairdresser (male); cuts* *scissors*
Die *Friseurin (Frisörin)*	*barber, hairdresser (female)*
Können Sie bitte *nachschneiden*?	*trim (hair)*
Ich brauche einen *Nachschnitt*.	*trim*
Schneiden Sie es bitte nicht zu kurz.	*Don't cut it too short.*
Stutzen Sie bitte meinen *Bart*.	*trim; beard*
Schneiden Sie bitte meinen *Schnurrbart*.	*mustache*
Schneiden Sie bitte die *Koteletten*.	*sideburns*
Schneiden Sie die Koteletten *kürzer*.	*shorter*
Rasieren Sie mich.	*shave*
Ich brauche *eine Rasur*.	*a shave*
Schneiden Sie bitte *hinten* ein bisschen mehr ab.	*in the back*
an den Seiten ein bisschen mehr ab.	*at the sides*
oben ein bisschen mehr ab.	*on top*
im Nacken ein bisschen mehr ab.	*at the (back of) neck*
Ich brauche eine *Haarwäsche*.	*shampoo*
Waschen Sie *mir* bitte *die Haare*.	*wash my hair*
Ich möchte kein *Haargel* und keinen *Haarspray*.	*hair gel; hair spray*
Ich möchte *etwas Schaumfestiger*.	*some; mousse*
Ist das Shampoo *unparfümiert*?	*unscented*

1. Complete the following sentences.

1. Mein Haar ist zu lang. Ich brauche einen _____.
2. Mein Haar ist nicht sehr lang. Ich brauche nur einen _____.
3. Ich habe gerade mein Haar gewaschen. Ich brauche keine _____.
4. Ist das _____ parfümiert?
5. Mein Bart ist zu lang. Können Sie ihn _____?
6. Ich mag mein Haar nicht sehr kurz. _____ Sie bitte nicht zu viel ab!
7. Der Friseur schneidet das Haar mit einer _____.
8. Ich _____ mich zu Hause. Der Friseur braucht mich nicht zu rasieren.

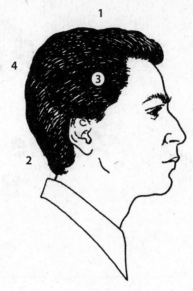

Fig. 12-1

2. Match each item on the left with the appropriate item on the right.

1. _____ Mein Haar ist zu lang.
2. _____ Ich brauche eine Haarwäsche.
3. _____ Mein Haar ist noch nicht sehr lang.
4. _____ Der Bart ist zu lang.
5. _____ Ich brauche einen Haarschnitt.
6. _____ Möchten Sie Haarspray?

a. Ich brauche nur einen Nachschnitt.
b. Bitte stutzen Sie ihn.
c. Ich brauche einen Haarschnitt.
d. Ich muss zum Friseur gehen.
e. Der Friseur soll mir die Haare waschen.
f. Nein, Schaumfestiger, bitte.

3. Complete the following sentences, based on Fig. 12-1.

1. Bitte schneiden Sie _____ ein bisschen mehr ab.
2. Bitte schneiden Sie _____ ein bisschen mehr ab.
3. Bitte schneiden Sie _____ ein bisschen mehr ab.
4. Bitte schneiden Sie _____ ein bisschen mehr ab.

For Women

Schneiden Sie mir die *Haare* (das Haar).	*cut; hair*
Waschen und legen Sie es mir.	*wash and set*
Ich möchte eine *Dauerwelle*.	*permanent*
Ich möchte es nur nachschneiden lassen.	*I'd like it only trimmed.*
Ich möchte *Strähnchen*.	*highlights*
Färben Sie mir das Haar.	*dye*
Ich möchte keinen *Haarspray*.	*hair spray*
Ich möchte keine *Nagelpflege*.	*manicure*
Ich möchte eine *Fußpflege*.	*pedicure*
Keinen *Nagellack* auf den *Fingernägeln*.	*nail polish; fingernails*
Lackieren Sie meine Fingernägel.	*polish*

4. Complete the following dialog.

—Guten Tag. Möchten Sie eine Dauerwelle?

—Nein, danke. (1) _____ und (2) _____ Sie mir nur das Haar.

—Ihr Haar ist ziemlich lang. Möchten Sie keinen (3) _____?

—Nein, danke, mein Haar gefällt mir so. (4) _____ Sie auch nicht die Haare, denn mir gefällt die Farbe, wie sie ist.

—Gut. Möchten Sie eine Nagelpflege?

—Ja, bitte. (5) _____ Sie aber bitte nicht meine Fingernägel.

Key Words

abschneiden *to cut off*

der Bart, die Bärte *beard*

die Dauerwelle, die Dauerwellen *permanent*

die Farbe, die Farben *color*

färben *to dye*

der Fingernagel, die Fingernägel *fingernail*

der Friseur (Frisör), die Friseure (Frisöre)
  barber, hairdresser (male)

die Friseurin (Frisörin), die Friseurinnen
  (Frisörinnen) *barber, hairdresser (female)*

beim Friseur *at the hairdresser*

zum Friseur *to the hairdresser*

der Fußnagel, die Fußnägel *toenail*

das Haar, die Haare *hair*

der Haarschnitt, die Haarschnitte *haircut*

der Haarspray, die Haarsprays *hair spray*

die Haarwäsche, die Haarwäschen *shampoo*

hinten *in the back*

kämmen *to comb*

die Koteletten *sideburns*

kurz *short*

kürzer schneiden *to trim*

legen *to set (hair)*

die Maniküre *manicure*

nachschneiden *to trim*

der Nachschnitt, die Nachschnitte *trim*

der Nacken, die Nacken *(back of the) neck*

im Nacken *at the (back of the) neck*

der Nagellack *nail polish*

die Nagelpflege *manicure*

oben *on top*

die Pediküre *pedicure*

rasieren *to shave*

das Rasiermesser, die Rasiermesser *razor*

die Rasur, die Rasuren *shave*

der Schaumfestiger *mousse*

die Schere, die Scheren *scissors*

schneiden *to cut*

der Schnurrbart, die Schnurrbärte *mustache*

die Seite, die Seiten *side*

an den Seiten *at the sides*

die Strähnchen *highlights*

stutzen *to trim*

tönen *to color, tint*

unparfümiert *unscented*

waschen *to wash*

CHAPTER 13

At the Department Store
Im Kaufhaus

Buying Shoes (Fig. 13-1)

Kann ich Ihnen *helfen*?	*help*
Was möchten Sie?	*What would you like?*
Ich brauche *ein Paar Schuhe.*[1]	*a pair of shoes*
Stiefel.	*boots*
Gummistiefel.	*rubber boots*
Sandalen.	*sandals*

---

[1]**Pumps** are women's high-heeled dress shoes and **Slipper** are women's and men's flat-heeled shoes without shoelaces.

Fig. 13-1

Ich brauche ein Paar *Hausschuhe.*	*house slippers*
Turnschuhe.	*sneakers*
Tennisschuhe.	*tennis shoes*
Joggingschuhe.	*running shoes*
Welche *Größe* haben Sie?	*size*
Ich habe 39.	
Ich möchte *Lederschuhe* in *beige (weiß, schwarz, braun).*	*leather shoes; beige (white, black, brown)*
Der *Absatz* ist mir zu hoch.	*heel*
Mir gefallen *hohe (flache) Absätze* nicht.	*high (flat) heels*
Ich mag keine *Gummisohlen.*	*rubber soles*
Diese Schuhe *passen* mir nicht.	*fit*
Sie sind zu *schmal.*	*narrow*
eng.	*narrow*
weit.	*wide*
klein.	*small*
Die *Zehen tun mir weh.*	*toes; hurt*
Ich brauche auch ein Paar *Schnürsenkel* und *Schuhcreme.*	*shoelaces; shoe polish*

1. Complete the following dialog.

—Was möchten Sie, bitte?
—Ich möchte ein Paar (1) _____, bitte.
—Welche (2) _____ haben Sie?
—Ich habe (3) _____ 37.
—Mögen Sie lieber hohe oder flache (4) _____?
—Flache, bitte. Mir gefallen hohe (5) _____ nicht.
—Schön. Welche Farbe möchten Sie?
—Braun, bitte.
—Gefallen Ihnen diese?
—Sie gefallen mir, aber sie (6) _____ mir nicht gut. Die (7) _____ tun
  mir weh. Sie sind zu (8) _____. Haben Sie den gleichen Schuh eine Nummer
  (9) _____?

2. Answer the following questions, based on Fig. 13-2.

1. Sind es Schuhe, Sandalen oder Stiefel? _____
2. Haben sie Gummisohlen? _____
3. Sind die Absätze hoch oder flach? _____
4. Haben die Schuhe Schnürsenkel? _____

Fig. 13-2

Buying Men's Clothing

Was möchten Sie?	*What would you like?*
Ich möchte ein *Paar Jeans.*	*pair of jeans*
einen *Mantel.*	*overcoat*
eine *Badehose.*	*swimming trunks*
Strümpfe.	*socks*
Socken.	*socks*
Unterhosen.	*underpants*
ein *Hemd.*	*shirt*
ein *Unterhemd.*	*undershirt*
ein *T-Shirt.*	*T-shirt*
einen *Gürtel.*	*belt*
eine *Krawatte.*	*tie*
eine *Fliege.*	*bow tie*
einen *Schlips.*	*tie*
einen *Sakko.*	*jacket (sport)*
ein *Jackett.*	*jacket (suit)*
eine *Jacke.*	*jacket, coat, cardigan*
eine *Strickjacke.*	*cardigan sweater*
einen *Regenmantel.*	*raincoat*
ein Paar *Handschuhe.*	*gloves*
eine *kurze Hose.*	*shorts*
Shorts.	*shorts*
Taschentücher.	*handkerchiefs*
einen *Hut.*	*hat*
eine *Mütze.*	*cap*
einen *Schal.*	*scarf*
einen *Pullover* (einen *Pulli*).	*(pullover) sweater*
einen *Anzug.*	*suit*
einen *Jogginganzug.*	*jogging suit*
Ich möchte ein Hemd aus *Baumwolle.*	*cotton*
Flanell.	*flannel*
Gabardine.	*gabardine*
Seide.	*silk*
Wolle.	*wool*
Nylon.	*nylon*
Mischgewebe.	*blended fabric*
Kunstfasern.	*synthetic fabric*
Ich möchte ein *bügelfreies* Hemd.	*wrinkle-resistant, no-iron*
ein *pflegeleichtes Gewebe.*	*easy-care fabric*
Ich möchte ein Hemd mit *langen Ärmeln.*	*long sleeves*
kurzen.	*short*
Manschetten.	*French cuffs*
Ich möchte eine *Kordjacke.*	*corduroy jacket*
eine *Jeansjacke.*	*denim jacket*
eine *Lederjacke.*	*leather jacket*
eine *Wildlederjacke.*	*suede jacket*
eine *Wolljacke.*	*wool jacket*
eine *Kammgarnjacke.*	*worsted jacket*
Mir gefällt dieses *gestreifte* Hemd.	*striped*
dieses *karierte* Hemd.	*checked*

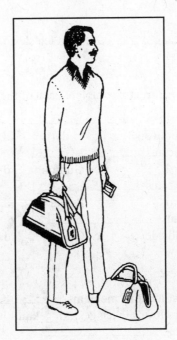

Fig. 13-3

Dieses gestreifte Hemd *passt* nicht *zu* dieser karierten Krawatte.	*match, go with*
Welche *Größe* haben Sie?	*size*
Ich weiß nicht. *Nehmen* Sie bitte *Maß.*	*take; measurements*
Es passt nicht. Es ist ein bisschen *eng.*	*tight*
Der *Hosenschlitz* hat einen *Reißverschluss.*	*fly; zipper*
Der Reißverschluss ist kaputt.	

3. List the articles of clothing the man in Fig. 13-3 is wearing.

    1. _____   4. _____

    2. _____   5. _____

    3. _____

4. Complete the following dialog.

    —Guten Tag. Kann ich Ihnen (1) _____?

    —Ja. Ich (2) _____ ein Hemd.

    —Soll es sportlich sein?

    —Ja.

    —Mit (3) _____ oder langen Ärmeln?

    —Mit langen Ärmeln, bitte.

    —Möchten Sie ein kariertes oder (4) _____ Hemd?

    —Nein, weder noch. Ich will ein weißes (5) _____.

    —Welche (6) _____ haben Sie?

    —Meine (7) _____ ist 41.

    —Möchten Sie ein Hemd aus Baumwolle oder Kunstfasern?

    —(8) _____. Ich möchte keine Kunstfasern. Ich möchte auch eine

    (9) _____, die zu dem Hemd (10) _____.

—Welche Farbe wollen Sie?
—Ich möchte eine blaue (11) _____, da ich sie zu einem (12) _____
    Anzug tragen werde.

5. Choose the option that does NOT correctly complete each of the following sentences.

    1. _____ Ich möchte ein Unterhemd aus _____.
        a. Wolle   b. Baumwolle   c. Leder   d. Kunstfasern
    2. _____ Ich möchte eine Hose aus _____.
        a. Wolle   b. Kord   c. Gummi   d. Seide
    3. _____ Ich möchte eine Jacke aus _____.
        a. Wolle   b. Kord   c. Papier   d. Jeansstoff
    4. _____ Ich möchte Schuhe aus _____.
        a. Leder   b. Wildleder   c. Gummi   d. Seide

6. Complete the following sentences.

    1. Dieses gestreifte Hemd passt nicht zu meinem _____ Sakko.
    2. Der _____ der Hose, die ich gestern gekauft habe, ist kaputt.
    3. Ich trage ungern Schuhe ohne _____.
    4. Für diese Hose brauche ich keinen _____.
    5. Wenn es regnet, trage ich meinen _____.
    6. Ich brauche Unterwäsche. Ich werde mir sechs _____ und sechs
       _____ kaufen.
    7. Ich weiß meine Größe nicht. Der Verkäufer muss _____.
    8. Baumwolle gefällt mir nicht. Mir gefällt _____ besser, weil es bügelfrei ist.
    9. Dieses Jackett _____ mir nicht.
    10. Dieses Jackett ist mir zu _____. Ich brauche es eine Nummer größer.

Buying Women's Clothing

Was möchten Sie, bitte?	*What would you like?*
Ich möchte einen *Schal.*	*scarf*
ein *Halstuch.*	*scarf*
einen *Mantel.*	*coat*
einen *Morgenmantel.*	*dressing gown, housecoat*
einen *Bademantel.*	*bathrobe*
eine *Bluse.*	*blouse*
Jeans.	*jeans*
eine *Handtasche.*	*handbag, pocketbook*
Unterwäsche.	*underwear*
einen *Slip.*	*panties*
einen *Unterrock.*	*slip; half-slip*
ein *T-Shirt.*	*T-shirt*
einen *Body.*	*bodysuit*
einen *Rock.*	*skirt*
ein Paar *Handschuhe.*	*gloves*
einen *Regenmantel.*	*raincoat*
Strümpfe.	*stockings*
Strumpfhosen.	*panty hose*
Taschentücher.	*handkerchiefs*
einen *Hut.*	*hat*

Ich möchte einen *Büstenhalter (BH)*.	brassiere (bra)
einen *Pullover*.	sweater
einen *Badeanzug*.	swimsuit
einen *Hosenanzug*.	pantsuit
ein *Kostüm*.	suit
ein *Kleid*.	dress
Ich möchte eine Bluse aus *Baumwolle*.	cotton
Seide.	silk
Nylon.	nylon
Kunstfasern.	synthetic fabric
Sie ist *knitterfrei*.	wrinkle-resistant
Möchten Sie lange oder kurze *Ärmel*?	sleeves
Ich möchte eine *gestreifte* Bluse.	striped
eine *karierte* Bluse.	checked
eine *gepunktete* Bluse.	with polka dots
eine Bluse *ohne Spitzen*.	without lace
Ich möchte einen Rock aus *Kord*.	corduroy
Wolle.	wool
Wildleder.	suede
Kammgarn.	worsted
Ich *ziehe Mischgewebe vor*.	prefer; blended fabric
Diese Bluse *passt* zu dem Rock.	goes well with
Welche Größe haben Sie?	What is your size?
Ich habe Größe 40.	
Ich weiß nicht. Können Sie *Maß nehmen*?	take measurements

7. List the articles of clothing the woman in Fig. 13-4 is wearing.

1. _____   4. _____

2. _____   5. _____

3. _____

Fig. 13-4

8. Choose the option that correctly completes each of the following sentences.

1. _____ Ich möchte eine Handtasche aus _____.
   a. Leder   b. Kunstfasern
2. _____ Nein, ich möchte keinen Rock. Ich ziehe _____ vor.
   a. einen Hosenanzug   b. einen Schal
3. _____ Haben Sie _____ aus Nylon?
   a. Schuhe   b. Strümpfe
4. _____ Ich habe ein Halstuch aus _____ gekauft.
   a. Gummi   b. Seide
5. _____ Es ist kalt. Ich möchte einen _____.
   a. Pullover   b. Badeanzug

9. Complete the following sentences.

1. Ich brauche Unterwäsche. Ich werde einen _____, einen _____ und einen _____ kaufen.
2. Ich möchte keine Bluse aus Baumwolle, weil das zu sehr knittert. Ich ziehe ein _____ aus Baumwolle und Kunstfasern vor.
3. Eine gestreifte Bluse _____ nicht zu einem _____ Rock.
4. Ich weiß meine Größe nicht. Ich lasse _____ nehmen.

10. Complete the following sentences, based on Fig. 13-5.

1. Das ist eine _____ Bluse.
2. Das ist ein _____ Hemd.
3. Das ist ein _____ Halstuch.

Fig. 13-5

Key Words

der Absatz, die Absätze *heel (of a shoe)*
der Anzug, die Anzüge *suit*
der Ärmel, die Ärmel *sleeve*
der Badeanzug, die Badeanzüge *swimsuit*
die Baumwolle *cotton*
die Bluse, die Blusen *blouse*
der Body, die Bodys *bodysuit*
breit *wide*
bügelfrei *no-iron, drip-dry*
das Bündchen, die Bündchen *cuff*
der Büstenhalter (BH), die Büstenhalter (BHs)
  brassiere (bra)
empfehlen *to recommend*
eng *narrow, tight*
flach *flat*
der Flanell *flannel*
die Fliege, die Fliegen *bow tie*
gepunktet *polka-dotted*
gestreift *striped*
das Gewebe, die Gewebe *fabric*
die Größe, die Größen *size*
das Gummi *rubber*
der Gummistiefel, die Gummistiefel *rubber boot*
der Gürtel, die Gürtel *belt*
das Halstuch, die Halstücher *scarf*
der Handschuh, die Handschuhe *gloves*
die Handtasche, die Handtaschen *handbag,*
  pocketbook
der Hausschuh, die Hausschuhe *slipper*
helfen *to help*
das Hemd, die Hemden *shirt*
hoch *high*
die Hose, die Hosen *pants*
der Hosenanzug, die Hosenanzüge *pantsuit*
der Hosenschlitz, die Hosenschlitze *fly (in pants)*
die Jacke, die Jacken *jacket, coat, cardigan*
das Jackett, die Jacketts *suit jacket*
die Jeans *jeans*
der Jeansstoff *denim*
der Jogginganzug, die Jogginganzüge *jogging suit*
der Joggingschuh, die Joggingschuhe *jogging*
  shoe
das Kammgarn *worsted*
kariert *checked*
das Kleid, die Kleider *dress*
klein *small*
der Kniestrumpf, die Kniestrümpfe *kneesock*
knitterfrei *wrinkle-resistant*
knittern *to wrinkle*
der Knopf, die Knöpfe *button*

der Kord *corduroy*
das Kostüm, die Kostüme *woman's suit*
die Krawatte, die Krawatten *tie*
die Kunstfaser *synthetic fabric*
kurz *short*
lang *long*
das Leder *leather*
die Manschetten *French cuffs*
der Manschettenknopf, die Manschettenknöpfe
  cuff link
der Mantel, die Mäntel *coat*
Maß nehmen *to take measurements*
die Maße *measurements*
das Mischgewebe, die Mischgewebe *blended*
  fabric
das Nylon *nylon*
das Paar *pair*
passen *to fit*
passen zu *to go with*
pflegeleicht *easy-care*
der Pulli, die Pullis *sweater*
der Pullover, die Pullover *pullover, sweater*
die Pumps *women's high-heeled dress shoes*
das Pünktchen, die Pünktchen *polka dot*
der Regenmantel, die Regenmäntel *raincoat*
der Reißverschluss, die Reißverschlüsse *zipper*
der Rock, die Röcke *skirt*
der Sakko, die Sakkos *jacket (sport)*
die Sandale, die Sandalen *sandal*
der Schal, die Schals *scarf*
der Schlips, die Schlipse *tie*
schmal *narrow*
der Schnürsenkel, die Schnürsenkel *shoelace*
der Schuh, die Schuhe *shoe*
die Seide *silk*
die Shorts *shorts*
der Slip, die Slips *panties*
der Slipper, die Slipper *flat shoes without*
  shoelaces
die Socke, die Socken *socks*
die Sohle, die Sohlen *sole (shoe)*
die Spitze, die Spitzen *lace*
sportlich *casual*
der Stiefel, die Stiefel *boot*
die Strickjacke, die Strickjacken *cardigan sweater*
der Strumpf, die Strümpfe *sock, stocking*
die Strumpfhose, die Strumpfhosen *panty hose*
das Sweatshirt, die Sweatshirts *sweatshirt*
das Taschentuch, die Taschentücher *handkerchief*
der Turnschuh, die Turnschuhe *sneaker*

das Unterhemd, die Unterhemden *undershirt*
die Unterhose, die Unterhosen *underpants*
der Unterrock, die Unterröcke *slip, half-slip*
die Unterwäsche *underwear*
die Viskose *viscose*
vorziehen *to prefer*
weder … noch *neither … nor*

weit *wide*
das Wildleder *suede*
die Wolle *wool*
der Wollstrumpf, die Wollstrümpfe *wool sock*
der Zeh, die Zehen *toe*
die Zehe, die Zehen *toe*

CHAPTER 14

At the Dry Cleaner (Laundry)
In der Reinigung (Wäscherei)[1]

Ich habe viel *Wäsche*.	*dirty laundry*
Ich gehe zur *Reinigung*.	*dry cleaner's*
Können Sie dieses Hemd *waschen* und *bügeln*?	*wash; iron, press*
Ich möchte keine *Stärke*.	*starch*
Es soll nicht gestärkt werden.	*I don't want it starched.*
Können Sie diesen Anzug *reinigen*?	*dry-clean*
Wann wird es *fertig* sein?	*ready*
Ich *brauche* es Montag.	*need*
Wird der Pullover beim Reinigen *einlaufen*?	*shrink*
In diesem Pullover ist ein *Loch*.	*hole*
Können Sie ihn *reparieren*?	*repair*
Können Sie ihn *flicken*?	*mend*
Können Sie den *Fleck entfernen*?	*stain, spot; remove*
Können Sie den *Knopf annähen*?	*button; sew on*
Können Sie es *stopfen*?	*darn, mend*
Das *Futter* ist *lose*.	*lining; loose*
Können Sie es *nähen*?	*sew*
Der *Schneider* ist heute nicht da.	*tailor*
Es ist *schmutzig*. (Es ist *dreckig*.)	*dirty*
Der *Saum* ist *aufgerissen*.	*hem; torn open*
Die *Naht* ist *geplatzt*.	*seam; burst, split open*

1. Complete the following sentences.

1. Dieser Pullover wird _____, wenn ich ihn mit Wasser wasche. Ich lasse ihn in der _____ _____.
2. Dieses Hemd ist _____. Ich muss es waschen. Hinterher muss ich es _____.
3. Ich möchte meine Hemden nicht _____ haben.
4. Der _____ an dem Sakko ist _____. Können Sie ihn _____?
5. In diesem Rock ist ein Loch. Können Sie es _____?
6. Können Sie diesen Knopf _____?
7. Hier ist ein Fleck auf meinem Hemd. Können Sie den _____ entfernen?

---

[1]A **Reinigung** is a dry cleaner, where clothes are dry-cleaned with chemicals and pressed. A **Wäscherei** is a laundry, where clothes and linens are washed and pressed.

2. Complete the following dialog.

In der Reinigung

—Guten Abend. Können Sie dieses Hemd (1) _____ und (2) _____?

—Ja. Möchten Sie es (3) _____ haben?

—Ja, ein bisschen, bitte. Und hier ist ein Fleck. Können Sie ihn (4) _____?

—Wissen Sie, was es ist?

—Ja. Es ist ein Kaffeefleck.

—Wir können es versuchen, aber wir können nichts versprechen. Es ist sehr schwer, einen
(5) _____ zu (6) _____.

—Ja, ich weiß. Können Sie den Pullover waschen?

—Nein, nicht waschen. Er ist aus Wolle, und er wird (7) _____. Sie müssen den
Pullover (8) _____ lassen.

—Gut. Wann sind die Sachen fertig?

—Das Hemd können Sie morgen haben, aber nicht den Pullover. Die Reinigung dauert zwei Tage.

—Gut. Danke.

Key Words

annähen *to sew on*	das Loch, die Löcher *hole*
aufgerissen *torn open*	lose *loose*
bügeln *to iron, press*	nähen *to sew*
dreckig *dirty*	die Naht, die Nähte *seam*
einlaufen *to shrink*	reinigen *to dry-clean*
entfernen *to remove*	reparieren *to repair*
fertig *ready*	der Saum, die Säume *hem*
der Fleck, die Flecken *stain*	schmutzig *dirty*
flicken *to mend*	der Schneider, die Schneider *tailor*
das Futter, die Futter *lining*	die Stärke *starch*
gerissen *torn*	stopfen *to darn*
gestärkt *starched*	versprechen *to promise*
das Kleidungsstück, die Kleidungsstücke	die Wäsche *wash, dirty laundry*
article of clothing	waschen *to wash*

CHAPTER 15

At the Restaurant
Im Restaurant

Getting Settled (Fig. 15-1)

Dieses ist ein gutes Restaurant.[1]
Dieses Restaurant hat *gutbürgerliches Essen.* *moderately priced traditional food*
Das ist eine *Kneipe.* *pub*

---

[1]Generally speaking, there are three types of restaurant-style eating establishments in Germany: (1) the **Restaurant**, (2) the **Gaststätte** or **Gasthof**, and (3) the **Kneipe**. The first and second categories are very similar. A **Kneipe**, however, offers only a limited menu, and strangers might come to your table asking, „**Ist hier noch frei?**" There are, of course, other possibilities for eating even more informally and cheaply, e.g., the **Schnellimbiss** (snack bar), **Wurstbude** (sausage stand), and these days, of course, a variety of international fast-food chains.

Fig. 15-1

Wir haben *einen Tisch* auf den Namen Feuerle *bestellt.*	*table; reserved*
Wir haben für drei Personen reservieren lassen.	
Können Sie uns einen *Ecktisch* geben?	*table in the corner*
Einen Tisch *am Fenster?*	*near the window*
draußen im Garten?	*outside*
im *Biergarten?*	*beer garden*
Da kommt der *Kellner.*	*waiter*
der *Ober.*	*(head)waiter*
die *Kellnerin.*	*waitress*
Er gibt den Gästen die *Speisekarte.*	*menu*
Was wünschen Sie?	*What would you like?*
Was möchten Sie trinken?	
Haben Sie schon *gewählt?*	*chosen, decided*

1. Complete the following sentences.

1. Ich habe keinen Tisch _____. Ich hoffe, es ist noch ein _____ frei.
2. Die Preise in den guten Restaurants sind höher als in den _____.
3. Da es heute warm ist, möchte ich mich in den _____ setzen.
4. Ich will schnell etwas essen. Ich kann zum _____ gehen.

2. Complete the following dialog.

Im Restaurant
—Guten Abend, die Herrschaften. Haben Sie (1) _____?
—Ja, ich habe einen (2) _____ für vier Personen (3) _____.
—Auf welchen Namen, bitte?
—Runge.
—Wünschen Sie einen (4) _____ oder einen Tisch am (5) _____?
—Wir möchten hier sitzen.
—Möchten Sie etwas trinken?
—Geben Sie uns die Weinkarte bitte.

3. Complete the following paragraph.

Der (1) _____ arbeitet in einem Restaurant. Wenn die Gäste sich gesetzt haben, fragt er sie, ob sie ein Getränk (2) _____. Dann bringt er ihnen die (3) _____. Die Gäste lesen die (4) _____, um ihre Speisen auszuwählen.

Looking at the Menu

Vorspeisen	*appetizers*
Suppen, Salate	*soups, salads*
Fleischgerichte	*meat dishes*
Fischgerichte	*fish dishes*
Geflügel	*poultry*
Gemüse	*vegetables*
Käse	*cheese*
Nachspeisen	*desserts*
Desserts	*desserts*

Ich bin *sehr hungrig*.	*very hungry*
Ich bin nicht sehr hungrig.	
Ich bin *satt*.	*full*
Ich *habe Durst*.	*am thirsty*
Ich bin *durstig*.	*thirsty*
Ich werde mir eine Suppe *vorweg bestellen*.	*first (before); order*
Als *Hauptgericht* nehme ich *Schweinebraten*.	*main course; roast pork*
Ich bestelle mir *nur ein Gericht*.	*only one dish (course)*
Haben Sie kein *Menü* heute?	*fixed menu, complete meal*
Was ist die *Spezialität des Hauses*?[2]	*specialty of the house*
Der Ober (Kellner) fragt:	
Möchten Sie eine *Vorspeise* oder eine Suppe?	*appetizer*
Heute ist … *zu empfehlen*.	*recommended*
Ich wünsche *guten Appetit*.	*Enjoy your meal!*
Der Gast fragt:	
Haben Sie eine *Weinkarte*?[3]	*wine list*
Ich möchte *Rotwein*.	*red wine*
Ich möchte ein Glas *Weißwein*.	*white wine*
Haben Sie *offene Weine*?	*wine by the glass or carafe*
Ich möchte eine *Flasche Mineralwasser*.[4]	*bottle of mineral water*

4. Complete the following sentences.

1. Auf der Tageskarte stehen auch die kompletten _____.
2. Wenn ich nicht sehr hungrig bin, bestelle ich mir nur ein _____.
3. Der Salat kommt entweder vor oder mit dem _____.
4. Ich weiß nicht, welchen Wein wir bestellen sollen. Ich muss die _____ sehen.
5. Ich weiß nicht, was ich essen soll. Vielleicht kann mir der Ober etwas _____.

5. Complete the following dialog.

—Schön guten Abend, meine Herrschaften. Was (1) _____ Sie trinken?
—Ich möchte die (2) _____ sehen.
— Selbstverständlich.
—Ich will keine ganze (3) _____ Wein. Ich will nur ein Glas Wein.
—Wollen Sie lieber Weißwein oder (4) _____?
—Rotwein. Ich (5) _____ den offenen Rotwein.

---

[2]The specialty of the house is often a regional specialty. Wurst and cold cuts can be found in great variety everywhere.

[3]If you do not wish to order a bottle of wine, you can order a glass or carafe from the **offene Weine** (open wines).

[4]If you request water in a German restaurant, the waiter will bring you mineral water. If you insist on tap water, you must request **Leitungswasser**.

Fig. 15-2

6. Answer the following questions with complete sentences, based on Fig. 15-2.

1. Ist es ein gutbürgerliches Restaurant oder eine Kneipe?

   _____

2. Wie viele Personen sitzen am Tisch? _____

3. Wo ist der Tisch? _____

4. Wer serviert? _____

5. Was hat der Kellner in der linken Hand? _____

Ordering Meat or Fowl (Fig. 15-3)

Wie wünschen Sie das *Fleisch*?	meat
Ich möchte es *rosa*.	rare
englisch.	rare
medium.	medium
durchgebraten.	well done
gut durchgebraten.	
Ich möchte ein *Lammkotelett*.	lamb chop
ein *Kalbskotelett*.	veal cutlet, veal chop
ein *Schweinekotelett*.	pork chop
ein *Schnitzel*.	cutlet
Ich möchte eine Portion *Schweinebraten*.	roast pork
Kalbsbraten.	roast veal

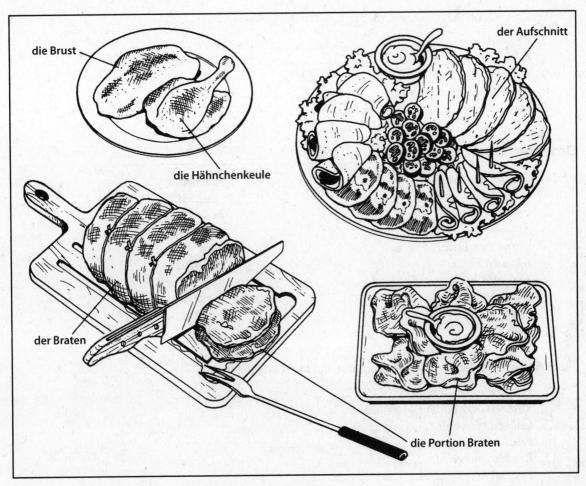

die Brust

der Aufschnitt

die Hähnchenkeule

der Braten

die Portion Braten

Fig. 15-3

Ich möchte eine Portion *Rinderbraten.*	*roast beef*
Hackbraten.	*meat loaf*
Ich möchte ein Beefsteak.	
ein Rumpsteak.	
ein Filetsteak.	
ein *Hacksteak.*	*hamburger, ground beef*
Ich mag *gebratenes* Fleisch.	*roasted, fried*
gebackenes Fleisch.	*baked*
gegrilltes Fleisch.	*grilled*
Ragout.	*stewed meat*
Schmorfleisch.	*braised meat*
Hackbraten.	*meat loaf*
Fleisch *im eigenen Saft.*	*in its own juices*
Ich bestelle einen *Eintopf.*	*stew* (lit., *meal in one pot*)
Ich esse gern *Brathähnchen.*[5]	*roast chicken*
Hähnchenkeulen.	*drumsticks*

---

[5]A **Hähnchen** is a young chicken. A **Huhn** is a larger chicken usually used for soup.

7. Write the German terms for meat prepared in the following ways.

    1. *Cooked on a grill* _____

    2. *Cooked in its own juices* _____

    3. *Roasted in the oven* _____

    4. *Cooked in a roasting pan* _____

    5. *Not well done* _____

Ordering Fish or Seafood

Ich mag *gedämpften* Fisch.	steamed
pochierten Fisch.	poached
gekochten Fisch.	boiled
gebackenen Fisch.	baked
gebratenen Fisch.	fried
fritierten Fisch.	deep-fried
gegrillten Fisch.	grilled, broiled
panierten Fisch.	breaded
geräucherten Fisch.	smoked
Einige Fische haben viele *Gräten*.	bones

8. Write the German terms for fish prepared in the following ways.

    1. *Boiled* _____

    2. *Steamed over boiling water* _____

    3. *Cooked on a grill* _____

    4. *Fried in a frying pan* _____

    5. *Breaded and fried* _____

    6. *Fried in hot oil* _____

Some Problems You May Have

Ich brauche ein *Glas*.	glass
eine *Tasse*.	cup
eine *Untertasse*.	saucer
ein *Messer*.	knife
eine *Gabel*.	fork
einen *Suppenlöffel*.	soupspoon
einen *Teelöffel*.	teaspoon
eine *Serviette*.	napkin
einen *Salzstreuer*.	saltshaker
einen *Pfefferstreuer*.	pepper shaker
eine *Pfeffermühle*.	pepper mill
ein *Besteck*.	place setting (silverware)
Pfeffer, bitte.	pepper
Salz	salt
Eine *Flasche Mineralwasser*.	bottle of mineral water
Ein *Fläschchen* Mineralwasser.	small bottle
Zucker	sugar
Die *Tischdecke* ist *schmutzig*.	tablecloth; dirty
Der *Teller*	plate
Ein Löffel *fehlt*.	is missing

Das Fleisch ist *zu rot.*	*too rare*
zu gut durchgebraten.	*too well done*
zu zäh.	*too tough*
Das *Essen* ist *kalt.*	*food; cold*
Das Essen ist *versalzen.*	*too salty*
salzig.	*salty*

9. Complete the following sentences.

1. Das Salz ist in einem _____, und der Pfeffer ist in einer _____.
2. Der _____ ist in einer Zuckerdose.
3. Ein Besteck besteht aus einem _____, einer _____, einem _____ und einem _____.
4. In der Soße ist zu viel Salz. Sie ist _____.
5. Ich kann das Fleisch nicht schneiden. Es ist _____.

10. Identify each item in Fig. 15-4.

1. _____	7. _____
2. _____	8. _____
3. _____	9. _____
4. _____	10. _____
5. _____	11. _____
6. _____	12. _____

Fig. 15-4

Getting the Check[6]

Die *Rechnung*, bitte.	*check*
Zahlen, bitte.	*check*
Ist die *Bedienung inbegriffen*?	*service; included*
Ich gebe ein *kleines Trinkgeld*.	*small tip*
Nehmen Sie *Kreditkarten*?	*credit cards*
Kann ich eine *Quittung* bekommen?	*receipt*

11. Complete the following paragraph.

Als wir im Restaurant mit dem Essen fertig waren, wollten wir die Rechnung haben. Ich sagte: „(1) _____, bitte!" Der Kellner brachte die Rechnung und fragte uns, ob das Essen geschmeckt hätte. Ich wollte wissen, ob die (2) _____ inbegriffen wäre. Der Kellner sagte ja, aber ich gab ihm doch noch ein kleines (3) _____, weil die Bedienung so freundlich war. Leider nahm das Restaurant keine (4) _____ an. Deshalb musste ich in bar bezahlen. Ich fragte nach einer (5) _____.

Neulich ging ich mit einigen Freunden zu Mittag essen. Als wir im Restaurant ankamen, erklärte ich dem Kellner, dass ich einen Tisch für fünf Personen bestellt hatte. Er führte uns zu einem schönen Tisch in der Ecke. Dann brachte der Kellner die Speisekarten. Wir bestellten sofort Bier, zwei Große, drei Kleine. Als der Kellner das Bier brachte, sagten wir ihm, dass ein Besteck fehlte. Er kam sofort mit einem Suppenlöffel, einem Teelöffel, einem Messer, einer Gabel und einer Serviette zurück.

Die drei Menüs auf der Tageskarte gefielen uns nicht, und wir bestellten schließlich vier verschiedene Hauptgerichte. Thomas hatte nicht viel Hunger und bestellte nur eine Platte mit kaltem Braten: ein paar Scheiben Schweinebraten, ein paar Scheiben Roastbeef, ein paar Scheiben Kasseler Braten (*smoked pork from the back*) und dazu ein paar Scheiben Roggenbrot. Alles schmeckte sehr gut: der Fisch, das Fleisch, das Geflügel und die kalte Platte.

Der Kellner fragte, ob wir ein Dessert wünschten. Wir hatten zwar genug gegessen, wollten aber das Vanilleeis mit heißen Himbeeren und die Erdbeeren mit Schlagsahne probieren.

Um vier Uhr waren wir im Café Wittmann. Jeder von uns bestellte ein Kännchen Kaffee und Kuchen: zwei Stücke Schwarzwälder Kirschtorte, ein Stück Obstkuchen mit Sahne, ein Stück Sachertorte und ein Stück Schokoladencremetorte.

Wir verlangten die Rechnung. Wir wussten, dass die Bedienung im Preis inbegriffen war. Aber wir gaben noch ein kleines Trinkgeld dazu, weil die Bedienung freundlich war.

12. Complete the following sentences, based on the preceding story.

1. Die Freunde aßen in einem _____.
2. Sie saßen in der _____.
3. Sie hatten einen Tisch für fünf Personen _____.
4. Jeder bestellte sofort _____.
5. Der _____ brachte die Speisekarten.
6. Die _____ gefielen ihnen nicht.
7. Jeder bestellte ein anderes _____.

---

[6]The service charge in restaurants is always included in the price of the food. If one is pleased with the service, one leaves a small additional tip, rounding up the bill.

13. Answer the following questions with complete sentences, based on the preceding story.

1. Was fehlte? _____
2. Was tranken alle? _____
3. Was bestellte Thomas? _____
4. Welche Desserts wollten die fünf Freunde probieren?

_____

5. Wo waren die fünf um vier Uhr? _____
6. War die Bedienung im Preis inbegriffen? _____
7. Was gaben sie aber noch dazu? Warum?

_____

Key Words

die Bedienung *service*
das Bedienungsgeld *charge for service*
  (e.g., on a restaurant meal)
das Besteck, die Bestecke *place setting*
  (silverware)
bestehen aus *to consist of*
bestellen *to order, reserve*
der Biergarten, die Biergärten *beer garden*
braten *to roast, fry*
der Braten, die Braten *roast*
das Dessert, die Desserts *dessert*
draußen *outside*
durchgebraten *well done*
gut durchgebraten *well done*
der Durst *thirst*
durstig *thirsty*
die Ecke, die Ecken *corner*
der Ecktisch, die Ecktische *corner table*
der Eintopf, die Eintöpfe *stew (meal cooked*
  in one pot)
empfehlen *to recommend, suggest*
englisch *rare (meat)*
die Erdbeere, die Erdbeeren *strawberry*
essen *to eat*
fehlen *to be missing*
das Fenster, die Fenster *window*
der Fisch, die Fische *fish*
die Flasche, die Flaschen *bottle*
das Fleisch *meat*
fritiert *deep fried*
die Frucht, die Früchte *fruit*
die Gabel, die Gabeln *fork*
der Gang, die Gänge *course*
der Garten, die Gärten *garden*
die Gaststätte, die Gaststätten *restaurant*
gebacken *baked, roasted*
gebraten *fried*
gedämpft *steamed*

das Geflügel *poultry*
gegrillt *grilled*
gehackt *chopped*
gekocht *cooked, boiled*
das Gemüse *vegetables*
geräuchert *smoked*
das Gericht, die Gerichte *dish, course*
geschmort *sautéed, braised*
geschwenkt *sautéed*
das Getränk, die Getränke *drink*
das Glas, die Gläser *glass*
die Gräte, die Gräten *fish bone*
gutbürgerlich *moderately priced traditional*
  (restaurant classification)
das Hähnchen, die Hähnchen *roasting chicken*
die Hähnchenkeule, die Hähnchenkeulen
  drumstick
das Hauptgericht, die Hauptgerichte *main course*
die Himbeere, die Himbeeren *raspberry*
das Huhn, die Hühner *chicken*
der Hunger *hunger*
hungrig *hungry*
inbegriffen *included*
der Kaffee *coffee*
das Kalbfleisch *veal*
kalt *cold*
das Kännchen, die Kännchen *small pot*
  (coffee, tea, hot chocolate)
die Karaffe, die Karaffen *carafe*
der Käse *cheese*
der Kellner, die Kellner *waiter*
die Kellnerin, die Kellnerinnen *waitress*
die Kneipe, die Kneipen *tavern, pub, bar*
medium *medium (meat)*
das Menü, die Menüs *fixed menu, menu*
das Messer, die Messer *knife*
die Nachspeise, die Nachspeisen *dessert*
der Ober, die Ober *(head)waiter*

das Obst *fruit*
offener Wein *carafe wine*
paniert *breaded*
der Pfeffer *pepper*
die Pfeffermühle, die Pfeffermühlen
   pepper mill
der Pfefferstreuer, die Pfefferstreuer
   pepper shaker
pochiert *poached*
probieren *to try, taste*
die Quittung, die Quittungen *receipt*
das Ragout, die Ragouts *stew*
der Rahm *cream*
die Rechnung, die Rechnungen *bill, check*
reservieren (lassen) *to reserve*
das Restaurant, die Restaurants *restaurant*
das Roggenbrot, die Roggenbrote *rye bread*
rosa *rare (meat)*
der Rotwein, die Rotweine *red wine*
der Saft, die Säfte *juice*
die Sahne *cream*
der Salat, die Salate *salad*
das Salz *salt*
salzig *salty, too salty*
der Salzstreuer, die Salzstreuer *salt shaker*
satt *full*
die Scheibe, die Scheiben *slice*
die Schlagsahne *whipped cream*
schmecken *to taste*
das Schmorfleisch *braised meat*
schneiden *to cut*

das Schnitzel, die Schnitzel *cutlet*
das Schweinefleisch *pork*
die Serviette, die Servietten *napkin*
die Speise, die Speisen *food*
die Speisekarte, die Speisekarten *menu*
die Spezialität, die Spezialitäten *specialty*
das Steak, die Steaks *steak*
das Stück, die Stücke *piece*
die Suppe, die Suppen *soup*
der Suppenlöffel, die Suppenlöffel *soupspoon*
die Tageskarte, die Tageskarten *menu (of daily*
   specials)
die Tasse, die Tassen *cup*
der Teelöffel, die Teelöffel *teaspoon*
der Teller, die Teller *plate*
teuer *expensive*
der Tisch, die Tische *table*
die Tischdecke, die Tischdecken *tablecloth*
das Trinkgeld *tip*
die Untertasse, die Untertassen *saucer*
verlangen *to ask for*
versalzen *too salty, oversalted*
die Vorspeise, die Vorspeisen *appetizer*
der Wein, die Weine *wine*
die Weinkarte, die Weinkarten *wine list*
der Weißwein, die Weißweine *white wine*
wünschen *to wish*
zäh *tough*
Zahlen, bitte! *Bill, please! (We'd like to pay now.)*
der Zucker *sugar*
die Zuckerdose, die Zuckerdosen *sugar bowl*

CHAPTER 16

At Home
Zu Hause

The Kitchen (Fig. 16-1)

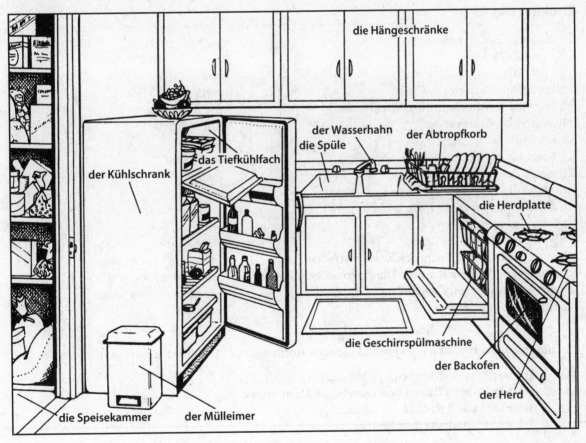

die Hängeschränke

der Wasserhahn
die Spüle

der Abtropfkorb

das Tiefkühlfach

der Kühlschrank

die Herdplatte

die Geschirrspülmaschine

der Backofen

der Herd

die Speisekammer

der Mülleimer

Fig. 16-1

Washing the Dishes

Ich wasche das *Geschirr* in der *Spüle* ab.	*dishes; sink*
Ich *drehe* den *Wasserhahn auf.*	*turn on; faucet*
Ich *schließe* den *Abfluss* mit einem *Stöpsel.*	*close; drain; plug, stopper*
mit einem *Pfropfen.*	*plug, stopper*

Ich *gebe Spülmittel* ins *Spülwasser.*	*add; dishwashing detergent; dishwater*
Ich wasche das Geschirr mit einem *Schwamm* ab.	*sponge*
Dann *stelle* ich das Geschirr in den *Abtropfkorb.*	*put; dish drainer*
Ich *trockne* das Geschirr mit einem *Geschirrtuch ab.*	*dry; dish towel*

1. Complete the following paragraph.

Ich habe einen Berg schmutzigen Geschirrs. Ich muss das Geschirr abwaschen. Zuerst schließe ich den (1) _____ mit einem (2) _____. Ich drehe den (3) _____ auf und lasse die (4) _____ mit heißem Wasser volllaufen. Ins Spülwasser gebe ich ein bisschen (5) _____, und dann beginne ich mit der Arbeit. Ich wasche das Geschirr mit einem (6) _____ ab und stelle es in den (7) _____. Dann (8) _____ ich das Geschirr ab. Ich trockne es mit einem (9) _____ ab. Wäre es nicht einfacher, wenn ich eine (10) _____ hätte?

Cooking (Fig. 16-2)

Ich muss das Essen *vorbereiten.*	*prepare*
Ich werde *kochen.*	*cook*
Ich *koche* die Eier.	*boil*
Ich koche Wasser in einem *Kessel.*	*kettle*
Ich *brate* die Kartoffeln in einer *Bratpfanne.*	*fry; frying pan*
Ich *erhitze* das Wasser.	*heat*
erwärme das Wasser.	*heat*
Ich *brate* das Roastbeef im *Ofen.*	*roast; oven*
Ich werde das Gemüse *schwenken.*	*sauté*
Ich werde die Butter *auslassen.*	*melt*
Ich werde es *bei niedriger Hitze* kochen.	*on a low flame*
Ich *bringe es zum Kochen.*	*bring to a boil*
Ich werde die *Zwiebeln würfeln.*	*onions; dice*
Ich muss das Obst mit einem *Schälmesser schälen.*	*paring knife; pare, peel*
Ich werde den Braten mit einem *Tranchiermesser schneiden.*	*carving knife; cut (carve)*
Ich muss die *Nudeln* im *Durchschlag abtropfen lassen.*	*noodles; colander; drain*
Ich trinke Cola mit *Eiswürfeln.*	*ice cubes*

2. Indicate what type of pot you would use to perform each of the following actions.

1. Ich werde Wasser kochen. _____
2. Ich werde einen Braten und Gemüse im Ofen braten. _____
3. Ich backe einen Kuchen. _____
4. Ich werde Bratkartoffeln braten. _____

3. Indicate what utensil you would use to perform each of the following actions.

1. Ich muss den Braten schneiden. _____
2. Ich muss die Kartoffeln schälen. _____
3. Ich muss die Eier schlagen. _____
4. Ich muss die Nudeln abtropfen lassen. _____
5. Ich ziehe den Korken aus einer Weinflasche. _____
6. Ich öffne eine Dose Thunfisch. _____

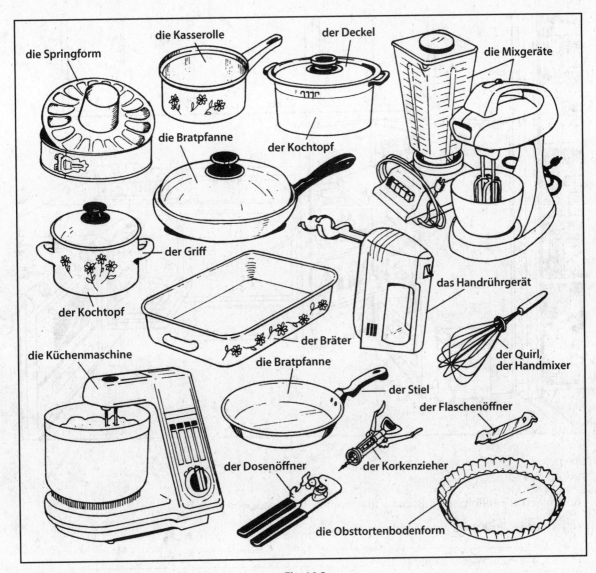

Fig. 16-2

4. Complete the following sentences.

1. Ich werde die Zwiebeln _____, und dann werde ich sie in Öl in der Pfanne _____.

2. Ich werde weichgekochte Eier zubereiten. Ich werde sie jetzt _____.

3. Ich werde das Lammfleisch im Backofen _____.

4. Bevor ich den Reis koche, muss ich das Wasser zum _____ bringen.

5. Bevor ich die Kartoffeln brate, muss ich sie mit einem Schälmesser _____.

5. Provide the German verbs for the following actions.

1. *to bake something in the oven* _____

2. *to fry something in the frying pan* _____

3. *to sauté something in butter* _____

4. *to boil something such as potatoes* _____

5. *to roast pork in the oven* _____

6. *to melt butter* _____

Fig. 16-3

6. Answer the following questions with complete sentences, based on Fig. 16-3.

1. Ist in der Küche eine Geschirrspülmaschine?

   _____

2. Wie viele Wasserhähne gibt es? _____

3. Liegt Geschirr im Abtropfkorb? _____

4. Gibt es eine Speisekammer in der Küche? _____

5. Sind in der Speisekammer Lebensmittel? _____

6. Ist in der Küche ein elektrischer Herd oder ein Gasherd?

   _____

7. Wie viele Brenner hat der Herd? _____

8. Sind im Tiefkühlfach Eiswürfel? _____

The Bathroom (Fig. 16-4)

Morgens tue ich Folgendes:

Ich *bade* oder *dusche*.	*bathe; shower*
Ich *wasche mir das Haar (die Haare)*.	*wash; my hair*
Ich *trockne mich* mit einem Badetuch *ab*.	*dry myself*
Nach dem *Duschen* ziehe ich den Bademantel *an*.	*shower; put on*
Ich *putze meine Zähne* mit *Zahnpasta (Zahnpaste)*.	*brush my teeth; toothpaste*
Ich *rasiere mich* mit *Rasierschaum* oder *Rasierseife*.	*shaving cream; shaving soap*
mit einem *Rasierapparat*.	*razor (electric or safety razor)*

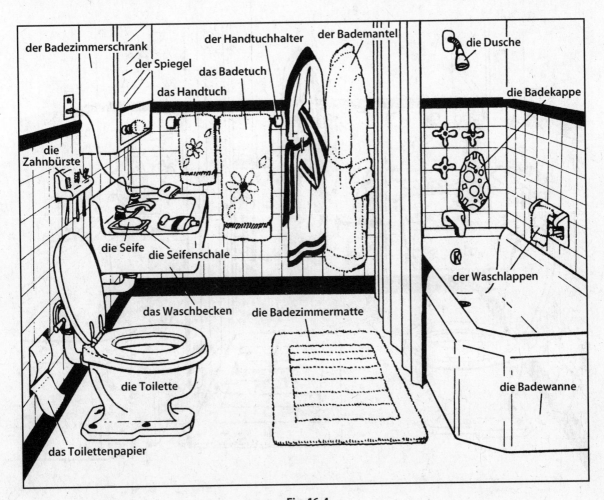

Fig. 16-4

Ich *schminke mich.*   *apply/put on makeup*
Ich *kämme mich.*   *comb my hair*

7. Complete the following sentences, based on Fig. 16-4.

1. Ich wasche mir die Hände im _____. Wenn ich mir die Hände waschen will,
   brauche ich _____ und ein _____.
2. Wenn ich fertig bin, lege ich die Seife in die _____.
3. Ich bade in der _____, oder ich dusche unter der _____.
4. Nachdem ich gebadet (geduscht) habe, trockne ich mich mit einem _____ ab.
5. Die Handtücher hängen am _____.
6. Während ich mich kämme, schaue ich in den _____.
7. Ich putze mir die Zähne, und dann lege ich die _____ in den _____.
8. Wenn mein Haar nicht nass werden soll, muss ich eine _____ aufsetzen.
9. Neben dem Waschbecken ist die _____.
10. Nachdem ich geduscht und mich abgetrocknet habe, ziehe ich den _____ an.

Fig. 16-5

8. Identify each numbered item in Fig. 16-5.

1. _____	9. _____
2. _____	10. _____
3. _____	11. _____
4. _____	12. _____
5. _____	13. _____
6. _____	14. _____
7. _____	15. _____
8. _____	16. _____

The Dining Room (Figs. 16-6 and 16-7)

Der Tisch ist *gedeckt.*	*set*
Die Dame *deckt den Tisch.*	*sets the table*
Die *Gäste nehmen* am Tisch *Platz.*	*guests; sit down, take their seats*
Es wird serviert.	*Dinner is served.*
Nach der *Mahlzeit stehen* die Gäste *auf.*	*meal; get up*
Der Herr *räumt den Tisch ab.*	*clears the table*
Er *stellt* alles auf ein *Tablett.*	*puts; tray*

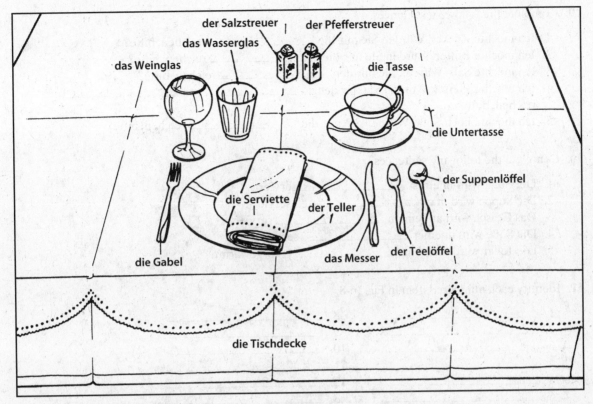

Fig. 16-6

Fig. 16-7

9. Complete the following sentences.

1. Ich möchte Zucker. Würden Sie mir die _____ reichen, bitte?
2. Ich möchte Butter. Würden Sie mir die _____ reichen, bitte?
3. Ich möchte Salz. Würden Sie mir den _____ reichen, bitte?
4. Ich möchte Pfeffer. Würden Sie mir den _____ (die _____) reichen, bitte?
5. Ich möchte noch Soße. Würden Sie mir die _____ reichen, bitte?

10. Complete the following sentences.

1. Der Salat wird in einer _____ serviert.
2. Die Suppe wird in einer _____ serviert.
3. Das Fleisch wird auf einem _____ serviert.
4. Die Soße wird in einer _____ serviert.
5. Die Teller werden auf der _____ vorgewärmt.

11. Identify each numbered item in Fig. 16-8.

1. _____   8. _____
2. _____   9. _____
3. _____   10. _____
4. _____   11. _____
5. _____   12. _____
6. _____   13. _____
7. _____

Fig. 16-8

The Living Room (Fig. 16-9)

Die Familie sitzt im *Wohnzimmer*.	*living room*
Sie *unterhalten sich (plaudern, sprechen miteinander)*.	*chat*
Sie *sehen fern*.	*watch television*
Sie *hören eine Radiosendung*.	*listen to the radio*
Sie hören *Schallplatten*.	*records*
eine *CD*.	*CD*
Sie spielen eine *Kassette* ab.	*tape*
Sie hören sich Kassetten an.	
Sie *lesen die Zeitung*.	*read the paper*
die Zeitschriften.	*magazines*
Sie *empfangen* Gäste.	*receive*
Der *Wohnzimmerschrank*[1] ist im Wohnzimmer.	*wall unit*
In den *Regalen* stehen viele *Bücher*.	*shelves; books*

[1] A **Wohnzimmerschrank** or **Schrankwand** is the central piece of furniture in many homes. It contains bookshelves, closed compartments, a display case for dishes and glasses, and perhaps a bar and space for a television set.

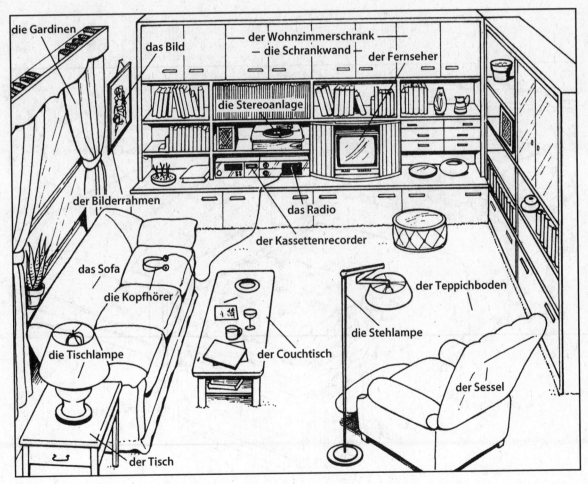

Fig. 16-9

12. Complete the following sentences.

1. Die _____ hängen vor dem Fenster.
2. In den _____ sind viele Bücher.
3. Das Bild hat einen _____ aus Holz.
4. Die Tischlampe steht auf dem _____ neben dem _____.
5. Abends sehe ich _____ oder höre eine _____.
6. Der _____ bedeckt den ganzen Fußboden.
7. Nur eine Person kann im _____ sitzen, aber drei oder vier können auf dem _____ sitzen.
8. Abends setze ich mich ins Wohnzimmer, wo ich die _____ lese und _____, _____ oder _____ höre.
9. Heute Abend bin ich allein. Ich erwarte keine _____.
10. Auf dem Sofa liegen die _____.

The Bedroom (Figs. 16-10 and 16-11)

Ich *gehe ins Bett.*	*go to bed*
Ich *stelle* den *Wecker.*	*set; alarm clock*
Ich *schlafe* acht Stunden.	*sleep*
Ich *schlafe* sofort *ein.*	*fall asleep*
Ich *stehe* um acht Uhr *auf.*	*get up*

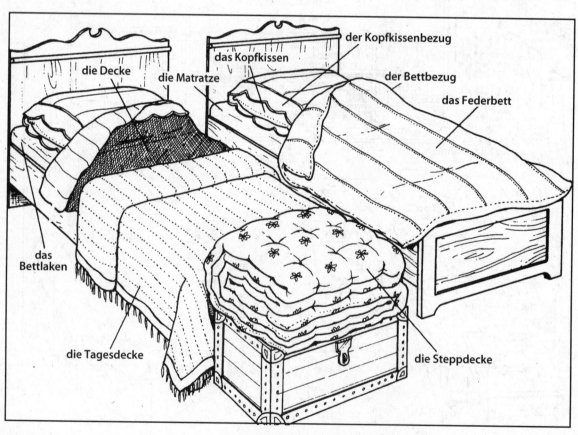

Fig. 16-10

Ich *mache das Bett.*   *make the bed*
    beziehe das Bett.   *put fresh sheets on*
Ich nehme eine Decke aus dem *Kleiderschrank.*[2]   *armoire, wardrobe*

13. Complete the following sentences.

1. Im Schlafzimmer stehen zwei Betten. Auf dem _____ zwischen den zwei Betten stehen eine _____ und ein _____.
2. Ein Bett für zwei Personen ist ein _____.
3. Auf einem Doppelbett liegen meistens zwei _____. Die Kopfkissen sind mit einem _____ bezogen.
4. Wenn ich das Bett mache, ziehe ich das _____ glatt; dann lege ich das _____ darauf und endlich die _____ über das Bett.
5. In der Kommode sind fünf _____.
6. Ich kann nichts mehr in den _____ hängen, weil ich keine Kleiderbügel mehr habe.

---

[2]Built-in closets are very rare in German homes. Thus, a **Kleiderschrank** must be placed in the bedroom to provide space for clothes, bedclothes, blankets, etc.

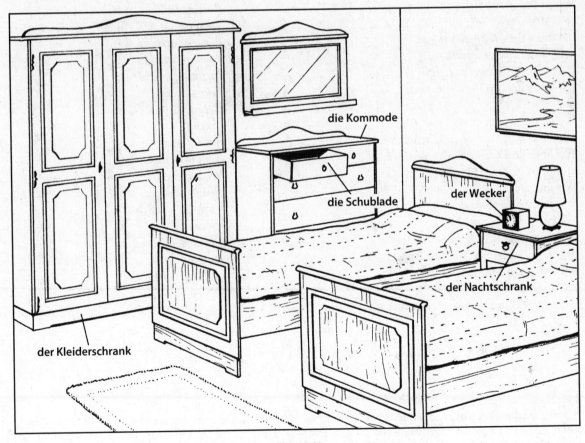

die Kommode

die Schublade

der Wecker

der Nachtschrank

der Kleiderschrank

Fig. 16-11

14. Identify six items that go on a bed.

1. _____   4. _____
2. _____   5. _____
3. _____   6. _____

15. Answer the following questions with complete sentences.

1. Um wie viel Uhr gehst du ins Bett? _____
2. Stellst du den Wecker? _____
3. Wie viele Stunden schläfst du nachts? _____
4. Schläfst du sofort ein, oder wälzt du dich unruhig hin und her?

   _____

5. Um wie viel Uhr stehst du auf? _____
6. Machst du sofort das Bett? _____

Housework

Ich muss *waschen*.	do the laundry
Ich muss die *Wäsche* waschen.	laundry
Ich fülle die *Waschmaschine*.	washing machine
Die saubere Wäsche kommt in den *Trockner*.	dryer
Ich muss *bügeln*.	do ironing
Wo sind das *Bügeleisen* und das *Bügelbrett*?	iron; ironing board
Ich muss *Staub wischen*.	dust
Wo ist das *Staubtuch*?	dust cloth
Ich muss *Staub saugen*.	vacuum
Ich muss den *Teppich saugen*.	carpet; vacuum
Wo ist der *Staubsauger*?	vacuum cleaner
Ich muss die *Möbel polieren*.	furniture; polish
Ich muss den *Fußboden kehren*.	floor; sweep
fegen.	sweep
Wo ist der *Besen (Kehrbesen)*?	broom
Ich muss den Fußboden *wischen*.	wipe, scrub, wash
Wo sind die *Putzlappen*?	cleaning cloths, rags
Heute ist großer *Hausputz*.	housecleaning
Wir *putzen*.	clean (house)
Wir *putzen die Fenster*.	wash the windows
Wo ist der *Schwamm*?	sponge
Ich muss den *Müll hinausbringen*.	garbage; take out
den *Abfall* hinausbringen.	garbage
Ich muss den *Mülleimer leeren*.	garbage can; empty
Ich muss den Müll *trennen*.[3]	separate
Papier und Flaschen werden recycled.	

---

[3]Environmental concerns are accorded great importance in Germany, and recycling is mandated by law. Thus, separating recyclable materials is required. The law also gives the consumer the right to leave packaging materials at the point of sale.

16. Complete the following paragraphs.

Heute habe ich viel zu tun. Ich habe einen Berg schmutziger Wäsche. Zuerst muss ich die (1) _____ waschen. Gott sei Dank habe ich eine (2) _____, die die Arbeit erleichtert. Wenn die Wäsche fertig ist, kommt sie in den (3) _____. Dann muss ich die Hemden (4) _____. Ich stelle das (5) _____ und das (6) _____ in die Küche und bügele.

Nach dem Waschen und Bügeln muss ich den Teppich im Wohnzimmer (7) _____. In der Küche werde ich den Fußboden (8) _____ und (9) _____. Die (10) _____ putze ich heute nicht, weil es regnen wird. Ich muss auch den (11) _____ trennen und (12) _____.

17. Match each action on the left with the item on the right that one uses to perform the action.

1. _____ bügeln
2. _____ kehren
3. _____ den Fußboden wischen
4. _____ Staub wischen
5. _____ Staub saugen

a. Putzlappen
b. Bügelbrett
c. Staubtuch
d. Kehrbesen
e. Möbel
f. Staubsauger

Some Minor Problems Around the Home

Ich *schalte das Licht an.*	turn on the light
Es geht nicht an.	It won't go on.
Ist die *Glühbirne durchgebrannt*?	lightbulb; burned out
Nein, ich muss den *Stecker* in die *Steckdose stecken.*	plug; outlet; plug in
Das Licht *ist ausgegangen.*	has gone out
Ich habe es nicht *ausgeschaltet.*	turned off
Eine *Sicherung ist durchgebrannt.*	a fuse; has blown
Ich muss im *Sicherungskasten nachsehen.*	fuse box; check
Wo ist der *Lichtschalter*?	light switch
Ich werde den *Elektriker rufen* müssen.	electrician; call
Die *Spüle läuft nicht ab.*	sink; doesn't drain
Das Wasser läuft nicht ab.	
Ich habe den *Stöpsel gezogen.*	stopper; pulled
Der *Abfluss* ist *verstopft.*	drain; clogged
Die Dusche *leckt.*	is dripping/leaking
Ich werde einen *Klempner* rufen müssen.	plumber
Die *Rohre* sind alt.	plumbing, pipes

18. Complete the following paragraph.

Ich kann das Licht nicht anschalten. Ich weiß nicht, was geschehen ist. Kann es die (1) _____ sein? Aber nein. Hör' mal! Die Lampe ist nicht eingesteckt. Ich muss den (2) _____ einstecken. Aber wo ist die (3) _____?

19. Complete the following paragraph.

Das Licht ist aus. Was ist geschehen? Ich habe es nicht (1) _____. Vielleicht ist eine (2) _____ durchgebrannt. Ich muss mal im (3) _____ nachsehen. Wenn keine (4) _____ durchgebrannt ist, die ich leicht ersetzen kann, muss ich den (5) _____ rufen.

20. Complete the following dialog.

—Die Spüle ist verstopft. Das Wasser (1) _____ nicht ab.

—Hast du den (2) _____ gezogen?

—Natürlich habe ich ihn gezogen.

—Nun, dann ist der Abfluss (3) _____. Wir werden den (4) _____
   rufen müssen. Bald werden wir alle (5) _____ im Haus ersetzen müssen.

Key Words

Die Küche *The Kitchen*

der Abfall *garbage*

der Abfluss, die Abflüsse *drain*

abtrocknen *to dry*

abtropfen *to drain*

der Abtropfkorb, die Abtropfkörbe *dish drainer*

(Geschirr) abwaschen *to wash (the dishes)*

aufdrehen *to turn on*

(Butter) auslassen *to melt (butter)*

der Backofen, die Backöfen *oven*

braten *to fry, roast*

der Bräter, die Bräter *roasting pan*

die Bratpfanne, die Bratpfannen *frying pan*

der Brenner, die Brenner *burner*

der Dosenöffner, die Dosenöffner *can opener*

der Durchschlag, die Durchschläge *colander*

erhitzen *to heat*

der Flaschenöffner, die Flaschenöffner
   bottle opener

das Geschirr *dishes*

die Geschirrspülmaschine,
   die Geschirrspülmaschinen *dishwasher*

das Geschirrtuch, die Geschirrtücher *dish towel*

der Griff, die Griffe *handle*

der Hängeschrank, die Hängeschränke
   wall cabinet

der Herd, die Herde *stove*

bei niedriger Hitze *on a low flame (at low heat)*

die Kasserolle, die Kasserollen *pot*

der Kessel, die Kessel *kettle*

kochen *to cook, boil*

zum Kochen bringen *to bring to a boil*

der Korkenzieher, die Korkenzieher *corkscrew*

die Küchenmaschine, die Küchenmaschinen
   food processor

der Kühlschrank, die Kühlschränke *refrigerator*

die Küche, die Küchen *kitchen*

der Mixer, die Mixer *blender*

der Müll *garbage*

der Mülleimer, die Mülleimer *garbage can*

der Ofen, die Öfen *oven*

die Pfanne, die Pfannen *pan*

putzen *to clean*

der Quirl, die Quirle *whisk, beater*

schälen *to pare, peel*

das Schälmesser, die Schälmesser *paring knife*

schlagen *to beat*

schließen *to close*

schneiden *to cut, carve*

der Schwamm, die Schwämme *sponge*

schwenken *to sauté*

die Speisekammer, die Speisekammern *pantry*

die Spüle, die Spülen *sink*

Staub wischen *to dust*

der Stiel, die Stiele *handle*

der Stöpsel, die Stöpsel *plug, stopper*

das Tiefkühlfach, die Tiefkühlfächer *freezer
   compartment*

der Tiefkühlschrank, die Tiefkühlschränke
   freezer (upright)

die Tiefkühltruhe, die Tiefkühltruhen *freezer*

der Topf, die Töpfe *pot*

tranchieren *to carve*

das Tranchiermesser, die Tranchiermesser
   carving knife

das Tuch, die Tücher *cloth*

vorbereiten *to prepare*

der Wasserhahn, die Wasserhähne *faucet*

wischen *to wipe*

würfeln *to dice*

ziehen *to pull*

Das Badezimmer *The Bathroom*

sich abtrocknen *to dry oneself*

sich etwas anziehen *to put something on*

aufsetzen *to put something on one's head*

die Badekappe, die Badekappen
   bathing (shower) cap

der Bademantel, die Bademäntel *bathrobe*

baden *to bathe*

sich baden *to take a bath*

das Badetuch, die Badetücher *bath towel*

die Badewanne, die Badewannen *bathtub*

das Badezimmer, die Badezimmer *bathroom*

die Badezimmermatte, die Badezimmermatten
bath mat

der Badezimmerschrank,
die Badezimmerschränke *bathroom cabinet*

die Dusche, die Duschen *shower*

sich duschen *to take a shower*

das Handtuch, die Handtücher *hand towel*

der Handtuchhalter, die Handtuchhalter
towel rack

sich kämmen *to comb one's hair*

nass *wet*

sich die Zähne putzen *to brush one's teeth*

der Rasierapparat, die Rasierapparate *razor*

sich rasieren *to shave (oneself)*

der Rasierschaum *shaving cream*

die Rasierseife *shaving soap*

schauen *to look*

die Schminke *makeup*

sich schminken *to apply makeup*

die Seife *soap*

die Seifenschale, die Seifenschalen *soap dish*

der Spiegel, die Spiegel *mirror*

die Toilette, die Toiletten *toilet*

das Toilettenpapier *toilet paper*

tragen *to wear*

das Waschbecken, die Waschbecken *sink,
wash basin*

sich waschen *to wash (oneself)*

der Waschlappen, die Waschlappen *washcloth*

die Zahnbürste, die Zahnbürsten *toothbrush*

die Zahnpasta (Zahnpaste) *toothpaste*

Das Esszimmer *The Dining Room*

abdecken *to clear the table*

abräumen *to clear the table*

die Anrichte, die Anrichten *buffet, sideboard,
credenza*

aufstehen *to get up*

die Butterdose, die Butterdosen *butter dish*

den Tisch decken *to set the table*

der Esslöffel, die Esslöffel *tablespoon*

das Esszimmer, die Esszimmer *dining room*

das Glas, die Gläser *glass*

der Kerzenständer, die Kerzenständer *candelabra*

die Mahlzeit, die Mahlzeiten *meal*

das Messer, die Messer *knife*

Platz nehmen *to take a seat*

reichen *to reach, hand, pass*

die Salatschüssel, die Salatschüsseln *salad bowl*

der Salatteller, die Salatteller *salad plate*

servieren *to serve*

der Servierteller, die Servierteller *serving plate*

die Serviette, die Servietten *napkin*

die Soßenschüssel, die Soßenschüsseln *gravy boat*

stellen *to put*

der Suppenlöffel, die Suppenlöffel *soupspoon*

die Suppentasse, die Suppentassen *soup cup*

der Suppenteller, die Suppenteller *soup bowl*

das Tablett, die Tabletts *tray*

die Tasse, die Tassen *cup*

der Teelöffel, die Teelöffel *teaspoon*

der Teller, die Teller *plate*

die Tischdecke, die Tischdecken *tablecloth*

die Untertasse, die Untertassen *saucer*

vorwärmen *to preheat*

die Warmhalteplatte, die Warmhalteplatten
warming tray

der Zucker *sugar*

die Zuckerdose, die Zuckerdosen *sugar bowl*

Das Wohnzimmer *The Living Room*

sich anhören *to listen to*

bedecken *to cover*

das Bild, die Bilder *picture*

der Bilderrahmen, die Bilderrahmen
picture frame

das Buch, die Bücher *book*

das Bücherregal, die Bücherregale *bookshelf*

der Bücherschrank, die Bücherschränke
bookcase

die CD, die CDs *CD*

der Couchtisch, die Couchtische *coffee table*

empfangen *to receive (guests)*

erwarten *to expect*

fernsehen *to watch television*

der Fernseher, die Fernseher *television set*

der Fußboden, die Fußböden *floor*

die Gardine, die Gardinen *drapes, curtain (sheer)*

der Gast, die Gäste *guest (male or female)*

die Jalousie, die Jalousien *Venetian blind*

der Kamin, die Kamine *fireplace*

die Kassette, die Kassetten *tape cassette*

der Kassettenrecorder, die Kassettenrecorder
tape recorder

der Kopfhörer, die Kopfhörer *headphones*

die Lampe, die Lampen *lamp*

plaudern *to chat*

das Radio, die Radios *radio*

die Radiosendung, die Radiosendungen
radio program

der Rahmen, die Rahmen *frame*

das Regal, die Regale *shelf*

das Rollo, die Rollos *shade*

die Schallplatte, die Schallplatten *record*

die Schrankwand, die Schrankwände *wall system*
der Sessel, die Sessel *armchair*
das Sofa, die Sofas *sofa, couch*
spielen *to play (tapes, records)*
die Stehlampe, die Stehlampen *floor lamp*
stellen *to put, place*
die Stereoanlage, die Stereoanlagen
   stereo equipment
der Teppich, die Teppiche *carpet, rug*
der Teppichboden, die Teppichböden
   wall-to-wall carpeting
der Tisch, die Tische *table*
die Tischlampe, die Tischlampen *table lamp*
sich unterhalten *to chat*
der Vorhang, die Vorhänge *curtain*
das Wohnzimmer, die Wohnzimmer *living room*
der Wohnzimmerschrank,
   die Wohnzimmerschränke *wall unit*
die Zeitschrift, die Zeitschriften *magazine*
die Zeitung, die Zeitungen *newspaper*

Das Schlafzimmer   *The Bedroom*

der Albtraum, die Albträume *nightmare*
aufstehen *to get up*
das Bett, die Betten *bed*
das Bett beziehen *to make the bed*
ins Bett gehen *to go to bed*
der Bettbezug, die Bettbezüge *duvet cover*
die Bettdecke, die Bettdecken *blanket*
das Bettlaken, die Bettlaken *bed sheet*
das Bett machen *to make the bed*
die Decke, die Decken *blanket*
einschlafen *to fall asleep*
das Federbett, die Federbetten *comforter*
glattziehen *to arrange, pull smooth*
der Kleiderbügel, die Kleiderbügel *hanger*
der Kleiderschrank, die Kleiderschränke
   wardrobe, armoire
die Kommode, die Kommoden *bureau,*
   chest of drawers
das Kopfkissen, die Kopfkissen *pillow*
der Kopfkissenbezug, die Kopfkissenbezüge
   pillowcase
die Matratze, die Matratzen *mattress*
der Nachtschrank, die Nachtschränke *nightstand,*
   night table
schlafen *to sleep*
das Schlafzimmer, die Schlafzimmer *bedroom*
der Schrank, die Schränke *closet*
die Schublade, die Schubladen *drawer*
(den Wecker) stellen *to set (the alarm clock)*
die Steppdecke, die Steppdecken *quilt*

die Tagesdecke, die Tagesdecken *bedspread*
träumen *to dream*
sich unruhig hin- und herwälzen *to toss and turn*
der Wecker, die Wecker *alarm clock*

Die Hausarbeit   *Housework*

der Abfall *garbage*
(das Geschirr) abwaschen *to wash the dishes*
der Besen, die Besen *broom*
das Bügelbrett, die Bügelbretter *ironing board*
das Bügeleisen, die Bügeleisen *iron*
bügeln *to iron*
erleichtern *to make easy*
fegen *to sweep*
das Fenster, die Fenster *window*
der Fußboden, die Fußböden *floor*
die Hausarbeit *housework*
der Hausputz *housecleaning*
hinausbringen *to take out (the garbage)*
kehren *to sweep*
leeren *to empty*
der Müll *garbage*
der Mülleimer, die Mülleimer *garbage can*
polieren *to polish, shine*
putzen *to clean*
der Putzlappen, die Putzlappen *cleaning cloth*
recyceln *to recycle*
das Recycling *recycling*
saugen *to vacuum*
schmutzig *dirty*
der Schwamm, die Schwämme *sponge*
der Staub *dust*
Staub saugen *to vacuum*
Staub wischen *to dust*
der Staubsauger, die Staubsauger *vacuum cleaner*
das Staubtuch, die Staubtücher *dust cloth*
der Teppich, die Teppiche *carpet, rug*
trennen *to separate*
die Wäsche *laundry, wash*
der Wäschetrockner, die Wäschetrockner *dryer*
die Waschmaschine, die Waschmaschinen
   washing machine
werfen *to throw*
wischen *to wash (the floor), wipe*

Kleine Probleme im Haus
Some Minor Problems Around the House

der Abfluss, die Abflüsse *drain*
ablaufen *to drain*
anschalten *to turn on (lights, other electrical*
   devices)
ausschalten *to turn off*

durchgebrannt *blown (fuse), burned out (lightbulb)*

der Elektriker, die Elektriker *electrician*

ersetzen *to replace*

die Glühbirne, die Glühbirnen *lightbulb*

der Klempner, die Klempner *plumber*

lecken *to drip, leak*

leeren *to empty*

der Lichtschalter, die Lichtschalter *light switch*

nachsehen *to check*

das Rohr, die Rohre *pipe, plumbing*

rufen *to call*

die Sicherung, die Sicherungen *fuse*

der Sicherungskasten, die Sicherungskästen *fuse box*

die Spüle, die Spülen *sink*

die Steckdose, die Steckdosen *(electrical) outlet*

der Stecker, die Stecker *plug (electric)*

der Stöpsel, die Stöpsel *plug (sink, bottle)*

den Stöpsel ziehen *to pull the plug*

verstopft *clogged, stopped up*

At the Doctor's Office
Beim Arzt

I Have a Cold

Der Patient sagt zu dem Arzt[1]:
        der Ärztin:

Mir geht es nicht gut.	*I'm not well.*
Ich bin *krank*.	*sick*
Ich glaube, ich *bin erkältet*.	*have a cold*
ich habe eine *Grippe*.	*the flu*
Ich *leide an Influenza*.	*suffer from; flu*
Ich habe die *asiatische Grippe*.	*Asian flu*
Ich leide an *Verstopfung*.	*constipation*
Ich bin *verstopft*.	*constipated*
Ich habe Halsschmerzen.	*My throat aches.*
Mein Hals tut weh.	*My throat hurts.*
Ich habe *Durchfall*.	*diarrhea*
Ich muss mich *häufig übergeben*.	*frequently; vomit*
Ich habe *Ohrenschmerzen*.	*I have an earache.*
Mein *Ohr* tut weh.	*ear*
Ich habe *Fieber*.	*a fever*
Temperatur.	*a temperature*
Ich habe *Schüttelfrost*.	*chills*
Mir ist heiß und kalt.	*I have chills and fever.*
Ich friere.	*I'm cold.*
Meine *Lymphdrüsen* sind *geschwollen*.	*lymph glands; swollen*
Ich habe *geschwollene Drüsen*.	*swollen glands*
Ich habe *Kopfschmerzen*.	*headache*
Ich habe *Husten*.	*cough*
Ich huste.	*I'm coughing.*
Ich habe *Schnupfen*.	*runny nose*
Meine Nase ist *verstopft*.	*stuffed up*
Der Arzt (die Ärztin) fragt:	
Was fehlt Ihnen?	*What is wrong with you?*
Was sind die *Symptome*?	*symptoms*

---

[1]The German word for medical doctor is **Arzt** for a male doctor and **Ärztin** for a female doctor, and they are addressed as **Herr Doktor** and **Frau Doktor**, respectively. The doctor's office is **Arztpraxis**. **In der Arztpraxis** is *at the doctor's office*. The waiting room is **das Wartezimmer**.

Ist Ihnen *schwindelig*?	*dizzy*
übel?	*nauseous*
Öffnen Sie den Mund!	*Open your mouth.*
Ich werde Ihren *Hals untersuchen*.	*throat; examine*
Rachen untersuchen.	*throat*
Tief einatmen!	*Take a deep breath.*
Haben Sie *Schmerzen* in der *Brust*?	*pain; chest*
Wir werden *Fieber messen*.	*take your temperature*
Wir werden die Temperatur messen.	
Sind Sie gegen Penizillin *allergisch*?	*allergic*
Ich gebe Ihnen eine *Spritze*.	*injection, shot*
Rollen Sie Ihren Ärmel hoch!	*Roll up your sleeve.*
krempeln	*roll*
Machen Sie den Oberkörper frei.	*Strip to the waist.*
Ich werde Antibiotika *verschreiben*.	*prescribe*
Sie müssen die *Tabletten (Pillen,*[2] *Dragées)* dreimal	*tablets (pills)*
am Tag *einnehmen*.	*take*
Vitaminpillen einnehmen	*take vitamins*

1. Complete the following paragraph.

Dem armen Herrn Klink geht es nicht gut. Er hat einen roten (1) _____, der sehr weh tut. Manchmal ist ihm heiß und manchmal kalt. Er leidet an (2) _____. Seine (3) _____ sind geschwollen, er hat (4) _____, und seine (5) _____ tun ihm weh. Er weiß nicht, ob er nur erkältet ist, oder ob er die (6) _____ hat. Er muss zum Arzt.

2. Complete the following dialog.

In der (1) _____
—Guten Tag, Frau Doktor.
—Guten Tag. Was fehlt Ihnen?
—Tja, ich weiß nicht, ob ich eine (2) _____ oder (3) _____ habe.
—Was sind die (4) _____?
—Mein (5) _____ tut weh, und ich habe eine verstopfte (6) _____.
—Öffnen Sie Ihren (7) _____, bitte. Ich werde Ihren (8) _____ untersuchen. Er ist sehr rot. Ihre (9) _____ sind auch geschwollen. Sie müssen jetzt (10) _____, bitte. Haben Sie Schmerzen in der (11) _____, wenn Sie atmen?
—Ein bisschen, nicht viel.
—Haben Sie Husten?
—Ja, ich (12) _____ ganz schön.
—Öffnen Sie noch einmal den Mund. Wir werden (13) _____ messen. Sie haben 38 Grad Fieber. Ein bisschen hoch. Wissen Sie, ob Sie gegen Medikamente (14) _____ sind?
—Ich glaube nicht.
—Rollen Sie Ihren (15) _____ hoch, bitte. Ich gebe Ihnen jetzt eine (16) _____. Dann (17) _____ ich Ihnen Antibiotika. Sie müssen die (18) _____ dreimal am Tag einnehmen. Schon in den nächsten Tagen wird es Ihnen besser gehen.

---

[2]**Die Pille** means "the Pill" as it is used in the United States, that is, birth control pills.

3. Complete the following sentences.

1. Wenn man _____ ist, hat man selten Fieber. Aber gewöhnlich hat man bei einer _____ Fieber.

2. Bei Fieber fühlt man sich manchmal heiß und im nächsten Moment kalt. Wenn man friert, ist es möglich, dass man _____ bekommt.

3. Der Patient muss seinen _____ öffnen, wenn der Arzt seinen Rachen _____ will.

4. Wenn der Arzt eine _____ geben will, muss der Patient den _____ hochkrempeln.

A Physical Examination

die *Krankengeschichte aufnehmen*	*to take the medical history*
die *Vorgeschichte*	*medical history*
Leidet ein *Familienmitglied* an Allergien?	*family member*
Arthritis?	
Asthma?	
Krebs?	*cancer*
Diabetes?	
Zuckerkrankheit?	*diabetes*
Herzkrankheit?	*heart disease*
Kreislaufstörungen?	*circulatory disorders*
psychischen Störungen?	*mental illness*
Geschlechtskrankheiten?	*venereal diseases*
Epilepsie?	
Tuberkulose (TBC)?	*tuberculosis (TB)*
Schwindsucht?	*tuberculosis*
Haben Sie als Kind *Masern* gehabt?	*measles*
Windpocken gehabt?	*chickenpox*
Mumps gehabt?	
Röteln gehabt?	*German measles*
Sind Sie als Kind gegen Polio *geimpft* worden?	*vaccinated*
Diphtherie geimpft worden?	
Tetanus geimpft worden?	
Keuchhusten geimpft worden?	*whooping cough*
Sind Sie HIV positiv?	
Haben Sie AIDS?	
Ein *Psychiater behandelt* psychische Krankheiten.	*psychiatrist; treats*

The Vital Organs (Figs. 17-1 and 17-2)

Welche *Blutgruppe* haben Sie?	*blood type*
Haben Sie Probleme mit Ihrer *Regel*?	*menstrual period*
Sind Sie operiert worden?	
Ja, meine *Mandeln sind entfernt worden.*	*tonsils; have been taken out*
Mein *Blinddarm* ist entfernt worden.	*appendix*
Der Arzt sagt:	
Krempeln Sie Ihren Ärmel hoch, bitte.	
Ich möchte Ihren *Blutdruck messen.*	*blood pressure; take, measure*
Ich werde Ihnen eine *Blutprobe abnehmen.*	*blood sample; take*
Ich muss das *Blut untersuchen* lassen.	*blood; analyze, examine*

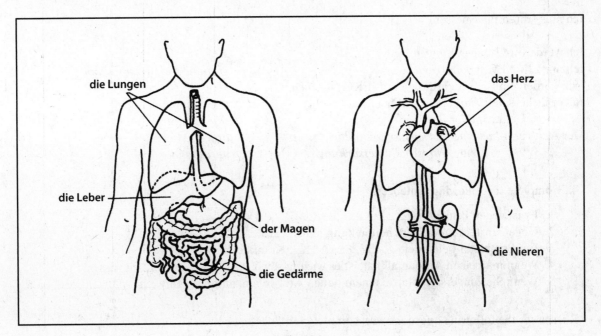

Fig. 17-1

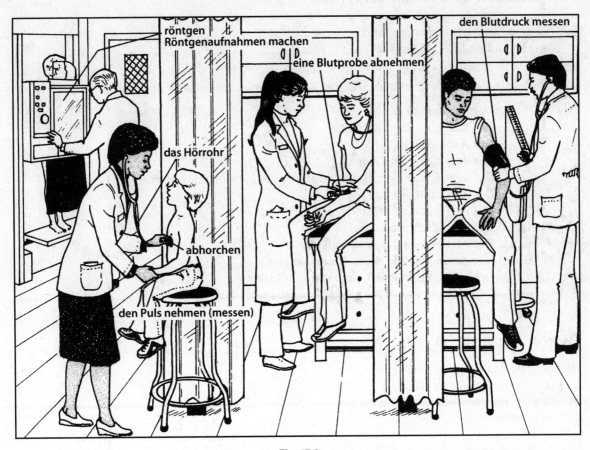

Fig. 17-2

Ich muss Ihren Puls messen.

                    fühlen.

Ich werde Ihre Lungen *röntgen*.	*x-ray*
Ich muss Ihre Brust *abhorchen*.	*examine with a stethoscope*
Wir werden ein Elektrokardiogramm (EKG) *machen*.	*take*
Ich brauche eine *Urinprobe* von Ihnen.	*urine sample*
eine *Stuhlprobe*.	*stool sample*
Der Arzt *verordnet* eine *Kernspintomographie*.	*orders; MRI*
eine *Ultraschalluntersuchung*.	*ultrasound*

4. Complete the following sentences.

1. Er ist gegen Penizillin _____.
2. Gegen ansteckende Krankheiten kann man _____ werden.
3. Ein Psychiater behandelt _____ Krankheiten.
4. Wenn man einen Autounfall hat, ist es wichtig seine _____ zu wissen.
5. Wenn Sie zum ersten Mal zu einem neuen Arzt gehen, nimmt er Ihre _____ auf.

5. Answer the following questions with complete sentences.

1. Sind Sie je (*ever*) operiert worden? _____
2. Welche Kinderkrankheiten hatten Sie als Kind?

      _____

3. Welche Blutgruppe haben Sie? _____
4. Haben Sie Ihren Blinddarm immer noch?

      _____

5. Sind Sie gegen Masern geimpft? _____
6. Haben Ihre Eltern Allergien? _____

6. Check each item that is a normal procedure during a complete medical or physical examination.

1. _____ Der Arzt misst Fieber.
2. _____ Der Arzt misst den Blutdruck.
3. _____ Der Arzt operiert.
4. _____ Der Arzt röntgt die Lungen.
5. _____ Der Arzt nimmt eine Blutprobe ab, um das Blut zu analysieren.
6. _____ Der Arzt fühlt den Puls.
7. _____ Der Arzt gibt eine Penizillinspritze.
8. _____ Der Arzt macht ein EKG.
9. _____ Der Arzt verschreibt Antibiotika.
10. _____ Der Arzt horcht die Brust des Patienten ab.
11. _____ Der Arzt braucht eine Urinprobe vom Patienten.
12. _____ Der Arzt untersucht bestimmte lebenswichtige Organe.

I Had an Accident (Fig. 17-3)

Ich habe mir den Finger gebrochen.

              den Arm gebrochen.

das *Handgelenk* gebrochen.	*wrist*
das *Bein* gebrochen.	*leg*
den *Knöchel* gebrochen.	*ankle*
das *Knie* gebrochen.	*knee*

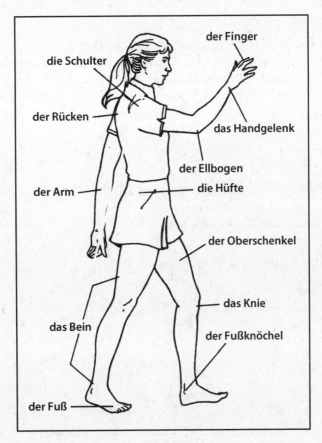

die Schulter
der Finger
der Rücken
das Handgelenk
der Ellbogen
der Arm
die Hüfte
der Oberschenkel
das Knie
das Bein
der Fußknöchel
der Fuß

Fig. 17-3

Ich habe mir die *Hüfte* gebrochen.	*hip*
den *Ellbogen (Ellenbogen)* gebrochen.	*elbow*
die *Schulter* gebrochen.	*shoulder*
Ich habe mir das Knie *verrenkt.*	*sprained, twisted*
das Handgelenk verrenkt.	
Ich habe mir den Knöchel *verstaucht.*	*sprained*
Ich habe Rückenschmerzen.	*I have a backache.*
Hier *tut* es *mir weh.*	*hurts me*
Der Arzt will den *Knochenbruch röntgen.*	*break; x-ray*
Er hatte einen *Autounfall.*	*automobile accident*
Der *Verletzte* wird ins *Krankenhaus* gebracht.	*injured person; hospital*
Der *Orthopäde* muss den *Knochen richten.*	*orthopedist; bone; set*
Er wird den Knochen in einem *Gipsverband ruhig stellen.*	*cast; immobilize*
Er wird ihn *in Gips legen.*	*put in a cast*
Der Patient wird *auf Krücken* gehen müssen.	*on crutches*
Ich habe *mich* in den Finger *geschnitten.*	*cut myself*
in die *Backe (Wange)* geschnitten.	*cheek*
in den *Fuß* geschnitten.	*foot*
Der Arzt *näht* die *Wunde.*	*sews; wound*
Er wird die Wunde *verbinden.*	*bandage*
Es legt einen *Verband* an.	*bandage*
Er *klebt* ein *Pflaster* auf die Wunde.	*puts; adhesive bandage*
Er wird die *Fäden* in fünf Tagen *entfernen.*	*stitches; take out, remove*
ziehen.	*take out, remove*

7. Complete the following paragraph.

       Ulli hatte einen Unfall. Er ist gefallen und hat sich das Bein (1) _____.
Seine Eltern brachten ihn ins Krankenhaus. Der Arzt sagte ihnen, dass er das Bein
(2) _____ wollte. Er wollte sehen, ob das Bein verrenkt oder gebrochen war.
Das Röntgenbild zeigte einen Bruch. Der (3) _____ musste den Knochen
(4) _____ und ihn dann in Gips (5) _____. Der arme Ulli wird einige
Wochen auf (6) _____ gehen müssen.

8. Complete the following sentences.

   1. Sie hat sich in den Finger geschnitten. Der Arzt wird die Wunde nicht nähen, sondern nur
     ein _____ auf die Wunde kleben.
   2. Vor dem Verbinden muss der Arzt die Wunde _____, weil sie sehr tief ist.

9. Identify each numbered item in Fig. 17-4.

   1. _____
   2. _____
   3. _____
   4. _____
   5. _____
   6. _____
   7. _____
   8. _____

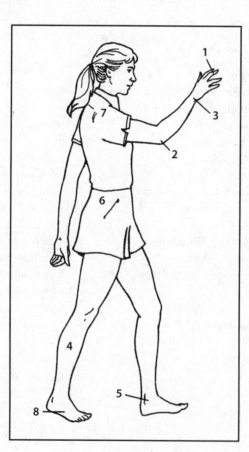

Fig. 17-4

At the Dentist

Ich habe *Zahnschmerzen.*	*toothache*
Mein *Backenzahn tut* mir *weh.*	*molar; hurts*
Ich *brauche* einen *Zahnarzt.*	*need; dentist*
Ich rufe beim Zahnarzt an.	
Er gibt mir einen *Termin.*	*appointment*
Die *Sprechstundenhilfe* bringt mich zum *Behandlungsraum.*	*receptionist/assistant; treatment room*
Ich setze mich in den *Behandlungsstuhl.*	*dental chair*
Der Zahnarzt fragt, *welcher* Zahn weh tut.	*which*
Der Backenzahn *oben rechts.*	*upper right*
Er *untersucht* den Zahn und findet ein *Loch.*	*examines; cavity*
Ich brauche eine *Füllung.*	*filling*
Ich brauche eine *Plombe.*	*filling*

10. Answer the following questions.

1. Was tut mir weh? _____
2. Was für einen Arzt brauche ich? _____
3. Wer bringt mich zum Behandlungsraum? _____
4. Wo setze ich mich hin? _____
5. Welcher Backenzahn tut mir weh? _____
6. Was macht der Zahnarzt? _____
7. Was findet er? _____
8. Was brauche ich? _____

Key Words

abhorchen *to examine using a stethoscope, auscultate*
die Allergie, die Allergien *allergy*
allergisch gegen *allergic to*
analysieren *to analyze*
ansteckend *contagious*
das Antibiotikum, die Antibiotika *antibiotics*
der Arm, die Arme *arm*
der Ärmel, die Ärmel *sleeve*
die Arthritis *arthritis*
der Arzt, die Ärzte *doctor (male)*
die Ärztin, die Ärztinnen *doctor (female)*
die Arztpraxis, die Arztpraxen *doctor's office*
das Asthma *asthma*
atmen *to breathe*
der Autounfall, die Autounfälle *automobile accident*
die Backe, die Backen *cheek*
der Backenzahn, die Backenzähne *molar*
behandeln *to treat*
der Behandlungsraum, die Behandlungsräume *treatment room*
der Behandlungsstuhl, die Behandlungsstühle *dental chair*

das Bein, die Beine *leg*
der Blinddarm, die Blinddärme *appendix*
das Blut *blood*
der Blutdruck *blood pressure*
die Blutgruppe, die Blutgruppen *blood type*
die Blutprobe, die Blutproben *blood sample*
brauchen *to need*
der Bruch, die Brüche *break, fracture*
die Brust, die Brüste *chest, breast*
der Darm, die Därme *bowels, intestine*
der Diabetes *diabetes*
die Diphtherie *diphtheria*
das Dragée, die Dragées *coated pill*
die Drüse, die Drüsen (Lymphdrüsen) *gland (lymph gland)*
der Durchfall *diarrhea*
tief einatmen *to take a deep breath*
das Elektrokardiogramm, die Elektrokardiogramme (EKG) *electrocardiogram (EKG)*
der Ellenbogen, die Ellenbogen (Ellbogen, Ellbogen) *elbow*
empfindlich gegen *sensitive to*
entfernen *to remove*

die Epilepsie *epilepsy*

der epileptische Anfall, die epileptischen
   Anfälle *epileptic seizure*

erkältet sein *to have a cold*

die Erkältung, die Erkältungen *cold*

der Faden, die Fäden *stitch*

das Fieber *fever*

Fieber messen *to take one's temperature*

der Finger, die Finger *finger*

sich frei machen *to undress (term used in doctor's
   office only)*

frieren *to be cold, freeze, be freezing*

(den Puls) fühlen *to feel (the pulse)*

die Füllung, die Füllungen *filling*

der Fuß, die Füße *foot*

gebrochen *broken*

das Gedärm, die Gedärme *intestines*

geimpft *vaccinated*

die Geschlechtskrankheit,
   die Geschlechtskrankheiten *venereal disease*

geschnitten *cut*

geschwollen *swollen*

in Gips legen *to put in a cast*

der Gipsverband, die Gipsverbände *(plaster) cast*

die Grippe *flu*

die asiatische Grippe *Asian flu*

der Hals, die Hälse *neck*

die Halsschmerzen *sore throat*

das Handgelenk, die Handgelenke *wrist*

häufig *frequently*

das Herz, die Herzen *heart*

der Herzanfall, die Herzanfälle *heart attack*

der Herzinfarkt, die Herzinfarkte *heart attack*

hochkrempeln *to roll up*

die Hüfte, die Hüften *hip*

husten *to cough*

der Husten *cough*

impfen *to vaccinate*

die Influenza *influenza*

die Kernspintomographie *magnetic resonance
   imaging (MRI)*

der Keuchhusten *whooping cough*

die Kinderkrankheit, die Kinderkrankheiten
   childhood disease

die Kinderlähmung *infantile paralysis,
   poliomyelitis*

kleben (ein Pflaster) *to put on (a Band-Aid)*

das Knie, die Knie *knee*

der Knöchel, die Knöchel *ankle*

der Knochen, die Knochen *bone*

krank *sick, ill*

die Krankengeschichte, die Krankengeschichten
   medical history

das Krankenhaus, die Krankenhäuser *hospital*

die Krankheit, die Krankheiten *illness, sickness*

die psychische Krankheit, die psychischen
   Krankheiten *mental illness*

der Krebs *cancer*

krempeln *to roll up*

die Krücken *crutches*

die lebenswichtigen Organe *vital organs*

die Leber *liver*

leiden an *to suffer from*

das Loch, die Löcher *cavity*

die Lunge, die Lungen *lung*

der Magen, die Mägen *stomach*

die Mandeln *tonsils*

die Masern *measles*

messen *to measure*

die Möglichkeit, die Möglichkeiten *possibility*

der Mumps *mumps*

der Mund, die Münder *mouth*

nähen *to sew, stitch*

die Niere, die Nieren *kidney*

oben rechts *upper right*

das Ohr, die Ohren *ear*

die Ohrenschmerzen *earache*

die Operation, die Operationen *operation*

operieren *to operate*

der Orthopäde, die Orthopäden *orthopedist
   (male)*

die Orthopädin, die Orthopädinnen *orthopedist
   (female)*

das Penizillin *penicillin*

die Penizillinspritze, die Penizillinspritzen
   penicillin injection

das Pflaster, die Pflaster *adhesive bandage*

die Plombe, die Plomben *filling*

die Polio *poliomyelitis*

die Probe, die Proben *sample*

der Psychiater, die Psychiater *psychiatrist (male)*

die Psychiaterin, die Psychiaterinnen *psychiatrist
   (female)*

der Puls, die Pulse *pulse*

der Rachen, die Rachen *throat*

die Regel *menstrual period*

richten *to set (bone)*

röntgen *to take X-rays, to x-ray*

das Röntgenbild, die Röntgenbilder
   X-ray (image, picture)

die Röteln *German measles*

der Rücken, die Rücken *back*

ruhig stellen *to immobilize (a bone)*
sagen *to say, tell*
der Schleim *mucus, phlegm*
der Schmerz, die Schmerzen *pain*
schneiden *to cut*
der Schnupfen *runny nose*
die Schulter, die Schultern *shoulder*
der Schüttelfrost *chills*
die Schwierigkeit, die Schwierigkeiten *difficulty*
schwindelig *dizzy*
die Schwindsucht *tuberculosis*
die Sprechstundenhilfe, die Sprechstundenhilfen
   assistant, receptionist in a doctor's office
die Spritze, die Spritzen *injection, shot*
der Stich, die Stiche *stitches*
die psychische Störung, die psychischen
   Störungen *mental illness*
der Stuhl *stool*
der Stuhlgang *bowel movement*
das Symptom, die Symptome *symptoms*
die Tablette, die Tabletten *tablet*
der Termin, die Termine *appointment*
der Tetanus *tetanus*
die Tuberkulose (TBC) *tuberculosis (TB)*
übel *nauseous*
sich übergeben *to vomit*

der Ultraschall *ultrasound*
der Unfall, die Unfälle *accident*
untersuchen *to examine, analyze*
der Urin *urine*
der Verband, die Verbände *bandage*
verbinden *to bandage*
der Verletzte, die Verletzten *injured person*
   (male)
die Verletzte, die Verletzten *injured person*
   (female)
verrenken *to twist, sprain*
verschreiben *to prescribe*
verstauchen *to sprain*
verstopft *constipated (digestive problem),*
   stuffed up (nose)
die Verstopfung *constipation*
die Wange, die Wangen *cheek*
weh tun *to hurt*
welcher *which*
die Windpocken *chickenpox*
die Wunde, die Wunden *wound*
der Zahnarzt, die Zahnärzte *dentist (male)*
die Zahnärztin, die Zahnärztinnen
   dentist (female)
die Zahnschmerzen *toothache*
die Zuckerkrankheit *diabetes*

CHAPTER 18

At the Hospital
Im Krankenhaus

Admission to the Hospital[1]

Füllen Sie bitte dieses *Formular aus.*	*fill out; form*
In welcher *Krankenkasse*[2] sind Sie?	*health insurance plan*

In the Emergency Room (Fig. 18-1)

Der *Rettungswagen* kommt.	*ambulance*
Der *Krankenwagen* kommt.	*ambulance*
Der Patient liegt auf einer *Tragbahre.*	*stretcher*
Er sitzt nicht im *Rollstuhl.*	*wheelchair*
Er wird auf die *Unfallstation* gebracht.	*emergency room*
Er wird in die *Notaufnahme* gebracht.	*emergency room*
Sofort fühlt eine *Krankenschwester* seinen Puls.	*nurse (female)*
eine *Krankenpflegerin* seinen Puls.	*nurse (female)*
ein *Krankenpfleger* seinen Puls.	*nurse (male)*
Der Krankenpfleger muss auch seinen *Blutdruck messen.*	*blood pressure; take, measure*
Der Arzt (die Ärztin) *untersucht* den *Patienten.*	*examines; patient (male)*
die *Patientin.*	*patient (female)*
Ein *Assistenzarzt* untersucht ihn auf der Unfallstation.	*intern*
Der Patient hat *Bauchschmerzen.*	*abdominal pain, stomachache*
Der Arzt will *röntgen.*	*take X-rays*
Man bringt den Patienten zur Radiologie.[3]	

---

[1]The customary word for hospital is **Krankenhaus**, but **Klinik** can refer to a hospital as well as to a clinic. Very often, a doctor or group of doctors owns a private hospital, which is called a **Klinik**.

[2]Patients not insured under the compulsory German statutory insurance plan would indicate that they are **Privatpatienten**, naming their insurance company.

[3]The medical departments of hospitals that are named for their medical specialty have, as a rule, very similar names in German and in English, since the words in both languages are derived from Latin and Greek roots. There are, however, minor variations. For example, the final *-y* in English becomes **-ie** in German, e.g., *radiology* ~ **Radiologie**. The names of the medical specialists practicing in these fields also exhibit a systematic pattern. The English ending *-ologist* often becomes **-ologe** (male) and **-ologin** (female) in German, e.g., *gynecologist* ~ **Gynäkologe, Gynäkologin**.

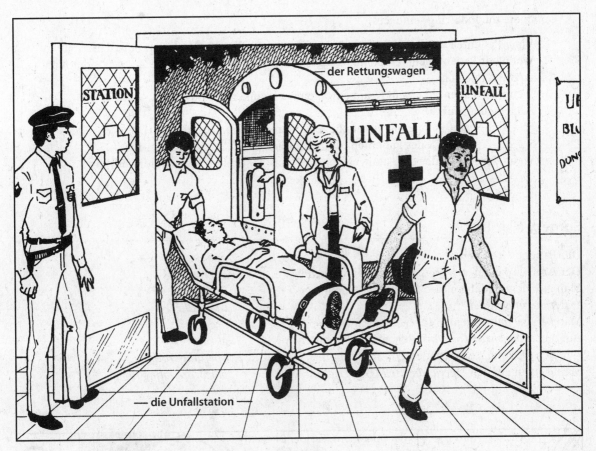

Fig. 18-1

1. Answer the following questions with complete sentences.

   1. Wie kommt der Patient ins Krankenhaus?

   _____

   2. Kann der Patient laufen? _____

   3. Wo liegt der Patient? _____

   4. Was macht eine Krankenschwester sofort?

   _____

   5. Wer untersucht den Patienten? _____

   6. Wo wird er untersucht? _____

   7. Was hat der Patient? _____

   8. Was will der Arzt tun? _____

   9. Wohin bringt man den Patienten? _____

2. Complete the following paragraph.

   Wenn ein Patient im Krankenhaus aufgenommen wird, muss er oder ein Familienmitglied bei
   der Aufnahme ein (1) _____ ausfüllen. Auf dem (2) _____ muss er den
   Namen seiner (3) _____ angeben.

3. Complete the following sentences.

1. Viele Patienten werden auf einer _____ ins Krankenhaus gebracht.
2. Wenn der Patient nicht laufen kann, legt man ihn auf eine _____, oder man setzt ihn in einen _____.
3. Wenn der Patient in einem Krankenwagen ins Krankenhaus kommt, kommt er im Allgemeinen auf die _____.
4. Fast immer gibt es einen Krankenpfleger (oder eine Krankenpflegerin), der (die) den _____ des Patienten fühlt und seinen _____ misst.
5. Wenn der Arzt (oder die Ärztin) nicht weiß, was der Patient hat, wird er (sie) ihn _____.

Surgery (Fig. 18-2)

Der Patient wird *operiert*.	*operated on*
Der Arzt wird einen *chirurgischen Eingriff vornehmen*.	*operate*
Man gibt dem Patienten eine *Spritze* mit einem *Beruhigungsmittel*.	*injection* *tranquilizer*
Man *bereitet* den Patienten für die Operation *vor*.	*prepare*
Auf einer *fahrbaren Trage* bringt man den Patienten in den *Operationssaal* (in den *OP-Saal*).	*gurney* *operating room*
Man *legt* ihn auf den *Operationstisch* (*OP-Tisch*).	*place; operating table*

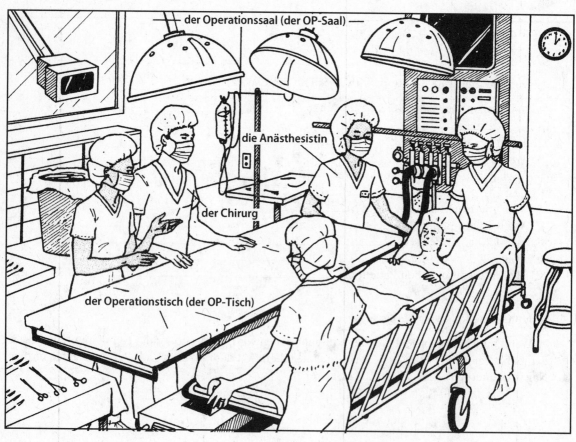

Fig. 18-2

Die *Anästhesistin leitet* die Anästhesie *ein*.   *anesthesiologist (female); introduces*
Der *Chirurg* operiert.   *surgeon*
Die Chirurgin *führt* die Operation *durch*.   *operates*
Der Patient wird am *Blinddarm* operiert.[4]   *appendix*
Der Chirurg *nimmt* den Blinddarm *heraus*.   *takes out*
Er *entfernt* ihn.   *removes*
Der Patient hat eine *Blinddarmentzündung* (akute   *appendicitis*
   Appendizitis).

4. Complete the following paragraph.

   Der Patient muss (1) _____ werden. Bevor der Arzt den chirurgischen
   (2) _____ vornimmt, und ehe der Patient in den (3) _____
   gebracht wird, bekommt er eine Spritze mit einem (4) _____. Der Patient
   soll nicht nervös sein. Dann wird er auf einer (5) _____ in den
   OP-Saal gebracht. Im OP-Saal wird er auf den OP-(6) _____ gelegt.
   Die (7) _____ leitet die Anästhesie ein, und dann beginnt der (8) _____
   mit der (9) _____. Der Chirurg (10) _____ den Blinddarm.

5. Give another German term for each of the following items.

   1. einen chirurgischen Eingriff vornehmen _____
   2. der Eingriff _____
   3. am Blinddarm operieren _____
   4. Appendizitis _____

In the Recovery Room[5]

Nach einer Operation wird der Patient in den
   Beobachtungsraum gebracht.   *recovery room*
Im Beobachtungsraum bekommt er vielleicht *Sauerstoff*. *oxygen*
Der Patient liegt nicht in einem *Sauerstoffzelt*.   *oxygen tent*
Er bekommt *künstliche Ernährung*.   *intravenous feeding*
Er wird *intravenös ernährt*.   *fed intravenously*
Die Krankenschwester sagt, dass die *Prognose* nicht   *prognosis*
   schlecht ist.

6. Complete the following sentences.

   1. Nach der Operation kommt der Patient in den _____.
   2. Damit der Patient leichter atmen kann, bekommt er _____.
   3. Manchmal bekommt der Patient intravenöse _____.
   4. Die Krankenschwester sagt der Frau, dass die _____ gut ist.

---

[4]Other words you may want to know are **die Blase** *bladder,* **die Brust** *breast,* **der Dickdarm** *colon,* **das Geschwür** *ulcer,* **die Zyste** *cyst,* **die Hämorriden** *hemorrhoids,* **die Polypen** *polyps,* **die Eierstöcke (Ovarien)** *ovaries,* **die Hysterektomie** *hysterectomy,* **die Gallenblase** *gallbladder,* and **der graue Star (Katarakt)** *cataract.*
[5]After an operation, critical patients are taken to a recovery room called **Intensivstation**, supervised by a doctor. Patients not in critical condition after an operation are taken to the **Beobachtungsraum** (literally, *observation room*).

In the Delivery Room

Die Frau ist *schwanger.*	*pregnant*
Sie wird ein *Kind* bekommen.	*child*
Sie steht vor der *Entbindung.*	*delivery*
Sie liegt *in den Wehen.*[6]	*in labor*
Die Wehen sind *schmerzhaft.*	*painful*
Die Frau liegt im *Entbindungssaal.*	*delivery room*
im *Kreißsaal.*	*delivery room*
Der *Geburtshelfer* ist *bereit.*	*obstetrician; ready*
Die *Hebamme* hilft der Frau.	*midwife*

7. Complete the following paragraph.

Die Frau ist (1) _____. Sie steht vor der (2) _____. Jetzt liegt sie in den (3) _____. Im (4) _____ ist der (5) _____ bereit.

Eines Morgens wachte Holger mit Bauchschmerzen auf. Er konnte nicht aufstehen. Er wusste nicht, was er tun sollte und rief endlich einen Krankenwagen. Der Krankenwagen kam sofort. Man setzte Holger in einen Rollstuhl und brachte ihn ins Krankenhaus. In fünf Minuten war er auf der Unfallstation. Ein Krankenpfleger fühlte seinen Puls, und ein anderer maß den Blutdruck. Ein Arzt kam und fragte nach seinen Symptomen. Holger beschrieb seine Schmerzen. Der Arzt wollte wissen, ob Holger sich übergeben oder Durchfall hätte. Holger sagte nein, dass er nur Bauchschmerzen hätte. Der Arzt untersuchte ihn und sagte, er wollte ihn röntgen. Eine Krankenschwester half Holger in den Rollstuhl und brachte ihn zur Radiologie. Dort machte man sofort Röntgenbilder. Nach einer Stunde erklärte der Arzt Holger, dass er eine akute Appendizitis hätte, und dass ein chirurgischer Eingriff notwendig wäre. Man gab Holger ein Beruhigungsmittel und er schlief fast sofort ein. Die Anästhesistin gab ihm eine Spritze in den rechten Arm und sagte, er sollte bis zehn zählen. Der Chirurg entfernte den Blinddarm und nähte den Schnitt zu. Beim Aufwachen fand sich Holger im Beobachtungsraum wieder. Er hatte Sauerstoffschläuche in der Nase. Er bekam intravenöse Ernährung. Der arme Holger wusste kaum, wo er war, bis die Krankenschwester sagte, dass alles in Ordnung wäre. Die Operation war vorbei, und der Arzt sagte, die Prognose wäre sehr gut. In ein paar Tagen wird er das Krankenhaus verlassen können, nicht auf einer Tragbahre, nicht in einem Rollstuhl, sondern zu Fuß.

8. Complete the following sentences.

1. Holger hatte _____.
2. Er ist in einem _____ ins Krankenhaus gefahren.
3. Er saß nicht in dem Krankenwagen. Er lag auf einer _____.
4. Im Krankenhaus brachte man ihn auf die _____.
5. Dort maß man seinen _____ und seinen _____.
6. Dem Arzt erklärte er seine _____.
7. Eine Krankenschwester brachte Holger zur _____, wo man _____ machte.
8. Der Arzt musste einen chirurgischen _____ vornehmen.
9. Ehe sie ihn in den OP-Saal brachten, gaben sie ihm ein _____.
10. Man legte ihn auf den _____.
11. Die _____ gab ihm eine Spritze.
12. Der _____ entfernte den _____.
13. Der Chirurg _____ den Schnitt zu.

---

[6]**Wehen** means both *in labor* and *labor pains.*

14. Holger wachte im _____ auf.
15. Um leichter atmen zu können, hatte er _____ in der Nase.
16. Er bekam _____ Ernährung.
17. Holger war nicht nervös, weil ihm der Chirurg eine gute _____ voraussagte.

Key Words

die Anästhesie *anesthesia*
der Anästhesist, die Anästhesisten
  anesthesiologist (male)
die Anästhesistin, die Anästhesistinnen
  anesthesiologist (female)
die Appendizitis *appendicitis*
der Assistenzarzt, die Assistenzärzte
  intern (male)
die Assistenzärztin, die Assistenzärztinnen
  intern (female)
atmen *to breathe*
die Aufnahme, die Aufnahmen *admission*
aufnehmen *to admit (hospital)*
die Bauchschmerzen *stomach pains*
der Beobachtungsraum, die Beobachtungsräume
  recovery room
bereit *ready*
das Beruhigungsmittel, die Beruhigungsmittel
  tranquilizer
die Blase, die Blasen *bladder*
die akute Blinddarmentzündung
  acute appendicitis
der Blutdruck *blood pressure*
der Chirurg, die Chirurgen *surgeon (male)*
die Chirurgin, die Chirurginnen *surgeon (female)*
einen chirurgischen Eingriff vornehmen
  to operate
der Dickdarm, die Dickdärme *colon*
der Eierstock, die Eierstöcke *ovary*
der Eingriff, die Eingriffe *operation,*
  intervention
die Entbindung, die Entbindungen *delivery*
der Entbindungssaal, die Entbindungssäle
  delivery room
entfernen *to remove*
die Ernährung *feeding (food)*
ernst *serious*
das Formular, die Formulare *form (document*
  to fill out)
die Gallenblase, die Gallenblasen *gallbladder*
der Geburtshelfer, die Geburtshelfer
  obstetrician (male)
die Geburtshelferin, die Geburtshelferinnen
  obstetrician (female)

das Geschwür, die Geschwüre *ulcer*
das Glaukom *glaucoma*
die Hämorriden *hemorrhoids*
die Hebamme, die Hebammen *midwife*
herausnehmen *to take out*
die Hysterektomie *hysterectomy*
die Intensivstation, die Intensivstationen
  intensive care
intravenös *intravenous*
die Katarakt *cataract*
die Klinik, die Kliniken *clinic, hospital*
das Krankenhaus, die Krankenhäuser *hospital*
die Krankenkasse, die Krankenkassen
  health insurance
der Krankenpfleger, die Krankenpfleger
  nurse (male)
die Krankenpflegerin, die Krankenpflegerinnen
  nurse (female)
die Krankenschwester, die Krankenschwestern
  nurse (female)
der Krankenwagen, die Krankenwagen
  ambulance
der Kreißsaal, die Kreißsäle *delivery room*
legen *to put, place*
die Mandeln *tonsils*
messen *to measure, take (e.g., blood pressure,*
  temperature)
die Nahrung *food*
die Operation, die Operationen *operation*
eine Operation durchführen *to operate*
der Operationssaal, die Operationssäle
  operating room
der Operationstisch, die Operationstische
  operating table
operieren *to operate*
die Ovarien *ovaries*
der Patient, die Patienten *patient (male)*
die Patientin, die Patientinnen *patient (female)*
die Polypen *polyps*
die Prognose, die Prognosen *prognosis*
der Puls *pulse*
die Radiologie *radiology*
der Rettungswagen, die Rettungswagen
  ambulance

der Rollstuhl, die Rollstühle *wheelchair*
röntgen *to take X-rays*
die Röntgenaufnahme, die Röntgenaufnahmen
   X-ray (image, film)
das Röntgenbild, die Röntgenbilder
   X-ray (image, film)
der Sauerstoff *oxygen*
der Sauerstoffschlauch, die Sauerstoffschläuche
   oxygen tube
das Sauerstoffzelt, die Sauerstoffzelte
   oxygen tent
der Schmerz, die Schmerzen *pain*
schmerzhaft *painful*
der Schnitt, die Schnitte *cut, incision*

schwanger *pregnant*
die Schwangerschaft, die Schwangerschaften
   pregnancy
die Spritze, die Spritzen *injection, shot*
der graue Star *cataract*
der grüne Star *glaucoma*
die Tragbahre, die Tragbahren *stretcher*
die Unfallstation, die Unfallstationen
   emergency room
untersuchen *to examine*
voraussagen *to predict*
vorbereiten *to prepare*
die Wehe, die Wehen *labor, labor pains*
die Zyste, die Zysten *cyst*

CHAPTER 19

At the Theater and the Movies
Im Theater und im Kino

Seeing a Show

Ich möchte ins *Theater* gehen.	*theater*
Was für ein *Stück* wirst du sehen?	*play*
ein *Schauspiel* wirst du sehen?	*play*
Wirst du eine *Tragödie* sehen?	*tragedy*
eine *Komödie* sehen?	*comedy*
Ich möchte ein *Musical* sehen.	*musical*
ein *Varieté* sehen.	*variety show*
Welcher *Schauspieler* (welche *Schauspielerin*) spielt mit?	*actor; actress*
Wer *spielt* die *Rolle* des Faust?	*plays; part, role*
Wer ist der *Held* (die *Heldin*)?	*hero; heroine*
Das Stück hat drei *Akte*.	*acts*
Jeder Akt hat zwei *Szenen*.	*scenes*
Nach dem zweiten Akt ist eine *Pause*.	*intermission*
Der Schauspieler (die Schauspielerin) *erscheint auf der Bühne*.	*appears on stage*
Die *Zuschauer* applaudieren.	*spectators, audience*
Die Zuschauer *klatschen*.	*clap, applaud*
Die *Vorstellung* (die Aufführung) gefällt ihnen.	*performance*
Der Vorhang hebt sich.	*The curtain rises.*
Der Vorhang *fällt*.	*falls*

1. Complete the following sentences.

1. Warum gehen wir nicht ins _____? Ich möchte ein Theaterstück sehen.
2. Ich möchte keine Tragödie sehen. Ich ziehe eine _____ vor.
3. Der _____ Uwe Ochsenknecht spielt die Rolle des Königs und die Schauspielerin Katja Riemann spielt die Rolle der Königin.
4. Sie hat die wichtigste Rolle. Sie ist die _____.
5. Das Stück ist ziemlich lang. Es hat fünf _____ und jeder Akt hat zwei _____.
6. Nach jedem Akt fällt der _____.
7. Zwischen dem dritten und dem vierten Akt ist eine _____ von zwanzig Minuten.
8. Alle Zuschauer applaudieren, wenn die Heldin zum ersten Mal _____ erscheint.
9. Die Zuschauer applaudieren, weil ihnen die _____ gefällt.
10. Wenn ihnen die Vorstellung gefällt, dann _____ sie.

2. Answer the following questions with phrases.

1. Wer applaudiert? _____
2. Wer spielt eine Rolle? _____
3. Wo erscheint der Schauspieler? _____
4. Was kommt nach dem zweiten Akt? _____

At the Ticket Window (Fig. 19-1)

An der *Theaterkasse*	*ticket window, box office*
Gibt es noch *Karten* für die *Vorstellung heute Abend*?	*tickets; tonight's performance*
Es tut mir leid. Es ist alles *ausverkauft*.	*sold out*
Gibt es noch Karten im *Parkett* für die Vorstellung von morgen?	*orchestra*
Ich möchte im *ersten Rang* sitzen.	*mezzanine*
im *zweiten Rang* sitzen.	*balcony*
Ich möchte auf dem *Heuboden* sitzen.	*top balcony*
Ich möchte zwei Plätze im Parkett.	
Ich möchte einen Platz in der *Loge*.	*box*
Ich möchte zwei Plätze *in der ersten Reihe* des ersten Rangs.	*in the front row*
Wie viel kosten die Karten?	*How much are*
Hier sind Ihre *Eintrittskarten*.	*(admission) tickets*
Sie haben die Plätze 15 und 16 in *Reihe* D.	*row*

Fig. 19-1

Um wie viel Uhr *beginnt* die Vorstellung?   *starts*
Wir können unsere Mäntel an der *Garderobe* abgeben.   *cloakroom, checkroom*
Die *Platzanweiserin* (der *Platzanweiser*) verteilt Programme.   *usher; hands out*
Der *Kassierer* (die *Kassiererin*) *verkauft* die Theaterkarten.   *cashier; sells*

3. Complete the following dialog.

An der (1) _____
—Gibt es (2) _____ Karten für die (3) _____ heute Abend?
—Nein, es ist alles (4) _____. Aber es gibt noch (5) _____ für
    die Vorstellung von morgen.
—Morgen ist auch gut.
—Möchten Sie lieber im (6) _____, im (7) _____ oder im
    (8) _____ sitzen?
—Ich möchte zwei (9) _____ im Parkett, bitte.
—Oh, Entschuldigung! Es tut mir leid. Für die Vorstellung morgen Abend ist das Parkett
    ausverkauft. Aber ich habe noch einige Plätze im ersten (10) _____.
—Das ist mir recht. Wie viel (11) _____ die Karten?
—35,– Euro pro Karte.
—Gut, ich nehme sie.
—Hier sind Ihre (12) _____. Sie sind in (13) _____ A im ersten Rang.
—Vielen Dank. Um wie viel Uhr (14) _____ die Vorstellung?
—Um Punkt acht Uhr (15) _____ sich der Vorhang.

4. Read the conversation below, then answer the questions that follow.

Karin   Warst du heute an der Theaterkasse?
Jutta   Ja, ich war dort.
Karin   Und, gehen wir heute Abend ins Theater?
Jutta   Heute Abend nicht. Es gab keine Karten mehr. Es war alles ausverkauft, aber ich habe
            zwei Karten für die Vorstellung morgen Abend.
Karin   Das ist gut. Sitzen wir im Parkett?
Jutta   Nein, es gab keine Karten mehr für das Parkett, aber sie hatten noch zwei Karten für
            den ersten Rang. Wir sitzen in der ersten Reihe des ersten Rangs.
Karin   Von dort kann man gut sehen. Ich sitze nicht gern im zweiten Rang oder auf dem
            Heuboden. Von dort sieht man nicht gut. Ich sitze lieber im Parkett oder im ersten
            Rang.

  1. Wo war Jutta heute? _____
  2. Gehen Jutta und Karin heute ins Theater?
     _____
  3. Was gab es nicht für die Vorstellung von heute Abend?
     _____
  4. War die Vorstellung morgen Abend auch ausverkauft?
     _____
  5. Wie viele Karten hat Jutta für morgen bekommen?
     _____
  6. Sitzen sie im Parkett? _____
  7. Warum nicht? _____
  8. Wo werden Jutta und Karin sitzen? _____
  9. Warum sitzt Karin nicht gern im zweiten Rang oder auf dem Heuboden?
     _____
 10. Wo sitzt sie am liebsten? _____

5. Correct the following statements with complete sentences.

1. Man kann die Theaterkarten an der Garderobe kaufen.

_____

2. Die Kassiererin (der Kassierer) zeigt den Zuschauern ihre Plätze.

_____

3. Im Theater kann man den Mantel an der Theaterkasse abgeben.

_____

4. Der Vorhang fällt, wenn die Vorstellung beginnt.

_____

5. Im Theater sieht man vom zweiten Rang am besten.

_____

At the Movies

Im *Kino*   *movies*
Welcher Film *wird* heute *gespielt*?   *is playing*
                       gezeigt?   *is being shown*
Welcher Film läuft heute?
Welcher Schauspieler *spielt* in dem Film *mit*?   *is playing, acting*
Gibt es *noch Karten* für heute Abend?   *tickets still available*
Ich möchte nicht *zu nahe* an der *Leinwand* sitzen.   *too close; screen*
Es ist ein amerikanischer Film, der *synchronisiert* worden   *dubbed*
  ist (*in deutscher Synchronisation*).   *dubbed in German*
Wo wurde der Film *gedreht*?   *shot*
Er ist ein großer *Star*.   *star*
                   Filmstar.   *movie star*

6. Complete the following sentences.

1. Im Kino Metro wird ein neuer _____ von Doris Dörrie _____.
2. Es ist ein deutscher Film; er wurde in Hamburg _____.
3. Ich verstehe nicht sehr gut deutsch. Wissen Sie, ob der Film _____ worden ist?
4. Warum gehen wir nicht in den Film, wenn es noch _____ gibt?
5. Im Kino sitze ich nicht gern nahe an der _____.
6. Franka Potente ist ein deutscher _____.

Key Words

abgeben *to leave, check (coats)*
der Akt, die Akte *act*
anfangen *to begin*
applaudieren *to applaud*
die Aufführung, die Aufführungen *performance*
ausverkauft *sold out*
beginnen *to begin*
die Bühne, die Bühnen *stage*
das Drama, die Dramen *drama*
(einen Film) drehen *to shoot (a film)*
die Eintrittskarte, die Eintrittskarten
  admission ticket

(auf der Bühne) erscheinen *to appear (on stage)*
fallen *to fall*
der Film, die Filme *film, movie*
die Garderobe, die Garderoben *cloakroom,*
  checkroom
der Held, die Helden *hero*
die Heldin, die Heldinnen *heroine*
der Heuboden, die Heuböden *top balcony*
die Karte, die Karten *ticket*
der Kassierer, die Kassierer *cashier (male)*
die Kassiererin, die Kassiererinnen *cashier*
  (female)

das Kino, die Kinos *movie theater*
klatschen *to clap, applaud*
die Komödie, die Komödien *comedy*
die Leinwand, die Leinwände *screen*
die Loge, die Logen *box*
der Logenplatz, die Logenplätze *box seat*
das Musical, die Musicals *musical*
das Parkett, die Parkette *orchestra*
die Pause, die Pausen *intermission*
der Platz, die Plätze *seat*
der Platzanweiser, die Platzanweiser *usher (male)*
die Platzanweiserin, die Platzanweiserinnen
   usher (female)
das Programm, die Programme *program*
der erste Rang, die ersten Ränge *mezzanine*
der zweite Rang, die zweiten Ränge *balcony*
die Reihe, die Reihen *row*
die Rolle, die Rollen *part, role*
das Schauspiel, die Schauspiele *(theater) play*
der Schauspieler, die Schauspieler *actor*

die Schauspielerin, die Schauspielerinnen *actress*
spielen *to play*
der Star, die Stars *star*
das Stück, die Stücke *play*
synchronisieren *to dub*
die Szene, die Szenen *scene*
das Theater, die Theater *theater*
die Theaterkasse, die Theaterkassen
   ticket window, box office
das Theaterstück, die Theaterstücke *play*
die Tragödie, die Tragödien *tragedy*
das Varieté, die Varietés *variety show*
verkaufen *to sell*
der Vorhang, die Vorhänge *curtain*
die Vorstellung, die Vorstellungen *show,*
   performance
vorziehen *to prefer*
zeigen *to show, present*
der Zuschauer, die Zuschauer *spectator*

CHAPTER 20

Sports
Der Sport

Soccer[1] (Fig. 20-1)

Dies ist eine *Fußballmannschaft.*	*soccer team*
Jede Mannschaft *besteht* aus elf *Spielern.*	*consists; players*
Die Mannschaft ist auf dem *Fußballfeld.*	*soccer field*
Die Spieler *spielen* den Ball.	*kick*
Der *Torwart hütet* das *Tor.*	*goalkeeper; guards; goal*
Er *fängt* den Ball.	*catches*
Der Spieler *spielt einen Pass.*	*passes*
Er *schießt* den Ball *nach vorne.*	*shoots; forward*
zur Seite.	*sideways*
nach rechts.	*to the right*
nach links.	*to the left*
Er *umdribbelt* seinen *Gegenspieler.*	*dribbles around; opponent*
Der Spieler *schießt eine Flanke* von links.	*makes a long pass*
Der Spieler *spielt* seinem Mitspieler den Ball *zu.*	*makes a short pass*
Der Spieler *schießt ein Tor.*	*makes (shoots) a goal*
schießt auf das Tor.	*shoots at the goal*
Der *Schiedsrichter pfeift.*	*referee; whistles*
Er pfeift ein Foul.[2]	
Der Schiedsrichter hat *wegen* eines Fouls abgepfiffen.	*because of*
Es ist das *Ende der ersten Halbzeit.*	*end; first period (first half)*
Das Spiel steht *unentschieden.*	*tied*
Es war ein *torloses Unentschieden.*	*scoreless game*
Keine Mannschaft hat gewonnen.	*Neither team won.*
Auf der *Anzeigetafel* steht der *Spielstand.*	*scoreboard; score*

---

[1]Soccer is by far the most popular spectator sport in Germany. The 18 best teams comprise the **erste Bundesliga**. The bottom three are rotated out each year, and the three best teams from the **zweiten Bundesliga** are rotated in. The **dritte Bundesliga**, which has 20 teams, was established starting with the 2008–2009 season. Well-known teams include **FC Bayern München, Borussia Dortmund, Hansa Rostock, FC Schalke 04**, and **VfB Stuttgart**. (**FC** stands for **Fußball-club**, and **VfB** for **Verein für Ballspiele**.) Basketball is becoming increasingly popular in Germany. Golf and tennis are also growing in popularity.

[2]Pronounced **Faul** (as in **Haus**).

Fig. 20-1

1. Answer the following questions with complete sentences.

    1. Wie viele Spieler gibt es in einer Fußballmannschaft?

    _____

    2. Wie viele Mannschaften spielen in einem Fußballspiel?

    _____

    3. Wo spielen die Spieler? _____

    4. Wer hütet das Tor? _____

    5. Was will der Torwart tun? _____

    6. Was macht der Spieler mit dem Ball? _____

    7. Wer pfeift ein Foul? _____

    8. Was steht auf der Anzeigetafel? _____

2. Complete the following paragraph.

    Das Fußballspiel beginnt. Die beiden (1) _____ sind auf dem
(2) _____. Insgesamt spielen (3) _____ Spieler in jeder Mannschaft.
Ein Spieler (4) _____ den Ball zur Seite. Sein Mitspieler versucht, den Ball ins
(5) _____ zu schießen. Der Torwart (6) _____ aber den Ball.
Es ist schon das Ende der ersten (7) _____ und das Spiel steht immer noch torlos
(8) _____. Keine Mannschaft hat gewonnen.

Tennis

Dies ist ein *Tennisturnier*.	*tennis tournament*
Die *beiden Spieler* sind auf dem *Tennisplatz*.	*both players; tennis court*
Jeder hat einen *Tennisschläger*.	*tennis racket*
Sie spielen ein *Einzel*.	*singles match*
Sie spielen kein *Doppel*.	*doubles match*
Ein Spieler *hat Aufschlag*.	*serves the ball*
Er steht an der *Grundlinie*.	*baseline*
Er hat seinen *Aufschlag* nicht *verloren*.	*serve; lost*
Er *gewinnt* den *Punkt*.	*wins; point*
Der zweite Spieler *schlägt* den Ball *zurück*.	*returns*
Er *schlägt* den Ball über das *Netz*.	*hits; net*
Der Ball ist *außerhalb* des *Spielfeldes*.	*out of; court*
Der Ball ist aus.	
Der Spieler schlägt den Ball ins Netz.	
ins *Aus*.	*out*
Es ist ein *Netzball*.	*net ball*
Wie ist der *Spielstand*?	*score*
Er ist *15–0 (Fünfzehn–Null)*.	*15–love*
Der Spieler *gewinnt* zwei von drei *Sätzen*.	*wins; sets*
Wenn man zwei von drei Sätzen gewinnt, gewinnt man das Match.	

3. Complete the following sentences.

1. Im Einzel spielen zwei Spieler, im _____ vier.
2. Um Tennis zu spielen, braucht man Tennisbälle und einen _____.
3. Tennis spielt man auf dem _____.
4. Beim Tennisspiel muss man den Ball über das _____ schlagen.
5. Wenn der Ball das Netz berührt, ist es ein _____.
6. Der Spieler, der _____ hat, schlägt den Ball über das Netz. Der andere Spieler schlägt ihn zurück.
7. Wenn ein Spieler einen _____ gewonnen hat und der andere nicht, dann steht das Spiel 15–0.
8. Der Ball ist _____, wenn er außerhalb des Spielfeldes landet.

Key Words

die Anzeigetafel, die Anzeigetafeln *scoreboard*
der Aufschlag, die Aufschläge *serve (tennis)*
aus *out*
außerhalb *out, outside*
der Ball, die Bälle *ball*
berühren *to touch*
das Doppel, die Doppel *doubles match (tennis)*
das Einzel, die Einzel *singles match (tennis)*
das Ende *end*
fangen *to catch, stop (a ball)*
eine Flanke schießen *to make a long pass*
das Foul, die Fouls *foul*

führen *to pass*
das Fußballfeld, die Fußballfelder
　soccer field
die Fußballmannschaft, die Fußballmannschaften
　soccer team
der Gegenspieler, die Gegenspieler *opponent*
gewinnen *to win*
die Grundlinie, die Grundlinien *baseline (tennis)*
die Halbzeit, die Halbzeiten *period, half (soccer)*
hüten *to guard*
die Mannschaft, die Mannschaften *team*
das Match, die Matches *match (tennis)*

der Mitspieler, die Mitspieler *fellow player,*
   teammate
das Netz, die Netze *net*
der Netzball, die Netzbälle *net ball*
null *zero, (tennis) love*
einen Pass schießen *to pass (soccer)*
passen *to pass*
pfeifen *to whistle*
der Punkt, die Punkte *point*
der Satz, die Sätze *set (tennis)*
der Schiedsrichter, die Schiedsrichter *referee*
schießen *to shoot, kick*
schwer *difficult*
zur Seite *sideways*
das Single, die Singles *singles match (tennis)*
spielen *to play, pass*
der Spieler, die Spieler *player (male)*
die Spielerin, die Spielerinnen *player (female)*
das Spielfeld, die Spielfelder *playing field,*
   (tennis) court

der Spielstand, die Spielstände *score*
der Tennisball, die Tennisbälle *tennis ball*
der Tennisplatz, die Tennisplätze *tennis court*
der Tennisschläger, die Tennisschläger
   tennis racket
das Tennisturnier, die Tennisturniere
   tennis tournament
das Tor, die Tore *goal*
ein Tor schießen *to make a goal, score a point*
ein torloses Unentschieden *scoreless game*
der Torwart, die Torwarte *goalkeeper*
treten *to kick*
umdribbeln *to dribble around*
unentschieden *tied*
verloren *lost*
nach vorne *forward*
zurückschlagen *to return (ball)*

CHAPTER 21

The Computer
Der Computer

Working on the Computer (Fig. 21-1)

Der Computer steht auf dem *Schreibtisch*.	*desk*
Der Monitor steht auf dem *Rechner*.	*CPU*
Der *Bildschirm* soll in *Augenhöhe* stehen.	*screen; eye level*
Neben dem Computer *liegt* eine Diskette.	*next to; lies*
Auf dem Tisch liegt auch eine CD.	
Rechts von der *Tastatur* liegt die *Maus*.	*keyboard; mouse*
Die Maus liegt auf dem *Mauspad*.	*mouse pad*
Ich *schalte* den Computer *ein*.	*turn on*
Ich *schalte* den Computer *aus*.	*turn off*
Das Menü *erscheint* auf dem Bildschirm.	*appears*
Ich *wähle* ein Programm *aus*.	*select, choose*
Ich *drücke* auf die Enter-*Taste*.	*press; key*
Ich wähle ein *Textverarbeitungsprogramm*.	*word processing program*
Ich *klicke* mit der Maus.	*click*
Ich stecke eine Diskette in den Rechner.	
eine DVD in den Rechner.	
Der *Scanner* steht neben dem Computer.	*scanner*
Ich *scanne* ein Dokument *ein*.	*scan*
ein Foto ein.	

1. Complete the following sentences.

    1. Ich arbeite im Büro und arbeite oft am _____.

    2. Der Computer steht auf meinem _____.

    3. Der _____ steht auch auf dem Schreibtisch.

    4. Der Text erscheint auf dem _____.

    5. Ich stecke eine neue Diskette in den _____.

    6. Ich wähle ein Programm aus und drücke auf die _____.

    7. Das Wörterbuch ist auf einer CD. Ich stecke die CD in den _____.

    8. Man kann Filme auf DVD kaufen. Ich werde den Klassiker „Casablanca" auf _____ kaufen.

    9. Ich benutze den Scanner, um ein _____ meiner Familie einzuscannen.

    10. Wenn ich mit der Arbeit fertig bin, _____ ich den Rechner _____.

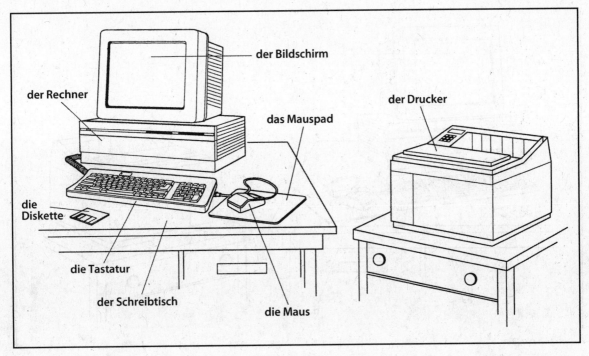

Fig. 21-1

Saving and Printing a Document

Ich *suche* eine *Datei aus.*	*select; file*
Ich *öffne* die Datei.	*open*
Ich will sie *aktualisieren.*	*bring up-to-date, update*
Ich *gebe* neue *Daten ein.*	*input; data*
Ich mache eine *Rechtschreibprüfung.*	*spell-check*
Dann *speichere* ich die neue Datei.	*save*
Ich speichere die Datei unter dem Namen	
„*Rechnung*.doc".	*invoice*
Ich speichere meine Datei auf der *Festplatte.*	*hard drive*
Der *Drucker* ist auch auf meinem Schreibtisch.	*printer*
Dann schalte ich den Drucker ein.	
Ich *drucke* das Dokument.	*print*
Ich mache eine Hardcopy.	
Ich schalte den Drucker aus.	
Ich *lege* eine neue Datei *an.*	*create*
Ich mache eine *Sicherungsdatei* auf einer Diskette.	*backup file*
Ich *schließe* meine neue Datei.	*close*
Ich *beende* meine *Sitzung.*	*end; session*

2. Put the following actions in the proper order for saving and printing a document.

___ ___ ___ ___ ___ ___ ___ ___

1. Sitzung beenden
2. Drucker einschalten
3. Datei speichern
4. Daten eingeben
5. Datei öffnen
6. Rechtschreibprüfung
7. Dokument drucken
8. Datei schließen

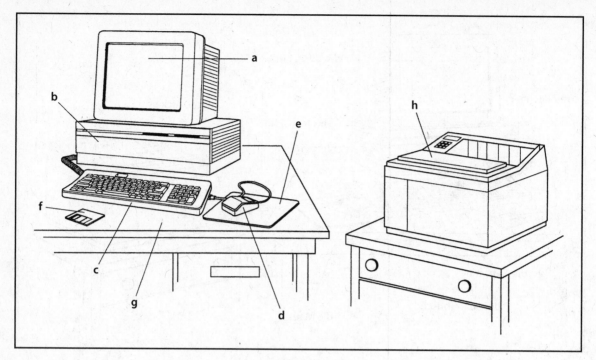

Fig. 21-2

3. Match the following items with the lettered items in Fig. 21-2.

1. _____ Mauspad
2. _____ Drucker
3. _____ Rechner
4. _____ Schreibtisch
5. _____ Bildschirm/Monitor
6. _____ Maus
7. _____ Tastatur
8. _____ Diskette

4. Complete the following sentences.

1. Ich suche eine Datei aus und klicke mit der _____.
2. Wenn ich mit meiner Computerarbeit fertig bin, beende ich die _____.
3. Wenn ich eine neue Datei anlege, muss ich sie unter einem Namen _____.
4. Um zu drucken, muss ich den _____ anschalten.
5. Wenn ich eine alte Datei aktualisieren will, muss ich sie _____.
6. Ich mache immer eine Sicherungsdatei auf einer _____.
7. Ich schreibe einen Brief in einem _____.
8. Der _____ soll in Augenhöhe stehen.

The Internet

Ich schalte den Computer ein und gehe ins Internet.
Ich will im Internet surfen.
Ich will Informationen über die *Frankfurter Börse.*   *Frankfurt Stock Exchange*
Ich google „Frankfurter Börse".

Ich will Frau Becker *eine Mail* schicken.   *an e-mail*
Ich muss mein *Passwort* eingeben.   *password*
Frau Beckers E-Mail-Adresse ist im Adressbuch.
Ich *maile* Frau Becker die Informationen.   *e-mail*
Ich schließe das E-Mail-Program.
Ich *brenne* eine CD mit Fotos von meiner Familie.   *burn*
Ich *suche* die Homepage meines *Lieblingssängers.*   *look for; favorite singer*
Ich *lade* zwei neue Songs *runter.*   *download*
Meine Freundin kennt diesen Sänger nicht.
Wir *reden im Chat* über seine *Lieder.*   *instant message (IM); songs*

5. Complete the following sentences.

1. Ich will im Internet _____.
2. Wenn man googelt, bekommt man viele _____.
3. Ich habe Frau Becker eine _____ geschickt.
4. Ich will eine Mail schicken. Ich muss mein _____ eingeben.
5. Ich habe Frau Beckers E-Mail-Adresse im _____.
6. Ich will Fotos von meiner Familie auf eine _____ brennen.
7. Ich will zwei neue _____ für meine Freundin runterladen.
8. Meine Freundin und ich reden im _____ über die Lieder.

6. Correct the following statements with complete sentences.

1. Ich will im Internet schwimmen.
   _____

2. Ich habe Frau Becker einen Brief geschickt.
   _____

3. Ich habe Frau Beckers E-Mail-Adresse nicht.
   _____

4. Die Fotos von meiner Familie sind auf einer DVD.
   _____

5. Ich lade 100 neue Lieder runter.
   _____

6. Wir reden am Telefon über seine Lieder.
   _____

7. Put the following actions in the proper order for sending e-mail.

____   ____   ____   ____   ____   ____

1. Ich schließe das E-Mail-Program.
2. Ich schicke eine Mail.
3. Ich gebe das Passwort ein.
4. Ich schalte den Computer an.
5. Ich gebe die E-Mail-Adresse ein.
6. Ich schalte den Computer aus.

Key Words

aktualisieren *to update*
anlegen *to create*
die Augenhöhe *eye level*
anschalten *to turn on*
ausschalten *to turn off*
aussuchen *select, choose*
auswählen *select, choose*
beenden *to exit, end*
benennen *to name*
der Bildschirm, die Bildschirme *monitor*
die Börse, die Börsen *stock exchange*
das Büro, die Büros *office*
die CD, die CDs *CD*
chatten *to chat*
der Computer, die Computer *computer*
die Datei, die Dateien *file*
die Daten *data*
die Diskette, die Disketten *diskette, floppy disk*
das Dokument, die Dokumente *document*
drucken *to print*
der Drucker, die Drucker *printer*
die DVD, die DVDs *DVD*
eingeben *to input*
einschalten *to turn on*
erscheinen *to appear*
die Festplatte, die Festplatten *hard drive*
googeln *to google*
klicken *to click*

der Lieblingssänger, die Lieblingssänger
   favorite singer
die Mail, die Mails *e-mail*
die Maus, die Mäuse *mouse*
das Mauspad, die Mauspads *mouse pad*
das Menü, die Menüs *menu*
der Monitor, die Monitore *monitor*
öffnen *to open*
das Passwort, die Passwörter *password*
der Rechner, die Rechner *CPU*
die Rechtschreibprüfung,
   die Rechtschreibprüfungen *spell-check*
reden im Chat *to chat*
runterladen *to download*
scannen *to scan*
der Scanner, die Scanner *scanner*
schließen *to close*
der Schreibtisch, die Schreibtische *desk*
die Sicherheitskopie, die Sicherheitskopien
   backup
die Sitzung, die Sitzungen *session (computer)*
speichern *to save*
stecken *to put*
die Tastatur, die Tastaturen *keyboard*
die Taste, die Tasten *key (computer)*
das Textverarbeitungsprogramm,
   die Textverarbeitungsprogramme
   word processing program

Days of the Week
Die Tage der Woche

JANUAR						
Montag	Dienstag	Mittwoch	Donnerstag	Freitag	Sonnabend	Sonntag
			1	2	3	4
5	6	7	8	9	10	11
12	13	14	15	16	17	18
19	20	21	22	23	24	25
26	27	28	29	30	31	

Montag, Dienstag, Mittwoch, Donnerstag, Freitag,
   Sonnabend (Samstag), Sonntag
Montag ist der erste Tag der Arbeitswoche.
Der zweite Tag ist Dienstag.

Montags ist *Schule.*	on Mondays; school
Ich komme (am) *Montag* zurück.	on Monday
das Wochenende	weekend
der Wochentag	weekday
der Feiertag	holiday
der Werktag	weekday (workday)
der Namenstag	saint's day
der Geburtstag	birthday
Heiligabend (der heilige Abend)	Christmas Eve
Weihnachten	Christmas
der Erste Weihnachtstag	December 25
der Zweite Weihnachtstag	December 26
Silvester (Sylvester)	New Year's Eve
Neujahr	New Year's Day
das neue Jahr	new year
Karfreitag	Good Friday
Ostern	Easter
Ostersonntag	Easter Sunday
Ostermontag	Easter Monday
Pfingsten	Pentecost, Whitsun
der Maifeiertag (der Erste Mai)	May Day

Months of the Year and Dates
Die Monate des Jahres und Daten

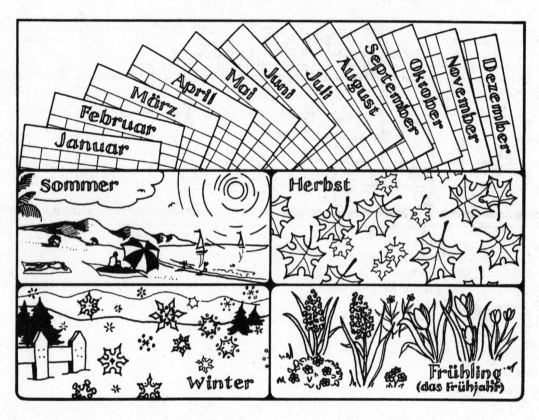

Januar, Februar, März, April, Mai, Juni, Juli, August,
 September, Oktober, November, Dezember

der Sommer	summer
der Herbst	fall
der Winter	winter
der Frühling (das Frühjahr)	spring
Was ist heute für ein Tag? (Welchen haben wir heute?)	What day is it?
Welches Datum haben wir heute?	What's today's date?
Heute ist der achtzehnte[1] April.	Today is the 18th of April.
Heute ist Donnerstag, der achtzehnte April.	Today is Thursday, the 18th of April.
Heute ist der erste März.	Today is the first of March.
der 1.[2] März.	

---

[1]Note that ordinal numbers are used for dates.

[2]A period following a cardinal number changes the number to an ordinal number, e.g., 1 becomes 1st and 18 becomes 18th.

Time and Expressions of Time
Die Zeit

Wie viel Uhr ist es? (Wie spät ist es?)	*What time is it?*
Es ist ein Uhr. (Es ist eins.)	*It's one o'clock.*
Es ist zwei Uhr.	*It's two o'clock.*
Es ist drei Uhr.	*It's three o'clock.*
Es ist fünf nach eins. (Es ist 1.05 Uhr.[1])	*It's 1:05.*
Es ist zehn nach zwei. (Es ist 2.10 Uhr.)	*It's 2:10.*
Es ist viertel nach drei. (Es ist 3.15 Uhr.)	*It's a quarter past three. (It's 3:15.)*
Es ist halb fünf. (Es ist 4.30 Uhr.)	*It's four thirty. (It's 4:30.)*
Es ist fünf vor eins.	*It's five to one.*
Es ist zehn vor zwei.	*It's ten to two.*
Es ist viertel vor drei. (Es ist dreiviertel drei.)	*It's a quarter to three. (It's 2:45.)*
Sie gehen um ein Uhr.	*at one o'clock*
um eins.	*at one o'clock*
Der Zug fährt um 14.10 Uhr ab.[2]	
Ich komme pünktlich um acht Uhr an.	*at exactly 8 o'clock*
Ich komme ungefähr um acht an.	*at about 8*
Ich komme kurz nach acht an.	*a little after 8*
Kommen Sie bitte pünktlich.	*on time*
Kommen Sie bitte nicht zu spät.	*too late*
früh.	*early*
Wir kommen morgens an.	*in the morning*
mittags an.	*at midday*
nachmittags an.	*in the afternoon*
abends an.	*in the evening*
nachts an.	*at night*
Wir kommen um vier Uhr morgens an.	*in the morning*
nachmittags an.	*in the afternoon*

Divisions of Time

die Sekunde	*second*
die Minute	*minute*
die Stunde	*hour*
der Tag	*day*
die Woche	*week*
zwei Wochen, vierzehn Tage	*two weeks*

---

[1] Say **Es ist ein Uhr fünf**. Note that German uses a period instead of a colon to separate hours from minutes.

[2] The 24-hour clock is always used for train and plane schedules, etc. If you don't use it generally, you have to specify **morgens**, **nachmittags**, etc.

der Monat	*month*
das Jahr	*year*
das Jahrhundert	*century*

Other Important Time Expressions

die Dämmerung, die Morgendämmerung, der Tagesanbruch	*dawn, daybreak*
die Dämmerung, die Abenddämmerung, der Einbruch der Dunkelheit	*dusk, twilight*
morgens, am Morgen, in der Frühe	*in the morning*
frühmorgens, am frühen Morgen	*early in the morning*
der Morgen	*the morning*
der Nachmittag	*the afternoon*
der Abend	*the evening*
die Nacht	*the night*
der Mittag	*noon*
tagsüber	*during the day*
um zwölf Uhr mittags	*at twelve noon*
um Mitternacht	*at midnight*
heute	*today*
morgen	*tomorrow*
übermorgen	*the day after tomorrow*
morgen früh	*tomorrow morning*
gestern	*yesterday*
gestern Morgen	*yesterday morning*
vorgestern	*the day before yesterday*
bis Montag	*until/by Monday*
letztes Jahr	*last year*
im letzten Jahr	*(during the) last year*
nächstes Jahr	*next year*
im nächsten Jahr	*(during the) next year*
vor einem Jahr	*a year ago*
vor zwei Jahren	*two years ago*
am Zweiten des Monats	*on the second of this month*
um die Jahrhundertwende	*around the turn of the century*
um die Mitte letzten Jahres	*around the middle of last year*
um das Ende dieses Jahres	*around the end of this year*
um das Ende des Monats	*around the end of the month*
am Monatsende	*at the end of the month*
zum Monatsende	*toward the end of the month*

die Mutter, die Mütter	*mother*
der Vater, die Väter	*father*
die Eltern	*parents*
die Tochter, die Töchter	*daughter*
der Sohn, die Söhne	*son*
die Schwester, die Schwestern	*sister*
der Bruder, die Brüder	*brother*
die Geschwister	*siblings*
die Großmutter (Oma), die Großmütter (Omas)	*grandmother*
der Großvater (Opa), die Großväter (Opas)	*grandfather*
die Großeltern	*grandparents*
die Urgroßmutter (Uroma), die Urgroßmütter (Uromas)	*great-grandmother*
der Urgroßvater (Uropa), die Urgroßväter (Uropas)	*great-grandfather*
die Tante, die Tanten	*aunt*
der Onkel, die Onkel	*uncle*
die Nichte, die Nichten	*niece*
der Neffe, die Neffen	*nephew*
die Cousine, die Cousinen	*cousin (female)*
der Cousin (Vetter), die Cousins (Vettern)	*cousin (male)*
die Schwiegermutter, die Schwiegermütter	*mother-in-law*
der Schwiegervater, die Schwiegerväter	*father-in-law*
die Schwiegereltern	*parents-in-law*
die Schwiegertochter, die Schwiegertöchter	*daughter-in-law*
der Schwiegersohn, die Schwiegersöhne	*son-in-law*
die Schwägerin, die Schwägerinnen	*sister-in-law*
der Schwager, die Schwager	*brother-in-law*
die Patentante, die Patentanten	*godmother*
der Patenonkel, die Patenonkel	*godfather*
die Patin, die Patinnen	*godmother*
der Pate, die Paten	*godfather*
das Patenkind, die Patenkinder	*godchild*

Legal Holidays in Germany
Gesetzliche Feiertage in Deutschland

Neujahr	*New Year's Day*
Heilige Drei Könige[1]	*Epiphany*
Karfreitag	*Good Friday*
Ostersonntag	*Easter Sunday*
Ostermontag	*Easter Monday*
Maifeiertag (Tag der Arbeit)	*May Day (Labor Day)*
Christi Himmelfahrt	*Ascension*
Pfingstsonntag	*Whitsunday (Pentecost)*
Pfingstmontag	*Whitmonday*
Fronleichnam[1]	*Corpus Christi*
Maria Himmelfahrt[1]	*Assumption (of the Blessed Virgin Mary)*
Tag der Deutschen Einheit	*German Unity Day*
Reformationstag[1]	*Reformation Day*
Allerheiligen[1]	*All Saints' Day*
Buß- und Bettag[1]	*Day of Repentance and Prayer*
1. Weihnachtstag (Weihnachten)	*Christmas Day*
2. Weihnachtstag	*Second Day of Christmas*

---

[1]These holidays are not observed in all of the **Bundesländer**.

German-speaking Countries and Nationalities
Deutschsprachige Länder und Nationalitäten

Land	Nationalität
die Bundesrepublik Deutschland	deutsch; der (die) Deutsche, die Deutschen
Österreich	österreichisch; der (die) Österreicher(in), die Österreicher(innen)
die Schweiz	schweizerisch; der (die) Schweizer(in), die Schweizer(innen)
Liechtenstein	liechtensteinisch; der (die) Liechtensteiner(in), die Liechtensteiner(innen)
Luxemburg	luxemburgisch; der (die) Luxemburger(in), die Luxemburger(innen)

The German States
Die Bundesländer

Baden-Württemberg	*Baden-Württemberg*
Bayern	*Bavaria*
Berlin	*Berlin*
Brandenburg[1]	*Brandenburg*
Bremen	*Bremen*
Hamburg	*Hamburg*
Hessen	*Hesse*
Mecklenburg-Vorpommern[1]	*Mecklenburg–Western Pomerania*
Niedersachsen	*Lower Saxony*
Nordrhein-Westfalen	*North Rhine–Westphalia*
Rheinland-Pfalz	*Rhineland-Palatinate*
Saarland	*Saarland*
Sachsen[1]	*Saxony*
Sachsen-Anhalt[1]	*Saxony-Anhalt*
Schleswig-Holstein	*Schleswig-Holstein*
Thüringen[1]	*Thuringia*

---

[1]Brandenburg, Mecklenburg–Western Pomerania, Saxony, Saxony-Anhalt, and Thuringia are the five new **Bundesländer** that became part of the Federal Republic of Germany after reunification.

Numbers
Die Zahlen

null	0	sechsundachtzig	86
eins	1	siebenundneunzig	97
zwei	2	hundert	100
drei	3	zweihundert	200
vier	4	dreihundert	300
fünf	5	vierhundert	400
sechs	6	fünfhundert	500
sieben	7	sechshundert	600
acht	8	siebenhundert	700
neun	9	achthundert	800
zehn	10	neunhundert	900
elf	11	hundertvierunddreißig[1]	134
zwölf	12	zweihundertfünfundfünfzig	255
dreizehn	13	fünfhundertachtundsechzig	568
vierzehn	14	siebenhundertneunundachtzig	789
fünfzehn	15	neunhundertneunundneunzig	999
sechzehn	16	tausend (eintausend)[2]	1.000
siebzehn	17	zweitausend	2.000
achtzehn	18	fünftausend	5.000
neunzehn	19	neuntausend	9.000
zwanzig	20	eintausendelf	1.011
einundzwanzig	21	(tausendelf)	
zweiundzwanzig	22	tausendvierhundertzweiundneunzig	1.492
dreiundzwanzig	23	(vierzehnhundertzweiundneunzig)	
vierundzwanzig	24	tausendsiebenhundertvierundachtzig	1.784
fünfundzwanzig	25	(siebzehnhundertvierundachtzig)	
sechsundzwanzig	26	tausendachthundertzwölf	1.812
siebenundzwanzig	27	(achtzehnhundertzwölf)	
achtundzwanzig	28	tausendneunhundertfünfundachtzig	1.985
neunundzwanzig	29	(neunzehnhundertfünfundachtzig)	
dreißig	30	eine Million	1.000.000
einunddreißig	31	zwei Millionen	2.000.000
zweiundvierzig	42	eine Milliarde	1.000.000.000
dreiundfünfzig	53		(1 billion)
vierundsechzig	64	zwei Milliarden	2.000.000.000
fünfundsiebzig	75		

---

[1]Compound numbers are written as one word.

[2]In German, 2,000 is written as 2.000. Periods are used instead of commas to mark thousands, and a comma is used for the decimal point. 2.000 is also commonly written with a space in place of the period, for example, 2 000. In Switzerland 2,000 is expressed as 2′000.

Die Ordnungszahlen	*Ordinal Numbers*
der (die, das) erste	*first*
zweite	*second*
dritte	*third*
vierte	*fourth*
fünfte	*fifth*
sechste	*sixth*
sieb(en)te	*seventh*
achte	*eighth*
neunte	*ninth*
zehnte	*tenth*

Foods
Lebensmittel

Vegetables *Das Gemüse*

artichoke *die Artischocke*

asparagus *der Spargel*

beans *weiße Bohnen, rote Bohnen,*
Wachsbohnen, grüne Bohnen,
Schnittbohnen

beet *die Rote Bete*

broccoli *der Broccoli (Brokkoli)*

Brussels sprouts *der Rosenkohl*

cabbage *der Kohl*

  red *der Rotkohl*

  Savoy *der Wirsingkohl*

capers *die Kapern*

carrot *die Karotte (die Mohrrübe)*

cauliflower *der Blumenkohl*

celery *der Sellerie*

chard (Swiss) *der Mangold*

chicory *der/die Chicorée*

chives *der Schnittlauch*

eggplant *die Aubergine*

endive *die Endivie*

garlic *der Knoblauch*

kale *der Braunkohl*

leek *der Porree, der Lauch*

lentils *die Linsen*

lettuce *der Kopfsalat, grüner Salat*

lima beans *die Limabohnen*

mushroom *der Pilz, der Steinpilz,*
der Champignon, der Pfifferling, die Trüffel

onion *die Zwiebel*

parsley *die Petersilie*

peas *die Erbsen*

peppers *die Paprikaschote*

potato *die Kartoffel*

pumpkin *der Kürbis*

radish *das Radieschen, der Rettich*

rice *der Reis*

rutabaga *die Steckrübe*

shallots *die Schalotten*

spinach *der Spinat*

squash *der Kürbis*

sweet potatoes *die Batate (Süßkartoffel)*

turnip *die Steckrübe*

watercress *die Brunnenkresse*

zucchini *die Zucchini*

Fruits *Das Obst, die Frucht, die Früchte*

apple *der Apfel*

apricot *die Aprikose*

avocado *die Avocado*

banana *die Banane*

blackberry *die Brombeere*

blueberry *die Heidelbeere, die Blaubeere*

cherry *die Kirsche*

coconut *die Kokosnuss*

currant (red, black) *die Johannisbeere*

date *die Dattel*

fig *die Feige*

grape *die Weintraube*

grapefruit *die Pampelmuse*

lemon *die Zitrone*

lime *die Limette*

melon *die Melone*

orange *die Apfelsine, die Orange*

papaya *die Papaya*

peach *der Pfirsich*

pear *die Birne*

pineapple *die Ananas*

plum (blue) *die Pflaume*

plum (small yellow) *die Mirabelle*

pomegranate *der Granatapfel*

prune *die Zwetsche (Zwetschge)*

raisins *die Rosinen*

raspberry *die Himbeere*

rhubarb *der Rhabarber*

strawberry *die Erdbeere*

tomato *die Tomate*

watermelon *die Wassermelone*

Meats *Das Fleisch*

bacon *der Speck*

beef *das Rindfleisch*

brains (veal; lamb) *das Kalbshirn;*
　das Hammelhirn
chopped meat *das Hackfleisch, Gehacktes*
cold cuts *der Aufschnitt*
filet mignon *das Filet Mignon*
ham *der Schinken*
hard sausage *die Mettwurst, die Salami*
heart *das Herz*
kidneys *die Nieren*
lamb *das Hammelfleisch*
liver *die Leber*
meatballs *die Fleischklößchen*
oxtail *der Ochsenschwanz*
pork *das Schweinefleisch*
sausage *die Wurst*
suckling pig *das Spanferkel*
sweetbread *das Kalbsbries*
tongue *die Zunge*
tripe *die Kaldaunen*
veal *das Kalbfleisch*
venison *das Wild (das Wildbret), das Reh*

Fowl *Das Geflügel*

capon *der Kapaun, der Kapphahn*
chicken *das Hähnchen, das Huhn*
duck *die Ente*
goose *die Gans*
partridge *das Rebhuhn*
pheasant *der Fasan*
pigeon *die Taube*
quail *die Wachtel*
turkey *der Truthahn, die Pute*

Fish and Shellfish *Fische*

anchovies *die Sardellen, die Anchovis*
bass *der Rotbarsch, Goldbarsch, Seebarsch*
carp *der Karpfen*
clams *die Muscheln*
cod *der Kabeljau*
crab *die Krabbe, der Krebs*
crayfish *der Flusskrebs, Bachkrebs; die Languste*
eel *der Aal*
flounder *die Scholle, die Flunder*
frogs' legs *die Froschschenkel*
haddock *der Schellfisch*
hake *der Hecht*
herring *der Hering*
lobster *der Hummer, die Languste*
mackerel *die Makrele*
mussels *die Miesmuscheln*
octopus *der Tintenfisch*

oyster *die Auster*
perch *der Barsch, Flussbarsch*
prawns *die Garnelen*
salmon *der Lachs*
sardine *die Sardine*
sea bass *der Seebarsch*
sea urchin *der Seeigel*
shrimp *die Garnele, die Krabbe*
snail *die Schnecke, die Weinbergschnecke*
sole *die Seezunge*
squid *der Tintenfisch, der Kalmar*
swordfish *der Schwertfisch*
trout *die Forelle*
tuna *der Thunfisch*
turbot *der Steinbutt*
whiting *der Merlan, der Weißling*

Condiments, Sauces, and Spices
Gewürze und Saucen (Soßen)

anise *der Anis*
basil *das Basilikum*
bay leaf *das Lorbeerblatt*
capers *die Kapern*
caraway *der Kümmel*
cayenne *der Cayennepfeffer*
cinnamon *der Zimt*
clove *die Nelke, die Gewürznelke*
coriander *der Koriander*
curry *der/das Curry*
dill *der Dill*
garlic *der Knoblauch*
ginger *der Ingwer*
horseradish *der Meerrettich*
ketchup *der/das Ketchup*
marjoram *der Majoran*
mint *die Pfefferminze*
mayonnaise *die Mayonnaise (Majonäse)*
mustard *der Senf*
mustard seeds *die Senfkörner*
nutmeg *die Muskatnuss*
oregano *der Origano (Oregano)*
paprika *der Paprika*
parsley *die Petersilie*
pepper *der Pfeffer*
rosemary *der Rosmarin*
saffron *der Safran*
salt *das Salz*
sesame *der Sesam, die Sesamkörner*
tarragon *der Estragon*
thyme *der Thymian*
vanilla *die Vanille*

Eggs *Eier*

fried eggs, sunny-side up *die Spiegeleier*
hard-boiled egg *ein hartgekochtes Ei*
poached eggs *pochierte Eier*
scrambled eggs *die Rühreier*
soft-boiled egg *ein weichgekochtes Ei*

Sweets *Süßigkeiten, Gebäck und Süßspeisen*

cake *der Kuchen, die Torte*
candy *das Bonbon*
chewing gum *der/das Kaugummi*
chocolate *die Schokolade*
cookie *der/das Keks, das Plätzchen*
cream puff *der Windbeutel*
custard, cream *die Creme, die Krem*
doughnut *der Krapfen, der Berliner*
honey *der Honig*
ice cream *das Eis, das Speiseeis*
jam *die Marmelade*
Jell-O *der/das Gelee, das Fruchtgelee*
marmalade *die Konfitüre*
pancake *der Pfannkuchen, der Eierkuchen*
pastry *das Gebäck*
pudding *der Pudding*
syrup *der Zuckerrübensirup*
tart *das Törtchen*
waffles *die Waffeln*

Beverages *Die Getränke*

aperitif *der Aperitif*
beer *das Bier*
   draft beer *Bier vom Fass*
cappuccino *der Cappuccino*
coffee *der Kaffee*
   black coffee *schwarzer Kaffee*
   coffee with milk *der Milchkaffee,
      der Kaffee mit Milch*
espresso *der Espresso*
hot chocolate *der Kakao*
juice *der Saft*
lemonade *die Limonade*
milk *die Milch*
milk shake *das Milchmixgetränk, der Milchshake*

mineral water *das Mineralwasser*
   carbonated *mit Kohlensäure*
   noncarbonated *ohne Kohlensäure,
      stilles Wasser*
soda *das Sodawasser*
tea *der Tee*
wine *der Wein*
   red wine *der Rotwein*
   white wine *der Weißwein*

Miscellaneous

baking powder *das Backpulver*
bread *das Brot*
butter *die Butter*
cheese *der Käse*
cornstarch *die Maisstärke, die Stärke,
      das Stärkemehl*
cream *die Sahne, der Rahm*
   for coffee *die Kaffeesahne*
   whipped *die Schlagsahne*
egg yolk *der/das Eidotter*
flour *das Mehl*
French fried potatoes *die Pommes frites*
gravy *die Sauce, die Soße*
lard *das Schmalz*
margarine *die Margarine*
noodles *die Nudeln*
nuts *die Nüsse*
oats *der Hafer*
   rolled oats *die Haferflocken*
oil *das Öl*
olive *die Olive*
olive oil *das Olivenöl*
pasta *die Teigwaren, die Nudeln*
peanut *die Erdnuss*
roll *das Brötchen, die Semmel*
sandwich *das Sandwich*
shortening *das Fett*
spaghetti *die Spaghetti*
sponge cake *das Biskuit*
sugar *der Zucker*
vinegar *der Essig*

Key Words: English-German
Wortschatz: Englisch-Deutsch

Chapter 1 At the Airport

airline *die Fluggesellschaft, die Fluggesellschaften;*
  die Fluglinie, die Fluglinien
airline ticket *der Flugschein, die Flugscheine*
airport *der Flughafen, die Flughäfen*
aisle *der Gang, die Gänge*
aisle (on the) *am Gang*
to announce *durchsagen; bekannt geben; aufrufen*
to announce (a flight) *(einen Flug) aufrufen*
announcement *die Durchsage, die Durchsagen;*
  der Aufruf, die Aufrufe
arrival *die Ankunft, die Ankünfte*
to arrive *ankommen*
bag *die Tasche, die Taschen*
baggage claim check *der Fluggepäckschein,*
  die Fluggepäckscheine
basket *der Korb, die Körbe*
boarding pass *die Bordkarte, die Bordkarten*
briefcase *die Aktentasche, die Aktentaschen*
bus *der Bus, die Busse*
to buzz *summen*
carry-on luggage *das Handgepäck*
to change (planes, trains, etc.) *umsteigen*
to check in *einchecken*
to check out *auschecken*
check through *durchchecken*
conveyor belt *das Fließband, die Fließbänder*
counter *der Schalter, die Schalter*
departure (of planes) *der Abflug, die Abflüge*
domestic flight *der Inlandsflug, die Inlandsflüge*
fare *der Tarif, die Tarife*
to fit *passen*
flight *der Flug, die Flüge*
to fly *fliegen*
free (available) *frei*
from (arriving from) *aus*
full (fully booked) *(voll) besetzt*
gate *das Gate, die Gates; der Ausgang,*
  die Ausgänge
international flight *der Auslandsflug,*
  die Auslandsflüge

to issue (a ticket) *(einen Flugschein) ausstellen*
to leave (planes) *abfliegen*
to leave (trains, buses) *abfahren*
line (queue) *die Schlange, die Schlangen*
luggage *das Gepäck*
luggage (to check one's) *das Gepäck aufgeben*
main railroad station *der Hauptbahnhof,*
  die Hauptbahnhöfe
no smoking section *die Nichtraucherzone,*
  die Nichtraucherzonen
nonstop flight *der Nonstopflug, die Nonstopflüge*
on board *an Bord*
passenger (male or female) *der Passagier,*
  die Passagiere
passport *der Reisepass (Pass), die Reisepässe*
  (Pässe)
to pick up *abholen*
plane *die Maschine, die Maschinen; das Flugzeug,*
  die Flugzeuge
railroad station *der Bahnhof, die Bahnhöfe*
ready *bereit*
row *die Reihe, die Reihen*
seat *der Platz, die Plätze; der Sitz, die Sitze*
seat reservation *die Platzreservierung,*
  die Platzreservierungen
security check *die Sicherheitskontrolle,*
  die Sicherheitskontrollen
security gate *die Sicherheitsschleuse,*
  die Sicherheitsschleusen
to show *zeigen*
to smoke *rauchen*
smoking section *die Raucherzone,*
  die Raucherzonen
stopover *die Zwischenlandung,*
  die Zwischenlandungen
suitcase *der Koffer, die Koffer*
tag *der Anhänger, die Anhänger*
to take (a taxi, bus) *(ein Taxi, einen Bus)*
  nehmen
to take along *mitnehmen*
taxi *das Taxi, die Taxis*

terminal *das Terminal, die Terminals; die Halle,*
  die Hallen
through passenger (male or female)
  der Transitpassagier, die Transitpassagiere
ticket holder *die Flugscheinhülle,*
  die Flugscheinhüllen
to (destination) *nach*
to travel *reisen*
trip *die Reise, die Reisen*
under, underneath *unter*
visa *das Visum, die Visa*
window *das Fenster, die Fenster*
window (by the) *am Fenster*
to x-ray *durchleuchten*

Chapter 2 On the Airplane

air pressure *der Luftdruck*
airsickness *die Luftkrankheit*
airsickness bag *die Spucktüte, die Spucktüten*
allow *erlauben*
to amount to *betragen*
back (of seat) *die Rückenlehne, die Rückenlehnen*
to be, be located *sich befinden*
belt (seat belt) *der Gurt, die Gurte*
blanket *die Decke, die Decken*
to bounce *schaukeln*
breakfast *das Frühstück*
cabin *die Kabine, die Kabinen*
captain (pilot) *der Flugkapitän, die Flugkapitäne*
carry-on luggage *das Handgepäck*
CD player *der CD-Player, die CD-Player*
cell phone *das Mobiltelefon, die Mobiltelefone;*
  das Handy, die Handys
channel *der Kanal, die Kanäle*
charge (fee) *die Gebühr, die Gebühren*
to choose *wählen*
cockpit *das Cockpit, die Cockpits*
crew *die Besatzung, die Besatzungen*
drink *das Getränk, die Getränke*
economy class *die Economy-Klasse*
emergency *der Notfall, die Notfälle*
emergency exit *der Notausgang,*
  die Notausgänge
to encounter, meet *begegnen*
entire (all of) *gesamt*
expected *voraussichtlich*
to explain *erklären*
to fall (down from above) *herabfallen*
to fasten the seat belt *den Sicherheitsgurt*
  anlegen; sich anschnallen
film, movie *der Film, die Filme*
first class *die Erste Klasse*

to fit *passen*
flight *der Flug, die Flüge*
flight attendant (male) *der Flugbegleiter,*
  die Flugbegleiter; (female) *die Flugbegleiterin,*
  die Flugbegleiterinnen
flight personnel *das Kabinenpersonal*
flight plan *die Flugroute, die Flugrouten*
to fly *fliegen*
flying time *die Flugzeit, die Flugzeiten*
to follow (orders) *befolgen*
forbidden *verboten*
front (in the) *vorne*
front (in the front compartment) *im vorderen Teil*
to greet, welcome *begrüßen*
to happen *passieren*
headphones *der Kopfhörer, die Kopfhörer*
in case *im Falle*
in the rear *im hinteren Teil*
to inform *mitteilen*
to land *landen*
landing *die Landung, die Landungen*
laptop *der Laptop, die Laptops*
to leave *verlassen*
life jacket *die Schwimmweste,*
  die Schwimmwesten
lit up, to be *leuchten*
long-distance flight *der Langstreckenflug,*
  die Langstreckenflüge
magazine *die Zeitschrift, die Zeitschriften*
meal *die Mahlzeit, die Mahlzeiten*
MP3 player *der MP3-Player, die MP3-Player*
newspaper *die Zeitung, die Zeitungen*
no admittance *Betreten verboten*
to occupy oneself with *sich befassen mit*
often *oft*
overhead compartment *die Gepäckablage,*
  die Gepäckablagen
oxygen mask *die Sauerstoffmaske,*
  die Sauerstoffmasken
to pay *zahlen*
per hour *pro Stunde*
permit *erlauben*
pillow *das Kopfkissen, die Kopfkissen*
pilot (male) *der Pilot, die Piloten;* (female)
  die Pilotin, die Pilotinnen
to place *stellen*
pleasant *angenehm*
to reach *erreichen*
ready for takeoff *startbereit*
rear compartment (in the) *im hinteren Teil*
to recommend *empfehlen*
reduction in air pressure *der Luftdruckabfall*

to remain seated with seat belts fastened *angeschnallt sitzen bleiben*

safety regulation *die Sicherheitsvorschrift, die Sicherheitsvorschriften*

seat belt *der Sicherheitsgurt, die Sicherheitsgurte*

seat pocket (airplane seat) *die Tasche, die Taschen am Sitz*

security *die Sicherheit*

sign *das Schild, die Schilder*

to smoke *rauchen*

speed *die Geschwindigkeit, die Geschwindigkeiten*

to stand *stehen*

to start *starten*

start *der Start, die Starts*

stereo (in) *in Stereo*

to take care of *betreuen*

toilet *die Toilette, die Toiletten*

turbulence *die Turbulenz, die Turbulenzen*

turned on *eingeschaltet*

unexpected turbulence *unerwartete Turbulenz*

upright (in a vertical position) *senkrecht*

to use *benutzen*

wing (of plane) *die Tragfläche, die Tragflächen; der Flügel, die Flügel*

to work *arbeiten*

zone (section of a plane) *die Zone, die Zonen*

Chapter 3 Passport Control and Customs

to check (examine) *untersuchen*

cigarette *die Zigarette, die Zigaretten*

customs *die Zollabfertigung, die Zollabfertigungen*

customs declaration *die Zollerklärung, die Zollerklärungen*

customs duty *der Zoll*

customs official (male) *der Zollbeamte, die Zollbeamten;* (female) *die Zollbeamtin, die Zollbeamtinnen*

to declare (pay duty) *verzollen*

fruit *die Frucht, die Früchte; das Obst*

how long? *wie lange?*

identity card *der Personalausweis, die Personalausweise*

on business *geschäftlich*

to open *öffnen*

passing through, to be *auf der Durchreise sein*

passport control *die Passkontrolle, die Passkontrollen*

personal effects *die persönlichen Sachen*

pleasure (for pleasure) *zum Vergnügen*

sign *das Zeichen, die Zeichen*

to stay overnight (short time) *übernachten*

tobacco *der Tabak*

vacation trip *die Urlaubsreise, die Urlaubsreisen*

vegetables *das Gemüse*

whiskey *der Whiskey*

Chapter 4 At the Train Station

all right, okay *in Ordnung*

arrival *die Ankunft, die Ankünfte*

to arrive *ankommen*

baggage checkroom *die Gepäckaufbewahrung*

baggage claim check *der Gepäckschein, die Gepäckscheine*

to board, get on *einsteigen*

to call *rufen*

car *der Wagen, die Wagen*

to carry *tragen*

to check (e.g., tickets, passports) *kontrollieren*

to check (baggage) *abgeben*

coin *die Münze, die Münzen*

compartment *das Abteil, die Abteile*

conductor (male) *der Schaffner, die Schaffner;* (female) *die Schaffnerin, die Schaffnerinnen*

couchette *der Liegewagen, die Liegewagen*

delay *die Verspätung, die Verspätungen*

departure *die Abfahrt, die Abfahrten*

dining car *der Speisewagen, die Speisewagen*

euro *der Euro, die Euros*

to find out *erfahren*

to get, receive *bekommen*

to get back *zurückbekommen*

to get off *aussteigen*

key *der Schlüssel, die Schlüssel*

late *verspätet*

to leave, depart *abfahren*

to leave *lassen*

local train *der Nahverkehrszug, die Nahverkehrszüge*

locker *das Schließfach, die Schließfächer*

luggage cart *der Kofferkuli, die Kofferkulis*

main train station *der Hauptbahnhof, die Hauptbahnhöfe*

night train *der Nachtzug, die Nachtzüge*

okay, all right *in Ordnung*

on time *pünktlich*

one-way ticket *die einfache Fahrkarte*

passenger *der Fahrgast, die Fahrgäste*

to pay *bezahlen*

to pick up, call for *abholen*

platform *der Bahnsteig, die Bahnsteige*

to put in (insert) *einwerfen*

reservation *die Reservierung, die Reservierungen*

reserve *reservieren*

round-trip ticket *die Rückfahrkarte,*
  die Rückfahrkarten
schedule *der Fahrplan, die Fahrpläne*
seat *der Sitzplatz, die Sitzplätze*
seat number *die Platznummer, die Platznummern*
sleeping car *der Schlafwagen, die Schlafwagen*
slot *der Schlitz, die Schlitze*
station café *das Bahnhofscafé, die Bahnhofscafés*
supplement *der Zuschlag, die Zuschläge*
ticket *die Fahrkarte, die Fahrkarten*
ticket window *der Schalter, die Schalter*
timetable *der Fahrplan, die Fahrpläne*
tip *das Trinkgeld, die Trinkgelder*
to (a destination) *nach*
track *das Gleis, die Gleise*
train *der Zug, die Züge*
train trip *die Bahnfahrt, die Bahnfahrten*
to transfer (change trains, buses) *umsteigen*

Chapter 5 The Automobile

accelerator *das Gaspedal, die Gaspedale*
accident *der Unfall, die Unfälle*
to adjust *einstellen*
automatic transmission *das Automatikgetriebe,*
  die Automatikgetriebe
automatically *selbsttätig; automatisch*
battery *die Batterie, die Batterien*
to blow the horn *hupen*
to brake *bremsen*
brake fluid *die Bremsflüssigkeit,*
  die Bremsflüssigkeiten
brake pedal *das Bremspedal, die Bremspedale*
breakdown *die Panne, die Pannen*
bumper *die Stoßstange, die Stoßstangen*
car *das Auto, die Autos; der Wagen, die Wagen*
cashier's window *die Kasse, die Kassen*
to close *schließen*
to close, lock *verschließen*
clutch *die Kupplung, die Kupplungen*
contract *der Vertrag, die Verträge*
credit card *die Kreditkarte, die Kreditkarten*
daily charge *der Tagestarif, die Tagestarife*
dashboard *das Armaturenbrett,*
  die Armaturenbretter
deposit *die Anzahlung, die Anzahlungen*
directional signal *der Blinker, die Blinker*
down payment *die Anzahlung, die Anzahlungen*
driver's license *der Führerschein,*
  die Führerscheine
empty *leer*
to engage the clutch *kuppeln*
exhaust *der Auspuff, die Auspuffe*

expensive *teuer*
fender *der Kotflügel, die Kotflügel*
to fill *füllen*
to fill up (with gas) *tanken*
flat tire *der Platten, die Platten*
full *voll*
gas pedal *das Gaspedal, die Gaspedale*
gas pump *die Zapfsäule, die Zapfsäulen*
gas station *die Tankstelle, die Tankstellen*
gas tank *der Tank, die Tanks*
gasoline *das Benzin, der Sprit*
gear *der Gang, die Gänge*
gear, in first *im ersten Gang*
gearshift *der Schalthebel, die Schalthebel*
to get (procure) *beschaffen*
glove compartment *das Handschuhfach,*
  die Handschuhfächer
GPS *das Navigationssystem,*
  die Navigationssysteme; das Navi, die Navis
to grease, lubricate *schmieren*
hand brake *die Handbremse, die Handbremsen*
to hang up *einhängen*
high beams *das Fernlicht, die Fernlichter*
hood *die Haube, die Hauben*
horn *die Hupe, die Hupen*
hubcap *die Radkappe, die Radkappen*
ignition *die Zündung*
ignition key *der Zündschlüssel, die Zündschlüssel*
included *inbegriffen*
to insert *einführen*
insurance, comprehensive coverage
  die Vollkaskoversicherung,
  die Vollkaskoversicherungen
jack *der Wagenheber, die Wagenheber*
to knock *klopfen*
to leak (drip out) *lecken*
license plate *das Kennzeichen, die Kennzeichen;*
  das Nummernschild, die Nummernschilder
to lift *abheben*
low beams *das Abblendlicht, die Abblendlichter*
to lubricate *ölen*
mileage (kilometer) charge *das Kilometergeld*
to be missing *fehlen*
neutral (gear of car) *der Leerlauf*
noise *der Lärm*
to note *merken*
nozzle *das Zapfventil, die Zapfventile*
number *die Nummer, die Nummern*
odometer (reads in kilometers)
  der Kilometerzähler, die Kilometerzähler
oil *das Öl*
oil level *der Ölstand*

to overheat *überhitzen*
to put, put into *stecken*
radiator *der Kühler, die Kühler*
rearview mirror *der Rückspiegel, die Rückspiegel*
to rent *mieten*
rental contract *der Mietvertrag, die Mietverträge*
repair *die Reparatur, die Reparaturen*
to repair *reparieren*
to replace *erneuern*
reverse (gear) *der Rückwärtsgang*
to send *schicken*
to shift (gears) *schalten*
to shift (into a gear) *(einen Gang) einlegen*
to sign (a signature) *unterschreiben*
spare part *das Ersatzteil, die Ersatzteile*
spare tire *der Ersatzreifen, die Ersatzreifen*
spark plugs *die Zündkerze, die Zündkerzen*
speedometer *das Tachometer, die Tachometer*
to stall *abwürgen*
to start (a car) *anlassen; anspringen*
steering wheel *das Lenkrad, die Lenkräder*
to step on *treten*
to stop *halten*
tire *der Reifen, die Reifen*
tire pressure *der Reifendruck*
to tow *abschleppen*
tow truck *der Abschleppwagen,*
    die Abschleppwagen
traffic *der Verkehr*
trunk *der Kofferraum, die Kofferräume*
to turn on, operate *betätigen*
to turn on (electrical devices) *einschalten*
turning *das Wenden*
to vibrate *vibrieren*
water (in radiator of car) *das Kühlwasser*
weekly charge *der Wochentarif, die Wochentarife*
wheel bearings *das Radlager, die Radlager*
windshield *die Windschutzscheibe,*
    die Windschutzscheiben
windshield wiper *der Scheibenwischer,*
    die Scheibenwischer

Chapter 6 Asking for Directions

bus stop *die Bushaltestelle, die Bushaltestellen*
corner *die Ecke, die Ecken*
direction *die Richtung, die Richtungen*
entrance (Autobahn) *die Auffahrt, die Auffahrten*
exit (Autobahn) *die Ausfahrt, die Ausfahrten*
far, long *weit*
faraway, distant *entfernt*
farther on *weiter*
to follow *folgen*

to get off *aussteigen*
to go back *zurückgehen*
highway *die Bundesstraße, die Bundesstraßen*
intersection *die Kreuzung, die Kreuzungen*
lane *der Fahrstreifen, die Fahrstreifen*
to leave (get off) *verlassen*
left *links*
left at the corner *links um die Ecke*
lost (one's way) *verirrt*
nearby *in der Nähe*
neither … nor *weder … noch*
one-way street *die Einbahnstraße,*
    die Einbahnstraßen
opposite *entgegengesetzt*
to reach *erreichen*
rest area *der Rastplatz, die Rastplätze*
right *rechts*
right at the corner *rechts um die Ecke*
rush hour *die Hauptverkehrszeit,*
    die Hauptverkehrszeiten
service area (with snack bar and gas)
    die Raststätte, die Raststätten
stop (bus, streetcar, etc.) *die Haltestelle,*
    die Haltestellen
straight ahead *geradeaus*
street *die Straße, die Straßen*
suburb *der Vorort, die Vororte*
superhighway (limited access) *die Autobahn,*
    die Autobahnen
traffic light *die Ampel, die Ampeln;*
    die Verkehrsampel, die Verkehrsampeln
to turn *wenden*
to turn left *nach links fahren (gehen);*
    links um die Ecke biegen
to turn right *nach rechts fahren (gehen);*
    rechts um die Ecke biegen
to turn off (e.g., into a side street) *abbiegen*
to walk *(zu Fuß) gehen*

Chapter 7 A Telephone Call

accident *der Unfall, die Unfälle*
again *noch einmal*
ambulance *der Krankenwagen,*
    die Krankenwagen; der Rettungswagen,
    die Rettungswagen
answering machine *der Anrufbeantworter,*
    die Anrufbeantworter
area code *die Vorwahl, die Vorwahlen*
at home *zu Hause*
beep *der Piepton, die Pieptöne*
busy *besetzt*
busy signal *das Besetztzeichen, die Besetztzeichen*

Bye! *Tschüss!*
to call (by telephone) *anrufen; telefonieren*
to call back *zurückrufen*
change *das Kleingeld*
coin slot *der Münzeinwurf, die Münzeinwürfe*
to connect *verbinden*
connection *der Anschluss, die Anschlüsse;*
　die Verbindung, die Verbindungen
cut off *unterbrochen*
to cut off *unterbrechen*
dead *tot*
dial (on a telephone) *die Wählscheibe,*
　die Wählscheiben
to dial *wählen*
to dial directly *durchwählen*
dial tone *das Amtszeichen*
to dial a wrong number *sich verwählen*
direct dial *die Durchwahlnummer,*
　die Durchwahlnummern
emergency number *die Notrufnummer,*
　die Notrufnummern
fire department *die Feuerwehr*
to get through *durchkommen*
Goodbye (said on telephone) *Auf Wiederhören*
to hang up (telephone) *auflegen*
to have a wrong number *falsch verbunden sein*
Please hold! *Bitte, bleiben Sie am Apparat!*
husband *der Ehemann (Mann), die Ehemänner*
　(Männer)
information *die Auskunft*
injured *verletzt*
to insert *einschieben*
keypad *die Tastatur, die Tastaturen*
later *später*
line *die Leitung, die Leitungen*
local call *das Ortsgespräch, die Ortsgespräche*
long-distance call *das Ferngespräch,*
　die Ferngespräche
to look *schauen*
message *die Nachricht, die Nachrichten*
message center *die Zentrale, die Zentralen*
out of order *außer Betrieb*
to pick up (e.g., telephone receiver) *abheben;*
　abnehmen
picture *das Bild, die Bilder*
police *die Polizei*
public *öffentlich*
to put through (a telephone call) *verbinden*
to reach *erreichen*
receiver *der Hörer, die Hörer*
to ring *klingeln*
switchboard *die Vermittlung, die Vermittlungen*

telephone book *das Telefonbuch,*
　die Telefonbücher
telephone booth *die Telefonzelle,*
　die Telefonzellen
telephone call *der Anruf, die Anrufe;*
　der Telefonanruf, die Telefonanrufe
telephone number *die Telefonnummer,*
　die Telefonnummern; die Rufnummer,
　die Rufnummern
to text *simsen*
text message *die SMS, die SMS*
tow truck *der Abschleppwagen,*
　die Abschleppwagen
town *der Ort, die Orte*
to try *versuchen*
to use *benutzen*
to wait *warten*
wife *die Ehefrau (Frau), die Ehefrauen (Frauen)*

Chapter 9 At the Hotel

air conditioner *die Klimaanlage,*
　die Klimaanlagen
air-conditioned *klimatisiert*
alarm clock *der Wecker, die Wecker*
to amount to *betragen*
to arrive *ankommen*
to ask *fragen*
to ask for *verlangen*
bar of soap *das Stück Seife*
bath towel *das Badetuch, die Badetücher*
bathroom *das Badezimmer, die Badezimmer*
bed *das Bett, die Betten*
bellhop *der Hotelpage, die Hotelpagen*
bill *die Rechnung, die Rechnungen*
blanket *die Decke, die Decken*
breakfast *das Frühstück*
burned out (lightbulb) *durchgebrannt*
cashier's window *die Kasse, die Kassen*
to charge *berechnen*
to check out (vacate a hotel room) *auschecken;*
　räumen
clogged *verstopft*
cold *kalt*
to be cold *frieren*
Come in! *Herein!; Kommen Sie herein!*
confirmation *die Bestätigung, die Bestätigungen*
desk clerk (female) *die Empfangsdame,*
　die Empfangsdamen
double bed *das Doppelbett, die Doppelbetten*
double room *das Doppelzimmer,*
　die Doppelzimmer
to dry-clean, clean *(chemisch) reinigen*

electric hair dryer *der Fön, die Föne*
electrical outlet *die Steckdose, die Steckdosen*
facing *mit Blick auf*
facing the courtyard *zum Hof*
facing the street *zur Straße*
faucet *der Wasserhahn, die Wasserhähne*
to freeze *frieren*
full (hotel with no vacancy) *voll belegt*
to function (be operational) *funktionieren*
guest *der Gast, die Gäste*
hand towel *das Handtuch, die Handtücher*
hanger *der Kleiderbügel, die Kleiderbügel*
to have dry-cleaned *reinigen lassen*
heat *die Heizung*
heated *geheizt*
hot water *heißes Wasser*
I'm cold. *Mir ist kalt.*
included (in the price) *(im Preis) inbegriffen*
Internet connection *der Internet-Anschluss*
to iron *bügeln*
laundry service *der Wäsche-Service*
light *das Licht*
light switch *der Lichtschalter, die Lichtschalter*
lightbulb *die Glühbirne, die Glühbirnen*
maid *das Zimmermädchen, die Zimmermädchen*
to make a mistake in a charge on the bill
　falsch berechnen
to make up the room *das Zimmer machen*
mountain *der Berg, die Berge*
to offer *bieten*
to order *bestellen*
pillow *das Kopfkissen, die Kopfkissen*
razor *der Rasierapparat, die Rasierapparate*
reception desk *der Empfang; die Rezeption*
receptionist (male) *der Portier, die Portiers*
registration *die Anmeldung, die Anmeldungen*
registration form *der Meldeschein,*
　die Meldescheine
reserve *vorbestellen; reservieren; bestellen*
roll *die Rolle, die Rollen*
room *das Zimmer, die Zimmer*
room key *der Zimmerschlüssel,*
　die Zimmerschlüssel
room service *der Zimmer-Service*
room with twin beds *ein Zimmer mit Einzelbetten*
Rooms available. *Zimmer frei.*
sea *die See*
service *die Bedienung; der Service*
shower *die Dusche, die Duschen*
to sign (a signature) *unterschreiben*
signature *die Unterschrift, die Unterschriften*
single room *das Einzelzimmer, die Einzelzimmer*

sink *das Waschbecken, die Waschbecken*
soap *die Seife*
to stay *bleiben*
to stay overnight *übernachten*
surcharge *der Zuschlag, die Zuschläge*
swimming pool *das Schwimmbad,*
　die Schwimmbäder
television set *der Fernseher, die Fernseher*
thing *die Sache, die Sachen*
toilet *die Toilette, die Toiletten*
toilet paper *das Toilettenpapier*
to turn on (water faucet) *aufdrehen*
to turn on (lights and other electrical devices)
　anschalten
twin bed *das Einzelbett*
to vacate (e.g., a hotel room) *räumen*
value-added tax *die Mehrwertsteuer*
view of the sea *der Seeblick*
voltage *die Spannung*
to wash *waschen*
wash basin *das Waschbecken, die Waschbecken;*
　das Becken, die Becken
water *das Wasser*
what kind of … *was für ein (eine) …*

Chapter 10 At the Bank

account *das Konto, die Konten*
amount *der Betrag, die Beträge*
ATM *der Geldautomat, die Geldautomaten*
bank *die Bank, die Banken*
bank balance *der Kontostand, die Kontostände*
bank employee (male) *der Bankangestellte,*
　die Bankangestellten; (female) *die*
　Bankangestellte, die Bankangestellten
bankbook (for a savings account) *das Sparbuch,*
　die Sparbücher
bill (paper money) *der Schein, die Scheine*
bill *die Rechnung, die Rechnungen*
cash *das Bargeld*
to cash (a check) *(einen Scheck) einlösen*
cash machine *der Geldautomat,*
　die Geldautomaten
cashier (male) *der Kassierer, die Kassierer;*
　(female) *die Kassiererin, die Kassiererinnen*
cashier's window *die Kasse, die Kassen*
to change (exchange) *wechseln*
change (especially coins) *das Kleingeld*
checkbook *das Scheckheft, die Scheckhefte*
checking account *das Girokonto, die Girokonten*
closed *geschlossen*
coin *das Geldstück, die Geldstücke; die Münze,*
　die Münzen

counter (window) at the bank *der Bankschalter, die Bankschalter*

to deposit (money in an account) *einzahlen*

direct bank transfer *die Überweisung, die Überweisungen*

down payment (to make a) *die Anzahlung, die Anzahlungen (leisten)*

due date *der Fälligkeitstag, die Fälligkeitstage*

to endorse (sign) *unterschreiben*

exchange *wechseln*

exchange rate *der Wechselkurs, die Wechselkurse*

fee *die Gebühr, die Gebühren*

to grant *gewähren*

to grow *wachsen*

higher *höher*

installment (payments) *die Rate, die Raten*

interest *die Zinsen*

interest rate *der Zinssatz*

loan *das Darlehen, die Darlehen*

lower *niedriger*

money *das Geld*

monthly payment *die monatliche Rate*

mortgage *die Hypothek, die Hypotheken*

mortgage, to assume / take out a *eine Hypothek aufnehmen*

to need *brauchen*

to open *eröffnen*

passbook (for a savings account) *das Sparbuch, die Sparbücher*

to pay, pay for *bezahlen; zahlen*

to pay cash *in bar bezahlen*

to pay off in installments *in Raten zahlen*

PIN number *die Geheimnummer, die Geheimnummern*

to purchase on the installment plan *auf Raten kaufen*

to receive *erhalten*

to save *sparen*

savings *die Ersparnisse*

savings account *das Sparkonto, die Sparkonten*

to select *wählen*

to sign (endorse) *unterschreiben*

to spend *ausgeben*

Sunday afternoon *der Sonntagnachmittag, die Sonntagnachmittage*

to take out *entnehmen*

to take out (money from a bank account) *abheben*

to take out a loan *ein Darlehen aufnehmen*

teller (male) *der Bankangestellte, die Bankangestellten;* (female) *die Bankangestellte, die Bankangestellten*

traveler's check *der Reisescheck, die Reisechecks; der Travellerscheck, die Travellerschecks*

to withdraw (money from a bank account) *abheben*

Chapter 11 At the Post Office

address *die Adresse, die Adressen; die Anschrift, die Anschriften*

airmail *die Luftpost*

by airmail *mit Luftpost, per Luftpost*

to buy *kaufen*

customs declaration *die Zollerklärung, die Zollerklärungen*

to deliver (mail, newspapers) *austragen*

envelope *der Briefumschlag, die Briefumschläge*

to fill out (a form) *ausfüllen*

fragile *zerbrechlich*

to insure *versichern*

to last (to take time) *dauern*

letter *der Brief, die Briefe*

to mail *absenden; abschicken; einwerfen*

mail *die Post*

mailbox *der Briefkasten, die Briefkästen*

money order *die Zahlungsanweisung, die Zahlungsanweisungen*

package *das Paket, die Pakete*

package (small) *das Päckchen, die Päckchen*

to pick up *abholen*

post office *die Post; das Postamt, die Postämter*

post office box *das Postfach, die Postfächer*

postage *die Postgebühr, die Postgebühren; das Porto*

postcard *die Postkarte, die Postkarten*

recipient, addressee *der Empfänger, die Empfänger*

by registered mail *per Einschreiben*

scale *die Waage, die Waagen*

to send *schicken; abschicken; absenden*

sender *der Absender, die Absender*

stamp *die Briefmarke, die Briefmarken*

to throw *werfen*

valuable *wertvoll*

to weigh *wiegen*

zip code *die Postleitzahl, die Postleitzahlen*

Chapter 12 At the Hairdresser

back, in the *hinten*

barber, hairdresser (male) *der Friseur (Frisör), die Friseure (Frisöre);* (female) *die Friseurin (Frisörin), die Friseurinnen (Frisörinnen)*

beard *der Bart, die Bärte*

color *die Farbe, die Farben*

to color (tint) *tönen*

to comb *kämmen*

to cut *schneiden*

to cut off *abschneiden*

to dye *färben*

fingernail *der Fingernagel, die Fingernägel*

hair *das Haar, die Haare*

hair spray *das Haarspray, die Haarsprays*

haircut *der Haarschnitt, die Haarschnitte*

hairdresser, at the *beim Friseur*

hairdresser, to the *zum Friseur*

highlights *die Strähnchen*

manicure *die Nagelpflege; die Maniküre*

mousse *der Schaumfestiger*

mustache *der Schnurrbart, die Schnurrbärte*

nail polish *der Nagellack*

neck, back of the *der Nacken, die Nacken*

pedicure *die Pediküre*

perm (permanent wave) *die Dauerwelle,*
   die Dauerwellen

razor *das Rasiermesser, die Rasiermesser*

scissors *die Schere, die Scheren*

to set (hair) *legen*

shampoo *die Haarwäsche, die Haarwäschen*

shave *die Rasur, die Rasuren*

to shave *rasieren*

short *kurz*

side *die Seite, die Seiten*

sideburns *die Koteletten*

sides, on the *an den Seiten*

toenail *der Fußnagel, die Fußnägel*

top, on top *oben*

trim *der Nachschnitt, die Nachschnitte*

to trim *kürzer schneiden; nachschneiden*

to trim (the beard) *stutzen*

unscented *unparfümiert*

to wash *waschen*

Chapter 13 At the Department Store

belt *der Gürtel, die Gürtel*

blended fabric *das Mischgewebe,*
   die Mischgewebe

blouse *die Bluse, die Blusen*

bodysuit *der Body, die Bodys*

boot *der Stiefel, die Stiefel*

bow tie *die Fliege, die Fliegen*

brassiere (bra) *der Büstenhalter (BH),*
   die Büstenhalter (BHs)

button *der Knopf, die Knöpfe*

cardigan sweater *die Strickjacke,*
   die Strickjacken

casual *sportlich*

checked *kariert*

coat *der Mantel, die Mäntel*

corduroy *der Kord*

cotton *die Baumwolle*

cuff *das Bündchen, die Bündchen*

cuff link *der Manschettenknopf,*
   die Manschettenknöpfe

denim *der Jeansstoff, die Jeansstoffe*

dress *das Kleid, die Kleider*

easy-care *pflegeleicht*

fabric *das Gewebe, die Gewebe*

to fit *passen*

flannel *der Flanell*

flat *flach*

flat shoes without shoelaces *der Slipper,*
   die Slipper

fly (in pants) *der Hosenschlitz, die Hosenschlitze*

French cuffs *die Manschetten*

glove *der Handschuh, die Handschuhe*

to go with *passen zu*

handbag *die Handtasche, die Handtaschen*

handkerchief *das Taschentuch,*
   die Taschentücher

heel (of a shoe) *der Absatz, die Absätze*

to help *helfen*

high *hoch*

high-heeled women's dress shoes *die Pumps*

jacket *die Jacke, die Jacken*

jacket (men's sport) *der Sakko, die Sakkos*

jeans *die Jeans*

jogging shoe *der Joggingschuh,*
   die Joggingschuhe

jogging suit *der Jogginganzug,*
   die Jogginganzüge

kneesock *der Kniestrumpf, die Kniestrümpfe*

lace *die Spitze, die Spitzen*

leather *das Leder*

long *lang*

measurements *die Maße*

narrow *schmal; eng*

neither ... nor *weder... noch*

no-iron *bügelfrei*

nylon *das Nylon*

pair *das Paar, die Paare*

panties *der Slip, die Slips*

pants *die Hose, die Hosen*

pantsuit *der Hosenanzug, die Hosenanzüge*

panty hose *die Strumpfhose, die Strumpfhosen*

pocketbook *die Handtasche, die Handtaschen*

polka dot *das Pünktchen, die Pünktchen*

polka-dotted *gepunktet*

to prefer *vorziehen*

pullover *der Pullover, die Pullover*

raincoat *der Regenmantel, die Regenmäntel*

rayon *die Viskose*

to recommend *empfehlen*

rubber *das Gummi*

rubber boot *der Gummistiefel,*
die Gummistiefel

sandal *die Sandale, die Sandalen*

scarf *der Schal, die Schals; das Halstuch,*
die Halstücher

shirt *das Hemd, die Hemden*

shoe *der Schuh, die Schuhe*

shoelace *der Schnürsenkel, die Schnürsenkel*

short *kurz*

shorts *die Shorts*

silk *die Seide*

size *die Größe, die Größen*

skirt *der Rock, die Röcke*

sleeve *der Ärmel, die Ärmel*

slip, half-slip *der Unterrock, die Unterröcke*

slipper *der Hausschuh, die Hausschuhe*

small *klein*

sneaker *der Turnschuh, die Turnschuhe*

sock *der Strumpf, die Strümpfe; die Socke,*
die Socken

sole (shoe) *die Sohle, die Sohlen*

stocking *der Strumpf, die Strümpfe*

striped *gestreift*

suede *das Wildleder*

suit *der Anzug, die Anzüge*

suit jacket *das Jackett, die Jacketts*

sweater *der Pullover, die Pullover; der Pulli,*
die Pullis

sweatshirt *das Sweatshirt, die Sweatshirts*

swimsuit *der Badeanzug, die Badeanzüge*

synthetic fabric *die Kunstfaser*

to take measurements *Maß nehmen*

tie *die Krawatte, die Krawatten; der Schlips,*
die Schlipse

tight *eng*

toe *der Zeh, die Zehen; die Zehe, die Zehen*

underpants *die Unterhose, die Unterhosen*

undershirt *das Unterhemd, die Unterhemden*

underwear *die Unterwäsche*

wide *breit; weit*

woman's suit *das Kostüm, die Kostüme*

wool *die Wolle*

wool sock *der Wollstrumpf, die Wollstrümpfe*

worsted *das Kammgarn*

to wrinkle *knittern*

wrinkle-resistant *knitterfrei*

zipper *der Reißverschluss, die Reißverschlüsse*

Chapter 14 At the Dry Cleaner (Laundry)

clothing, article of *das Kleidungsstück,*
die Kleidungsstücke

to darn *stopfen*

dirty *dreckig; schmutzig*

to dry-clean *(chemisch) reinigen*

hem *der Saum, die Säume*

hole *das Loch, die Löcher*

to iron *bügeln*

lining *das Futter, die Futter*

loose *lose*

to mend *flicken*

to press *bügeln*

to promise *versprechen*

ready *fertig*

to remove *entfernen*

to repair *reparieren*

seam *die Naht, die Nähte*

to sew *nähen*

to sew on *annähen*

to shrink *einlaufen*

stain *der Fleck, die Flecken*

starch *die Stärke*

starched *gestärkt*

tailor (male) *der Schneider, die Schneider;*
(female) die Schneiderin, die Schneiderinnen

torn *gerissen*

torn open *aufgerissen*

to wash *waschen*

wash *die Wäsche*

Chapter 15 At the Restaurant

appetizer *die Vorspeise, die Vorspeisen*

to ask for *verlangen*

baked *gebacken*

beer garden *der Biergarten, die Biergärten*

bill *die Rechnung, die Rechnungen*

Bill, please! (We'd like to pay now.) *Zahlen, bitte!*

boiled *gekocht*

bottle *die Flasche, die Flaschen*

braised *geschmort*

braised meat *das Schmorfleisch*

breaded *paniert*

carafe *die Karaffe, die Karaffen*

carafe wine *offener Wein*

charge for service (e.g., on a restaurant meal)
das Bedienungsgeld

check *die Rechnung, die Rechnungen*

cheese *der Käse*

chicken *das Huhn, die Hühner*

chopped *gehackt*

coffee *der Kaffee*

cold *kalt*
to consist of *bestehen aus*
cooked *gekocht*
corner *die Ecke, die Ecken*
corner table *der Ecktisch, die Ecktische*
course *der Gang, die Gänge*
cream *der Rahm; die Sahne*
cup *die Tasse, die Tassen*
to cut *schneiden*
cutlet *das Schnitzel, die Schnitzel*
deep-fried *fritiert*
dessert *das Dessert, die Desserts; die Nachspeise,*
   die Nachspeisen
dish (course) *das Gericht, die Gerichte*
drink *das Getränk, die Getränke*
drumsticks *die Hähnchenkeule,*
   die Hähnchenkeulen
to eat *essen*
expensive *teuer*
fish *der Fisch, die Fische*
fish bone *die Gräte, die Gräten*
food *die Speise, die Speisen*
fork *die Gabel, die Gabeln*
fried *gebraten*
fruit *das Obst; die Frucht, die Früchte*
to fry *braten*
full *satt*
garden *der Garten, die Gärten*
glass *das Glas, die Gläser*
grilled *gegrillt*
hunger *der Hunger*
hungry *hungrig*
included *inbegriffen*
juice *der Saft, die Säfte*
knife *das Messer, die Messer*
main course *das Hauptgericht,*
   die Hauptgerichte
meat *das Fleisch*
medium (meat) *medium*
menu *die Speisekarte, die Speisekarten*
menu (of daily specials) *die Tageskarte,*
   die Tageskarten
menu (fixed menu) *das Menü, die Menüs*
to be missing *fehlen*
moderately priced traditional (restaurant
   classification) *gutbürgerlich*
napkin *die Serviette, die Servietten*
to order *bestellen*
outside *draußen*
oversalted *versalzen*
pepper *der Pfeffer*
pepper mill *die Pfeffermühle, die Pfeffermühlen*

pepper shaker *der Pfefferstreuer,*
   die Pfefferstreuer
piece *das Stück, die Stücke*
place setting (silverware) *das Besteck,*
   die Bestecke
plate *der Teller, die Teller*
poached *pochiert*
pork *das Schweinefleisch*
poultry *das Geflügel*
pub *die Kneipe, die Kneipen*
rare (meat) *rosa; englisch*
raspberry *die Himbeere, die Himbeeren*
receipt *die Quittung, die Quittungen*
to recommend *empfehlen*
red wine *der Rotwein, die Rotweine*
to reserve *bestellen; reservieren (lassen)*
restaurant *das Restaurant, die Restaurants;*
   die Gaststätte, die Gaststätten
to roast *braten*
roast *der Braten, die Braten*
roasting chicken *das Hähnchen, die Hähnchen*
rye bread *das Roggenbrot, die Roggenbrote*
salad *der Salat, die Salate*
salt *das Salz*
saltshaker *der Salzstreuer, die Salzstreuer*
salty (too salty) *salzig; versalzen*
saucer *die Untertasse, die Untertassen*
sautéed *geschwenkt*
service *die Bedienung*
slice *die Scheibe, die Scheiben*
small pot (coffee, tea, hot chocolate)
   das Kännchen, die Kännchen
smoked *geräuchert*
soup *die Suppe, die Suppen*
soupspoon *der Suppenlöffel, die Suppenlöffel*
specialty *die Spezialität, die Spezialitäten*
steak *das Steak, die Steaks*
steamed *gedämpft*
stew *das Ragout, die Ragouts*
stew (meal cooked in one pot) *der Eintopf,*
   die Eintöpfe
strawberry *die Erdbeere, die Erdbeeren*
sugar *der Zucker*
sugar bowl *die Zuckerdose, die Zuckerdosen*
to suggest *empfehlen*
table *der Tisch, die Tische*
tablecloth *die Tischdecke, die Tischdecken*
to taste *probieren; schmecken*
teaspoon *der Teelöffel, die Teelöffel*
thirst *der Durst*
thirsty *durstig*
tip *das Trinkgeld, die Trinkgelder*

too salty *versalzen*
tough *zäh*
to try *probieren*
veal *das Kalbfleisch*
vegetables *das Gemüse*
waiter *der Ober, die Ober; der Kellner,*
  die Kellner
waitress *die Kellnerin, die Kellnerinnen*
well done *durchgebraten; gut durchgebraten*
whipped cream *die Schlagsahne*
white wine *der Weißwein, die Weißweine*
window *das Fenster, die Fenster*
wine *der Wein, die Weine*
wine list *die Weinkarte, die Weinkarten*
to wish *wünschen*

Chapter 16 At Home
The Kitchen
to beat *schlagen*
blender *der Mixer, die Mixer*
to boil *kochen*
to bring to a boil *zum Kochen bringen*
bottle opener *der Flaschenöffner,*
  die Flaschenöffner
burner *der Brenner, die Brenner*
can opener *der Dosenöffner, die Dosenöffner*
to carve *tranchieren*
carving knife *das Tranchiermesser,*
  die Tranchiermesser
to clean *putzen*
to close *schließen*
cloth *das Tuch, die Tücher*
colander *der Durchschlag, die Durchschläge*
to cook *kochen*
corkscrew *der Korkenzieher, die Korkenzieher*
to cut *schneiden*
to dice *würfeln*
dish drainer *der Abtropfkorb, die Abtropfkörbe*
dish towel *das Geschirrtuch,*
  die Geschirrtücher
dishes *das Geschirr*
dishwasher *die Geschirrspülmaschine,*
  die Geschirrspülmaschinen
dishwashing detergent *das Spülmittel*
dishwater *das Spülwasser*
to drain *abtropfen*
drain *der Abfluss, die Abflüsse*
to dry *abtrocknen*
to dust *Staub wischen*
faucet *der Wasserhahn, die Wasserhähne*
food processor *die Küchenmaschine,*
  die Küchenmaschinen

freezer *die Tiefkühltruhe, die Tiefkühltruhen*
  (chest); *der Tiefkühlschrank,*
  die Tiefkühlschränke (upright)
freezer compartment *das Tiefkühlfach,*
  die Tiefkühlfächer
to fry *braten*
frying pan *die Bratpfanne, die Bratpfannen*
garbage *der Müll; der Abfall*
garbage can *der Mülleimer, die Mülleimer*
handle *der Griff, die Griffe; der Stiel, die Stiele*
to heat *erhitzen*
ice cube *der Eiswürfel, die Eiswürfel*
kettle *der Kessel, die Kessel*
kitchen *die Küche, die Küchen*
lid *der Deckel, die Deckel*
low flame, on a *bei niedriger Hitze*
low heat, at *bei niedriger Hitze*
to melt (butter) *(Butter) auslassen*
oven *der Backofen, die Backöfen; der Ofen,*
  die Öfen
pan *die Pfanne, die Pfannen*
pantry *die Speisekammer, die Speisekammern*
to pare *schälen*
paring knife *das Schälmesser, die Schälmesser*
to peel *schälen*
plug (sink) *der Stöpsel, die Stöpsel; der Pfropfen,*
  die Pfropfen
pot *der Topf, die Töpfe; die Kasserolle,*
  die Kasserollen
to prepare *vorbereiten*
to pull *ziehen*
refrigerator *der Kühlschrank, die Kühlschränke*
to roast *braten*
roasting pan *der Bräter, die Bräter*
to sauté *schwenken*
sink *die Spüle, die Spülen*
sponge *der Schwamm, die Schwämme*
stove *der Herd, die Herde*
to turn on *aufdrehen*
wall cabinet *der Hängeschrank,*
  die Hängeschränke
to wash (the dishes) *(Geschirr) abwaschen*
whisk *der Quirl, die Quirle*
to wipe *wischen*
The Bathroom
to apply makeup *sich schminken*
bath mat *die Badezimmermatte,*
  die Badezimmermatten
bath towel *das Badetuch, die Badetücher*
to bathe *baden*
bathrobe *der Bademantel, die Bademäntel*
bathroom *das Badezimmer, die Badezimmer*

bathroom cabinet *der Badezimmerschrank,*
  die Badezimmerschränke
bathtub *die Badewanne, die Badewannen*
to brush one's teeth *sich die Zähne putzen*
to comb one's hair *sich kämmen*
to dry oneself *sich abtrocknen*
hand towel *das Handtuch, die Handtücher*
to look *schauen*
makeup *die Schminke, das Make-up*
mirror *der Spiegel, die Spiegel*
to put on (hat, glasses) *aufsetzen*
to put something on (an article of clothing)
  sich etwas anziehen
razor *der Rasierapparat, die Rasierapparate*
to shave (oneself) *sich rasieren*
shaving cream *der Rasierschaum*
shaving soap *die Rasierseife*
shower *die Dusche, die Duschen*
shower cap *die Badekappe, die Badekappen*
sink *das Waschbecken, die Waschbecken*
soap *die Seife*
soap dish *die Seifenschale, die Seifenschalen*
to take a bath *sich baden*
to take a shower *sich duschen*
toilet *die Toilette, die Toiletten*
toilet paper *das Toilettenpapier*
toothbrush *die Zahnbürste, die Zahnbürsten*
toothpaste *die Zahnpasta, die Zahnpasten*
towel rack *der Handtuchhalter,*
  die Handtuchhalter
to wash (oneself) *sich waschen*
wash basin *das Waschbecken, die Waschbecken*
washcloth *der Waschlappen, die Waschlappen*
to wear *tragen*
wet *nass*

The Dining Room

buffet *die Anrichte, die Anrichten*
butter dish *die Butterdose, die Butterdosen*
candelabra *der Kerzenständer, die Kerzenständer*
to clear the table *abdecken, abräumen*
credenza *die Anrichte, die Anrichten*
cup *die Tasse, die Tassen*
dining room *das Esszimmer, die Esszimmer*
fork *die Gabel, die Gabeln*
to get up *aufstehen*
glass *das Glas, die Gläser*
gravy boat *die Soßenschüssel,*
  die Soßenschüsseln
knife *das Messer, die Messer*
meal *die Mahlzeit, die Mahlzeiten*
napkin *die Serviette, die Servietten*
to pass (food) *reichen*

pepper shaker *der Pfefferstreuer,*
  die Pfefferstreuer
plate *der Teller, die Teller*
to preheat *vorwärmen*
to put *stellen*
salad bowl *die Salatschüssel, die Salatschüsseln*
salad plate *der Salatteller, die Salatteller*
saltshaker *der Salzstreuer, die Salzstreuer*
saucer *die Untertasse, die Untertassen*
to serve *servieren*
serving plate *der Servierteller, die Servierteller*
to set the table *den Tisch decken*
sideboard *die Anrichte, die Anrichten*
soup bowl *der Suppenteller, die Suppenteller*
soup cup *die Suppentasse, die Suppentassen*
soupspoon *der Suppenlöffel, die Suppenlöffel*
sugar *der Zucker*
sugar bowl *die Zuckerdose, die Zuckerdosen*
tablecloth *die Tischdecke, die Tischdecken*
tablespoon *der Esslöffel, die Esslöffel*
to take a seat *Platz nehmen*
teaspoon *der Teelöffel, die Teelöffel*
tray *das Tablett, die Tabletts*
warming tray *die Warmhalteplatte,*
  die Warmhalteplatten

The Living Room

armchair *der Sessel, die Sessel*
book *das Buch, die Bücher*
bookcase *der Bücherschrank, die Bücherschränke*
bookshelf *das Bücherregal, die Bücherregale*
carpet *der Teppich, die Teppiche*
CD *die CD, die CDs*
to chat *sich unterhalten; plaudern*
coffee table *der Couchtisch, die Couchtische*
to cover *bedecken*
curtain (drapes) *der Vorhang, die Vorhänge*
curtain (sheer) *die Gardine, die Gardinen*
to expect *erwarten*
fireplace *der Kamin, die Kamine*
floor *der Fußboden, die Fußböden*
floor lamp *die Stehlampe, die Stehlampen*
frame *der Rahmen, die Rahmen*
guest (male or female) *der Gast, die Gäste*
headphones *der Kopfhörer, die Kopfhörer*
lamp *die Lampe, die Lampen*
to listen to *sich anhören*
living room *das Wohnzimmer, die Wohnzimmer*
magazine *die Zeitschrift, die Zeitschriften*
newspaper *die Zeitung, die Zeitungen*
picture *das Bild, die Bilder*
picture frame *der Bilderrahmen,*
  die Bilderrahmen

to place *stellen*

to play (tapes, records) *spielen*

to put *stellen*

radio *das Radio, die Radios*

radio program *die Radiosendung,*
  die Radiosendungen

to receive (guests) *empfangen*

record *die Schallplatte, die Schallplatten*

rug *der Teppich, die Teppiche*

shade *das Rollo, die Rollos*

shelf *das Regal, die Regale*

sofa *das Sofa, die Sofas*

stereo equipment *die Stereoanlage,*
  die Stereoanlagen

table *der Tisch, die Tische*

table lamp *die Tischlampe, die Tischlampen*

tape cassette *die Kassette, die Kassetten*

tape recorder *der Kassettenrecorder,*
  die Kassettenrecorder

television set *der Fernseher, die Fernseher*

Venetian blind *die Jalousie, die Jalousien*

wall system *die Schrankwand, die Schrankwände*

wall unit *der Wohnzimmerschrank,*
  die Wohnzimmerschränke

wall-to-wall carpeting *der Teppichboden,*
  die Teppichböden

to watch television *fernsehen*

The Bedroom

alarm clock *der Wecker, die Wecker*

armoire *der Kleiderschrank, die Kleiderschränke*

bed *das Bett, die Betten*

bed sheet *das Bettlaken, die Bettlaken*

bedroom *das Schlafzimmer, die Schlafzimmer*

bedspread *die Tagesdecke, die Tagesdecken*

blanket *die Bettdecke, die Bettdecken; die Decke,*
  die Decken

bureau *die Kommode, die Kommoden*

to change the bed (put on fresh sheets) *das Bett*
  beziehen

chest of drawers *die Kommode, die Kommoden*

closet *der Schrank, die Schränke*

drawer *die Schublade, die Schubladen*

to dream *träumen*

duvet cover *der Bettbezug, die Bettbezüge*

to fall asleep *einschlafen*

feather comforter *das Federbett, die Federbetten*

to get up *aufstehen*

to go to bed *ins Bett gehen*

hanger *der Kleiderbügel, die Kleiderbügel*

to make the bed *das Bett machen*

mattress *die Matratze, die Matratzen*

night table *der Nachttisch, die Nachttische*

nightmare *der Albtraum, die Albträume*

nightstand *der Nachtschrank, die Nachtschränke*

pillow *das Kopfkissen, die Kopfkissen*

pillowcase *der Kopfkissenbezug,*
  die Kopfkissenbezüge

to pull smooth *glatt ziehen*

quilt *die Steppdecke, die Steppdecken*

to set (the alarm clock) *(den Wecker) stellen*

to sleep *schlafen*

to toss and turn *sich unruhig hin- und herwälzen*

wardrobe *der Kleiderschrank,*
  die Kleiderschränke

Housework

broom *der Besen, die Besen; der Kehrbesen,*
  die Kehrbesen

carpet *der Teppich, die Teppiche*

to clean *putzen*

cleaning cloth *der Putzlappen, die Putzlappen*

dirty *schmutzig*

dryer *der Wäschetrockner, die Wäschetrockner*

dust *der Staub*

to dust *Staub wischen*

dust cloth *das Staubtuch, die Staubtücher*

to empty *leeren*

floor *der Fußboden, die Fußböden*

furniture *das Möbel, die Möbel*

garbage *der Abfall; der Müll*

garbage can *der Mülleimer, die Mülleimer*

housecleaning *der Hausputz*

housework *die Hausarbeit*

to iron *bügeln*

iron *das Bügeleisen, die Bügeleisen*

ironing board *das Bügelbrett, die Bügelbretter*

laundry *die Wäsche*

to make easy *erleichtern*

to polish *polieren*

to separate *trennen*

sponge *der Schwamm, die Schwämme*

to sweep *fegen; kehren*

to take out (e.g., the garbage) *hinausbringen*

to throw *werfen*

to vacuum *Staub saugen; saugen*

vacuum cleaner *der Staubsauger, die Staubsauger*

wash *die Wäsche*

to wash (the dishes) *(das Geschirr) abwaschen*

washing machine *die Waschmaschine,*
  die Waschmaschinen

window *das Fenster, die Fenster*

to wipe (the floor) *wischen*

Some Minor Problems Around the House

blown (fuse) *durchgebrannt*

burned out (lightbulb) *durchgebrannt*

to call *rufen*

to check (on something) *nachsehen*

clogged *verstopft*

drain *der Abfluss, die Abflüsse*

to drain *ablaufen*

to drip *lecken*

electrician *der Elektriker, die Elektriker*

to empty *leeren*

fuse *die Sicherung, die Sicherungen*

fuse box *der Sicherungskasten,*
   die Sicherungskästen

light switch *der Lichtschalter, die Lichtschalter*

lightbulb *die Glühbirne, die Glühbirnen*

outlet (electrical) *die Steckdose, die Steckdosen*

pipe (plumbing) *das Rohr, die Rohre*

plug (electrical) *der Stecker, die Stecker*

plug (sink, bottle) *der Stöpsel, die Stöpsel*

plug in *stecken (in)*

plumber *der Klempner, die Klempner*

to pull the plug *den Stöpsel ziehen*

to replace *ersetzen*

sink *die Spüle, die Spülen*

stopped up *verstopft*

to turn off (lights, other electrical devices)
   ausschalten

to turn on (lights, other electrical devices)
   anschalten

Chapter 17 At the Doctor's Office

accident *der Unfall, die Unfälle*

accident, automobile *der Autounfall,*
   die Autounfälle

adhesive bandage *das Pflaster, die Pflaster*

allergic to *allergisch gegen*

allergy *die Allergie, die Allergien*

to analyze *analysieren*

ankle *der Knöchel, die Knöchel*

antibiotic *das Antibiotikum, die Antibiotika*

appendix *der Blinddarm, die Blinddärme*

appointment *der Termin, die Termine*

arm *der Arm, die Arme*

arthritis *die Arthritis*

Asian flu *die asiatische Grippe*

assistant (doctor's) *die Sprechstundenhilfe,*
   die Sprechstundenhilfen

asthma *das Asthma*

back *der Rücken, die Rücken*

backache *der Rückenschmerz,*
   die Rückenschmerzen

bandage *der Verband, die Verbände*

to bandage *verbinden*

blood *das Blut*

blood pressure *der Blutdruck*

blood sample *die Blutprobe, die Blutproben*

blood type *die Blutgruppe, die Blutgruppen*

bone *der Knochen, die Knochen*

bowel movement *der Stuhlgang*

breast *die Brust, die Brüste*

to breathe *atmen*

broken *gebrochen*

cancer *der Krebs*

cast (plaster) *der Gipsverband, die Gipsverbände*

to put in a cast *in Gips legen*

cavity (dental) *das Loch, die Löcher*

cheek *die Backe, die Backen; die Wange,*
   die Wangen

chest *die Brust*

chickenpox *die Windpocken*

childhood disease *die Kinderkrankheit,*
   die Kinderkrankheiten

chills *der Schüttelfrost*

circulatory disorder *die Kreislaufstörung,*
   die Kreislaufstörungen

coated pill *das Dragée, die Dragées*

cold *die Erkältung, die Erkältungen*

to be cold *frieren*

to have a cold *erkältet sein*

constipated *verstopft*

constipation *die Verstopfung*

contagious *ansteckend*

cough *der Husten*

to cough *husten*

crutches *die Krücken*

cut *geschnitten*

to cut *schneiden*

dental chair *der Behandlungsstuhl,*
   die Behandlungsstühle

dentist (male) *der Zahnarzt, die Zahnärzte;*
   (female) *die Zahnärztin, die Zahnärztinnen*

diabetes *der Diabetes; die Zuckerkrankheit*

diarrhea *der Durchfall*

difficulty *die Schwierigkeit, die Schwierigkeiten*

diphtheria *die Diphtherie*

dizzy *schwindelig*

doctor (male) *der Arzt, die Ärzte;*
   (female) *die Ärztin, die Ärztinnen*

doctor's office *die Arztpraxis, die Arztpraxen*

ear *das Ohr, die Ohren*

earache *die Ohrenschmerzen*

elbow *der Ellenbogen, die Ellenbogen;*
   der Ellbogen, die Ellbogen

electrocardiogram (EKG)
   das Elektrokardiogramm,
   die Elektrokardiogramme (EKG)

epilepsy *die Epilepsie*

epileptic seizure *der epileptische Anfall,*
  die epileptischen Anfälle

to examine *untersuchen*

to examine (using a stethoscope) *abhorchen*

to feel (the pulse) *(den Puls) fühlen*

fever *das Fieber*

filling (dental) *die Füllung, die Füllungen;*
  die Plombe, die Plomben

finger *der Finger, die Finger*

flu *die Grippe, die Influenza*

foot *der Fuß, die Füße*

fracture *der Bruch, die Brüche*

frequently *häufig*

German measles *die Röteln*

glands *die Drüse, die Drüsen*

heart *das Herz, die Herzen*

heart attack *der Herzinfarkt, die Herzinfarkte;*
  der Herzanfall, die Herzanfälle

hip *die Hüfte, die Hüften*

hospital *das Krankenhaus, die Krankenhäuser*

to hurt *weh tun*

ill *krank*

illness *die Krankheit, die Krankheiten*

to immobilize (a bone) *ruhig stellen*

infantile paralysis (poliomyelitis)
  die Kinderlähmung

influenza *die Influenza*

injection *die Spritze, die Spritzen*

injured person (male) *der Verletzte, die Verletzten;*
  (female) *die Verletzte, die Verletzten*

intestine *der Darm, die Därme; das Gedärm,*
  die Gedärme

kidney *die Niere, die Nieren*

knee *das Knie, die Knie*

leg *das Bein, die Beine*

liver *die Leber, die Lebern*

lungs *die Lunge, die Lungen*

lymph glands *die Lymphdrüse, die Lymphdrüsen*

magnetic resonance imaging (MRI)
  die Kernspintomographie,
  die Kernspintomographien

measles *die Masern*

to measure *messen*

medical history *die Krankengeschichte,*
  die Krankengeschichten

menstrual period *die Regel*

mental illness *die psychische Störung,*
  die psychischen Störungen; die psychische
  Krankheit, die psychischen Krankheiten

molar *der Backenzahn, die Backenzähne*

mouth *der Mund, die Münder*

mucus *der Schleim*

mumps *der Mumps*

nauseous *übel*

neck *der Hals, die Hälse*

to need *brauchen*

to operate *operieren*

operation *die Operation, die Operationen*

orthopedist (male) *der Orthopäde,*
  die Orthopäden; (female) *die Orthopädin,*
  die Orthopädinnen

pain *der Schmerz, die Schmerzen*

penicillin *das Penizillin*

penicillin injection *die Penizillinspritze,*
  die Penizillinspritzen

poliomyelitis *die Polio*

possibility *die Möglichkeit, die Möglichkeiten*

to prescribe *verschreiben*

psychiatrist (male) *der Psychiater,*
  die Psychiater; (female) *die Psychiaterin,*
  die Psychiaterinnen

pulse *der Puls, die Pulse*

to put on (an adhesive bandage) *kleben*

to remove *entfernen*

to roll up *krempeln; hochkrempeln*

runny nose *der Schnupfen*

sample *die Probe, die Proben*

to say *sagen*

sensitive (to) *empfindlich (gegen)*

to set (a bone) *richten*

to sew (stitches) *nähen*

shot *die Spritze, die Spritzen*

shoulder *die Schulter, die Schultern*

sick *krank*

sickness *die Krankheit, die Krankheiten*

sleeve *der Ärmel, die Ärmel*

sore throat *die Halsschmerzen*

to sprain *verrenken; verstauchen*

stitches *die Fäden; die Stiche*

stomach *der Magen, die Mägen*

stool (bowel movement) *der Stuhl*

stuffed up (nose) *verstopft*

to suffer from *leiden an*

swollen *geschwollen*

symptoms *das Symptom, die Symptome*

tablet *die Tablette, die Tabletten*

to take a deep breath *tief einatmen*

to take one's temperature *Fieber messen*

tetanus *der Tetanus*

throat *der Rachen, die Rachen*

tonsils *die Mandeln*

tooth *der Zahn, die Zähne*

toothache *die Zahnschmerzen*

to treat *behandeln*

treatment room *der Behandlungsraum,
die Behandlungsräume*

tuberculosis (TB) *die Tuberkulose (TBC);
die Schwindsucht*

ultrasound *der Ultraschall*

to undress (term used in doctor's office only)
sich frei machen

upper right *oben rechts*

urine *der Urin*

urine sample *die Urinprobe, die Urinproben*

to vaccinate *impfen*

vaccinated *geimpft*

venereal disease *die Geschlechtskrankheit,
die Geschlechtskrankheiten*

vital organs *die lebenswichtigen Organe*

to vomit *sich übergeben*

which *welcher*

whooping cough *der Keuchhusten*

wound *die Wunde, die Wunden*

wrist *das Handgelenk, die Handgelenke*

X-ray (image, picture) *das Röntgenbild,
die Röntgenbilder*

to x-ray *röntgen*

Chapter 18 At the Hospital

acute appendicitis *die akute
Blinddarmentzündung*

admission *die Aufnahme, die Aufnahmen*

to admit (hospital) *aufnehmen*

ambulance *der Krankenwagen,
die Krankenwagen; der Rettungswagen,
die Rettungswagen; der Unfallwagen,
die Unfallwagen*

anesthesia *die Anästhesie*

anesthesiologist (female) *die Anästhesistin,
die Anästhesistinnen;* (male) *der Anästhesist,
die Anästhesisten*

appendicitis *die Appendizitis,
die Blinddarmentzündung*

bladder *die Blase, die Blasen*

blood pressure *der Blutdruck*

to breathe *atmen*

cataract *der graue Star; die Katarakt*

clinic, hospital *die Klinik, die Kliniken*

colon *der Dickdarm, die Dickdärme*

cut, incision *der Schnitt, die Schnitte*

cyst *die Zyste, die Zysten*

delivery *die Entbindung, die Entbindungen*

delivery room *der Entbindungssaal,
die Entbindungssäle; der Kreißsaal,
die Kreißsäle*

emergency room *die Unfallstation,
die Unfallstationen; die Notaufnahme*

to examine *untersuchen*

feeding (food) *Ernährung*

food *die Nahrung*

form (document to fill out) *das Formular,
die Formulare*

gallbladder *die Gallenblase, die Gallenblasen*

glaucoma *das Glaukom; der grüne Star*

health insurance *die Krankenkasse,
die Krankenkassen*

hemorrhoids *die Hämorriden*

hospital *das Krankenhaus, die Krankenhäuser*

hysterectomy *die Hysterektomie*

injection, shot *die Spritze, die Spritzen*

intensive care *die Intensivstation,
die Intensivstationen*

intern (male) *der Assistenzarzt, die Assistenzärzte;*
(female) *die Assistenzärztin,
die Assistenzärztinnen*

intravenous *intravenös*

intravenous feeding *die künstliche Ernährung*

labor, labor pains *die Wehe, die Wehen*

to measure (take blood pressure, temperature)
messen

midwife *die Hebamme, die Hebammen*

nurse (male) *der Krankenpfleger,
die Krankenpfleger;* (female) *die
Krankenschwester, die Krankenschwestern;
die Krankenpflegerin, die Krankenpflegerinnen*

obstetrician (male) *der Geburtshelfer,
die Geburtshelfer;* (female) *die Geburtshelferin,
die Geburtshelferinnen*

to operate *operieren; eine Operation durchführen;
einen chirurgischen Eingriff vornehmen*

operating room *der Operationssaal,
die Operationssäle (OP-Saal, OP-Säle)*

operating table *der Operationstisch,
die Operationstische*

operation, intervention *die Operation,
die Operationen; der Eingriff, die Eingriffe*

ovary *der Eierstock, die Eierstöcke;
das Ovarium, die Ovarien*

oxygen *der Sauerstoff*

oxygen tent *das Sauerstoffzelt,
die Sauerstoffzelte*

oxygen tube *der Sauerstoffschlauch,
die Sauerstoffschläuche*

pain *der Schmerz, die Schmerzen*

painful *schmerzhaft*

patient (male) *der Patient, die Patienten;*
(female) *die Patientin, die Patientinnen*

to place *legen*
polyps *die Polypen*
to predict *voraussagen*
pregnancy *die Schwangerschaft,*
　die Schwangerschaften
pregnant *schwanger*
to prepare *vorbereiten*
prognosis *die Prognose, die Prognosen*
pulse *der Puls*
to put *legen*
radiology *die Radiologie*
ready *bereit*
recovery room *der Beobachtungsraum,*
　die Beobachtungsräume
to remove *entfernen*
serious *ernst*
stomach pains *die Bauchschmerzen*
stretcher *die Tragbahre, die Tragbahren*
surgeon (male) *der Chirurg, die Chirurgen;*
　(female) *die Chirurgin, die Chirurginnen*
to take out *herausnehmen*
tonsils *die Mandeln*
tranquilizer *das Beruhigungsmittel,*
　die Beruhigungsmittel
ulcer *das Geschwür, die Geschwüre*
wheelchair *der Rollstuhl, die Rollstühle*
X-ray (image, film) *die Röntgenaufnahme,*
　die Röntgenaufnahmen; das Röntgenbild,
　die Röntgenbilder
to take X-rays *röntgen*

Chapter 19 At the Theater and the Movies

act *der Akt, die Akte*
actor *der Schauspieler, die Schauspieler*
actress *die Schauspielerin, die Schauspielerinnen*
admission ticket *die Eintrittskarte,*
　die Eintrittskarten
to appear (on stage) *(auf der Bühne) erscheinen*
to applaud *applaudieren; klatschen*
audience *die Zuschauer*
balcony *der zweite Rang, die zweiten Ränge*
to begin *anfangen; beginnen*
box *die Loge, die Logen*
box seat *der Logenplatz, die Logenplätze*
cashier (male) *der Kassierer, die Kassierer;*
　(female) *die Kassiererin, die Kassiererinnen*
to check (e.g., coats) *abgeben*
checkroom *die Garderobe, die Garderoben*
to clap *klatschen*
cloakroom *die Garderobe, die Garderoben*
comedy *die Komödie, die Komödien*
curtain *der Vorhang, die Vorhänge*

drama *das Drama, die Dramen*
to dub *synchronisieren*
to fall *fallen*
film, movie *der Film, die Filme*
hero *der Held, die Helden*
heroine *die Heldin, die Heldinnen*
intermission *die Pause, die Pausen*
mezzanine *der erste Rang, die ersten Ränge*
movie theater *das Kino, die Kinos*
musical *das Musical, die Musicals*
orchestra *das Parkett, die Parkette*
performance *die Aufführung, die Aufführungen;*
　die Vorstellung, die Vorstellungen
to play *spielen*
play *das Theaterstück, die Theaterstücke;*
　das Stück, die Stücke; das Schauspiel,
　die Schauspiele
to prefer *vorziehen*
program *das Programm, die Programme*
role *die Rolle, die Rollen*
row *die Reihe, die Reihen*
scene *die Szene, die Szenen*
screen *die Leinwand, die Leinwände*
seat *der Platz, die Plätze*
to sell *verkaufen*
to shoot a film *einen Film drehen*
show, performance *die Vorstellung,*
　die Vorstellungen
to show *zeigen*
sold out *ausverkauft*
spectator *der Zuschauer, die Zuschauer*
stage *die Bühne, die Bühnen*
star *der Star, die Stars*
theater *das Theater, die Theater*
ticket *die Karte, die Karten*
ticket window, box office *die Theaterkasse,*
　die Theaterkassen
top balcony *der Heuboden, die Heuböden*
tragedy *die Tragödie, die Tragödien*
usher (male) *der Platzanweiser, die Platzanweiser;*
　(female) *die Platzanweiserin,*
　die Platzanweiserinnen
variety show *das Varieté, die Varietés*

Chapter 20 Sports

ball *der Ball, die Bälle*
baseline (tennis) *die Grundlinie, die Grundlinien*
to catch, stop (a ball) *fangen*
difficult *schwer*
doubles match (tennis) *das Doppel, die Doppel*
to dribble around *umdribbeln*
end *das Ende*

forward *nach vorne*
foul *das Foul, die Fouls*
goal *das Tor, die Tore*
goal, to make a (soccer) *ein Tor schießen*
goalie, goalkeeper *der Torwart, die Torwarte*
guard *hüten*
half (soccer) *die Halbzeit, die Halbzeiten*
kick *schießen; treten*
long pass, to make a *eine Flanke schießen*
lost *verloren*
love (tennis) *null*
match (tennis) *das Match, die Matches*
net *das Netz, die Netze*
net ball *der Netzball, die Netzbälle*
opponent *der Gegenspieler, die Gegenspieler*
out *aus*
outside *außerhalb*
to pass *führen; passen; einen Pass schießen;*
   spielen
to play *spielen*
player *der Spieler, die Spieler*
playing field *das Spielfeld, die Spielfelder*
point *der Punkt, die Punkte*
referee *der Schiedsrichter, die Schiedsrichter*
to return (ball) *zurückschlagen*
score *der Spielstand, die Spielstände*
to score a point (soccer) *ein Tor schießen*
scoreboard *die Anzeigetafel, die Anzeigetafeln*
scoreless game *ein torloses Unentschieden*
serve (tennis) *der Aufschlag, die Aufschläge*
set (tennis) *der Satz, die Sätze*
to shoot *schießen*
sideways *zur Seite*
singles match (tennis) *das Einzel, die Einzel;*
   das Single, die Singles
soccer field *das Fußballfeld, die Fußballfelder*
soccer team *die Fußballmannschaft,*
   die Fußballmannschaften
team *die Mannschaft, die Mannschaften*
teammate (male) *der Mitspieler, die Mitspieler;*
   (female) *die Mitspielerin, die Mitspielerinnen*
tennis ball *der Tennisball, die Tennisbälle*
tennis court *der Tennisplatz, die Tennisplätze*
tennis racket *der Tennisschläger,*
   die Tennisschläger
tennis tournament *das Tennisturnier,*
   die Tennisturniere
tied *unentschieden*
to touch *berühren*
to whistle *pfeifen*
to win *gewinnen*
won *gewann*

Chapter 21 The Computer

to appear *erscheinen*
backup copy *die Sicherheitskopie,*
   die Sicherheitskopien
to burn *brennen*
to chat *chatten*
to choose *aussuchen, auswählen*
to click *klicken*
to close *schließen*
computer *der Computer, die Computer*
CPU *der Rechner, die Rechner*
to create *anlegen*
data *die Daten*
desk *der Schreibtisch, die Schreibtische*
diskette *die Diskette, die Disketten*
document *das Dokument, die Dokumente*
to download *runterladen*
to exit *beenden*
file *die Datei, die Dateien*
floppy disk *die Diskette, die Disketten*
to google *googeln*
hard drive *die Festplatte, die Festplatten*
to input *eingeben*
key *die Taste, die Tasten*
keyboard *die Tastatur, die Tastaturen*
menu *das Menü, die Menüs*
monitor *der Bildschirm, die Bildschirme;*
   der Monitor, die Monitore
mouse *die Maus, die Mäuse*
mouse pad *das Mauspad, die Mauspads*
to name *benennen*
office *das Büro, die Büros*
to open *öffnen*
password *das Passwort, die Passwörter*
to print *drucken*
printer *der Drucker, die Drucker*
to put into *stecken*
to save *speichern*
to scan *scannen*
scanner *der Scanner, die Scanner*
to select *aussuchen, auswählen*
session (computer) *die Sitzung, die Sitzungen*
spell-check *die Rechtschreibprüfung,*
   die Rechtschreibprüfungen
to surf *surfen*
to text *simsen*
to turn off *ausschalten*
to turn on *anschalten; einschalten*
to update *aktualisieren*
word processing program
   das Textverarbeitungsprogramm,
   die Textverarbeitungsprogramme

Answers to Exercises
Die Lösungen zu den Übungen

Chapter 1

1. 1. Bus
   2. Hauptbahnhof
   3. fahren

2. 1. Terminal   4. Inlandsflüge
   2. Auslandsflüge   5. Auslandsflug
   3. Terminal   6. Terminal

3. 1. Schalter   4. Flugschein
   2. Schlange   5. Auslandsflug
   3. Schalter   6. Reisepass OR Pass

4. 1. Auslandsflug
   2. Schalter
   3. Flugschein, Reisepass
   4. Platz, Gang
   5. Reihe, Gang
   6. Handgepäck, Aktentasche
   7. Gepäckschein
   8. Bordkarte
   9. Flug, Platz, Reihe
   10. Fluggepäckschein, abholen

5. 1. Der Passagier ist am Schalter.
   2. Sie spricht mit der Dame am Schalter.
   3. Sie gibt der Dame ihren Flugschein und Pass.
   4. Sie möchte am Gang sitzen.
   5. Sie hat zwei Koffer.
   6. Ja, sie hat Handgepäck.
   7. Sie hat eine Aktentasche.
   8. Ja, die Aktentasche passt unter den Sitz.
   9. Die Dame gibt dem Passagier eine Bordkarte.
   10. Sie fliegt mit Flug 375.
   11. Sie fliegt nach Frankfurt.
   12. Sie hat Platz C.
   13. Der Platz ist in Reihe 20.
   14. Zwei Koffer werden durchgecheckt.
   15. Sie kann ihre Koffer in Frankfurt abholen.

6. 1. a   4. a
   2. b   5. b
   3. c

7. 1. Abflug
   2. Flug
   3. nach Frankfurt
   4. Sicherheitskontrolle
   5. Sicherheitskontrolle
   6. Gate

8. 1. Flug
   2. nach
   3. Sicherheitskontrolle
   4. Gate, Terminal

9. 1. aufgerufen
   2. Flug
   3. aus
   4. nach

10. 1. Sicherheitskontrolle
   2. Fließband
   3. flach
   4. durchleuchtet
   5. Handtasche
   6. Sicherheitsschleuse
   7. summt
   8. Schlüssel
   9. Münzen
   10. Korb
   11. Magnetsonde
   12. Gate

11. 1. Terminals, Auslandsflüge, Inlandsflüge
   2. Dame, Schalter, Fluggesellschaft
   3. Flugscheine, Reisepässe
   4. Gepäck
   5. Gepäckscheine, Gepäckscheine
   6. Tasche, Handgepäck, passen
   7. Gang
   8. besetzt, noch
   9. Bordkarte, Platz, Reihe
   10. Zwischenlandung, umsteigen
   11. Abflug, nach
   12. Gate

12.
1. Frau Möller kommt am Flughafen an.
2. Es gibt zwei Terminals.
3. Eine Halle ist für Auslandsflüge, die andere für Inlandsflüge.
4. Frau Möller geht sofort zum Schalter.
5. Die Dame (Frau) möchte den Flugschein und den Reisepass sehen.
6. Frau Möller hat zwei Koffer.
7. Die Dame (Frau) klebt die Fluggepäckscheine auf die Flugscheinhülle.
8. Frau Möller kann ihre Koffer in New York abholen.
9. Sie nimmt eine Tasche mit an Bord.
10. Das Handgepäck muss unter den Sitz passen.
11. Nein, Frau Möller hat keinen reservierten Platz.
12. Das ist kein Problem, weil der Flug nicht voll besetzt ist.
13. Frau Möller hat Platz C, Reihe 20.
14. Sie muss zum Ausgang 18 gehen.
15. Es ist kein Nonstopflug.

13.
1. Flug
2. nach
3. Zwischenlandung
4. umsteigen
5. Platz
6. Reihe

Chapter 2

1.
1. Kabinenpersonal (die Besatzung)
2. Flugbegleiter
3. Erste Klasse
4. größeren Kabine
5. Cockpits
6. Cockpit
7. startet
8. landet

2.
1. Besatzung
2. begrüßen
3. starten
4. Flugzeit
5. beträgt
6. Flughöhe
7. Geschwindigkeit
8. pro Stunde

3.
1. Die Schwimmwesten sind unter den Sitzen.
2. Bei einem Luftdruckabfall fallen die Sauerstoffmasken automatisch herab.
3. Die Notausgänge sind über den Tragflächen.

4.
1. Starts
2. Landung
3. angeschnallt
4. Sicherheitsgurte OR Gurte
5. angeschnallt
6. Turbulenz
7. schaukelt
8. an Bord
9. Laptop
10. CD-Player
11. MP3-Player

5.
1. Nichtraucherzone, Gang, Toiletten
2. Schild „Nicht rauchen," eingeschaltet
3. Schild „Nicht rauchen," Landung

6.
1. Gang
2. Sitz
3. Gepäckablage
4. passen
5. Starts
6. Landung
7. Rückenlehne
8. senkrecht

7.
1. Mahlzeit
2. Frühstück
3. Musikkanäle
4. Film
5. Gebühr
6. Kopfhörer
7. Decken
8. Kopfkissen

8.
1. Decke
2. Kopfkissen

9.
1. Kabinen, Erste-Klasse, Kabine, Economy
2. Flugbegleiter
3. Sauerstoffmasken
4. Handgepäck, Gepäckablage
5. Starts, Landung
6. Schild „Nicht rauchen"
7. Rückenlehnen
8. Sicherheitsgurte
9. Getränke, Mahlzeit
10. Kopfhörer, Gebühr

10.
1. e
2. i
3. f
4. b
5. a
6. j
7. c
8. l
9. h
10. m

11.
1. Die Flugbegleiter und die Besatzung begrüßen die Passagiere.
2. Es gibt zwei Kabinen.
3. Die Flugbegleiter erklären, wie die Sauerstoffmaske benutzt wird.
4. Die Passagiere müssen ihr Handgepäck unter den Sitz stellen oder in die Gepäckablage legen.
5. Nein, Handys dürfen an Bord nicht benutzt werden.
6. Die Passagiere müssen ihre Rückenlehnen senkrecht stellen. Sie dürfen nicht rauchen. Sie müssen die Sicherheitsgurte anlegen.
7. Man weiß nie, wann das Flugzeug einer Turbulenz begegnet.
8. Die Flugbegleiter servieren Getränke und eine Mahlzeit.
9. Sie bringen den Passagieren auch Decken und Kopfkissen.
10. Der Flugkapitän sagt die Flugzeit, die Flughöhe, die Flugroute und die Geschwindigkeit durch.

Chapter 3

1.
1. Reisepass OR Pass
2. ist
3. bleiben
4. (*an appropriate length of time*)
5. übernachten
6. geschäftlich
7. Vergnügen
8. Vergnügen

2.
1. verzollen, grünen Zeichen, etwas, roten Zeichen
2. verzollt
3. Zollerklärung
4. persönlichen Sachen

Chapter 4

1.
1. Fahrkarte
2. Rückfahrkarte
3. einfache Fahrkarte

2.
1. Fahrkarte
2. einfache Fahrkarte
3. Rückfahrkarte

3.
1. Fahrkartenschalter
2. Schalter

4.
1. Schalter
2. Fahrkarte
3. Rückfahrkarte
4. einfache Fahrkarte
5. einfache Fahrkarte
6. InterCity-Zug
7. Fahrkarte

5.
1. Der Zug nach Braunschweig soll um 14.10 Uhr abfahren.
2. Er wird nicht pünktlich abfahren.
3. Er wird um 15.00 Uhr abfahren.
4. Ja, der Zug hat Verspätung.
5. Der Zug fährt mit fünfzig Minuten Verspätung ab.

6.
1. Verspätung
2. fünfzig
3. Verspätung

7.
1. Gepäck
2. Kofferkuli
3. Schließfach
4. Schlitz
5. Schlüssel
6. abholen

8.
1. Gepäck
2. Kofferkuli
3. Gepäck
4. Kofferkuli
5. Münze
6. Schlüssel
7. Schließfach
8. Gepäck
9. 15 Uhr

9.
1. Gleis
2. Platzreservierung
3. Abteil, Wagen

10.
1. Bahnsteig
2. Abteilen

11.
1. Schaffner
2. Schlafwagen
3. Speisewagen

12.
1. T
2. F
3. F
4. F
5. F
6. F
7. F
8. F

13.
1. Frau Meyer kommt mit dem Taxi zum Bahnhof.
2. Sie hat vier Koffer bei sich.
3. Frau Meyer holt einen Kofferkuli.
4. Nein, der Zug fährt nicht pünktlich ab.
5. Der Zug fährt mit 30 Minuten Verspätung (mit einer Verspätung von einer halben Stunde) ab.
6. Sie lässt ihr Gepäck im Schließfach.
7. Sie kauft die Fahrkarte am Schalter.
8. Nein, sie will eine Rückfahrkarte kaufen.
9. Sie fährt Erster Klasse.
10. Sie bringt ihr Gepäck mit dem Kofferkuli zum Bahnsteig.
11. Ja, der Zug ist schon da.
12. Sie sucht Wagen 7.
13. Frau Meyer hat Platz 112.
14. Sie hat kein Bett reservieren lassen, weil es kein Nachtzug ist.
15. Frau Meyer fragt den Schaffner, wo der Speisewagen ist.

14.
1. b
2. d
3. e
4. f
5. a
6. c

Chapter 5

1.
1. miete
2. Tagestarif, Wochentarif
3. kostet, Wochentarif
4. Kilometergeld
5. Benzin
6. Führerschein
7. Vollkaskoversicherung OR Versicherung
8. teuer

2.
1. mieten
2. Auto
3. Tag
4. Woche
5. Tagestarif
6. Wochentarif
7. Kilometer
8. Kilometer
9. inbegriffen
10. Vollkaskoversicherung
11. Führerschein
12. bezahlen
13. Kreditkarte
14. Kreditkarte
15. unterschreiben

3.
1. b		6. b
2. a		7. b
3. b		8. b
4. a		9. c
5. b		10. b

4.
1. schaltet OR den Gang einlegt
2. Blinker
3. Handschuhfach
4. Kofferraum

5. 4, 2, 6

6.
1. Tank, Tankstelle
2. Tank, Liter
3. Kühlwasser
4. Ölstand
5. Windschutzscheibe
6. Reifendruck, Bremsflüssigkeit

7. 5, 6, 2, 3, 4, 1

8.
1. Panne	3. Abschleppwagen
2. liegen	4. abschleppen

9.
1. vibriert	4. Ersatzteile
2. Wasser	5. reparieren
3. Abschleppwagen	

Chapter 6

1.
1. verirrt	10. geradeaus (weiter)
2. Straße	11. Straße
3. Kreuzung	12. Kreuzung
4. weit	13. geradeaus
5. weit	14. biege
6. Nähe	15. Ecke
7. Fuß	16. drei
8. zurückgehen	17. rechts
9. biegen	18. Kreuzung

2.
1. weit	5. Ecke
2. zu Fuß	6. Haltestelle
3. Bus	7. nehmen
4. Bushaltestelle	8. aussteigen

3.
1. Vorort
2. Bundesstraße
3. Verkehr
4. Hauptverkehrszeit
5. Stau
6. Autobahn
7. Fahrstreifen
8. Fahrstreifen, Ausfahrt
9. Einbahnstraße
10. Ampel OR Verkehrsampel

4.
1. die Ausfahrt
2. die Einfahrt OR die Auffahrt
3. der Rastplatz
4. die Raststätte
5. der Fahrstreifen
6. die Ampel OR die Verkehrsampel

5.
1. d	4. c
2. f	5. a
3. b	6. e

6.
1. Kreuzung	4. nach
2. weiter	5. nach
3. weiter	

Chapter 7

1.
1. telefonieren	5. ab
2. Telefonnummer	6. Amtszeichen
3. Telefonbuch	7. Tastatur
4. Ortsgespräch	8. klingelt

2.
1. Unfall
2. Handy OR Mobiltelefon
3. Frau
4. Bilder
5. verletzt, Krankenwagen OR Unfallwagen
6. 110

3.
1. Telefonzelle	6. werfe
2. Telefonzelle	7. Amtszeichen
3. Kleingeld	8. Nummer
4. abnehmen	9. Tastatur
5. nehme	

4.
1. (*insert name*)
2. Herrn/Frau (*insert name*)
3. Moment
4. Herr/Frau (*insert name*)
5. Nachricht
6. hinterlassen

5. 1. Amtszeichen
    2. funktioniert
    3. besetzt
    4. verwählt
    5. später durchzukommen
    6. unterbrochen
    7. Durchwahlnummer

6. 1. Die Leitung war besetzt.
    2. Niemand nahm den Hörer ab.
    3. Die Zentrale hat sie falsch verbunden.
    4. Sie ist unterbrochen worden.

7. 4, 1, 5, 3, 6, 7, 2

8. 1. Betrieb
    2. Leitung
    3. Auskunft
    4. Nachricht hinterlassen
    5. verwählt

9. 1. Frau Siebuhr führt ein Ferngespräch.
    2. Sie braucht nicht ins Telefonbuch zu schauen, weil sie die Telefonnummer ihrer Freundin weiß.
    3. Sie hat auch die Vorwahl.
    4. Sie nimmt den Hörer ab.
    5. Die Zentrale hebt ab.
    6. Sie kann nicht mit ihrer Freundin sprechen, weil die Leitung besetzt ist.
    7. Niemand nimmt den Hörer ab.
    8. Ja, beim dritten Anruf hebt jemand ab.
    9. Es ist nicht ihre Freundin.
    10. Die Zentrale hat sie falsch verbunden.
    11. Ja, beim vierten Mal nimmt die Freundin den Hörer ab.
    12. Ja, sie sprechen ein wenig miteinander.
    13. Sie können ihr Gespräch nicht zu Ende führen, weil die Leitung tot ist.

10. 1. Christine hat angerufen.
    2. Sie hat 68 74 66 erreicht.
    3. Nein, Heike ist nicht zu Hause.
    4. Sie spricht mit dem Anrufbeantworter.
    5. Man soll eine Nachricht hinterlassen.
    6. Sie will mit Heike ins Kino gehen.

Chapter 9

1. 1. Einzelzimmer
    2. Doppelzimmer
    3. Doppelbett, Betten
    4. Hof
    5. Seeblick
    6. Vollpension
    7. Bedienung, Mehrwertsteuer
    8. Klimaanlage

    9. Seeblick
    10. reservieren lassen OR reserviert OR bestellt, Bestätigung
    11. Portier
    12. belegt, Verfügung
    13. Meldeschein, Reisepass
    14. Kreditkarte
    15. Internet-Anschluss

2. 1. Zimmer
    2. reservieren lassen OR vorbestellt
    3. belegt
    4. Verfügung
    5. Doppelbett
    6. Betten
    7. Doppelbett OR zwei Betten
    8. Seeblick
    9. Straße
    10. Straße
    11. Zimmer
    12. Bedienung
    13. Bedienung
    14. Mehrwertsteuer
    15. Montag/Dienstag/etc.
    16. klimatisiert
    17. Bad
    18. füllen
    19. unterschreiben
    20. Pass

3. 1. Zimmermädchen   6. Decke
    2. Wäsche-Service   7. Badetuch
    3. waschen, bügeln   8. Seife
    4. reinigen lassen   9. Kleiderbügel
    5. Steckdose   10. Toilettenpapier

4. 1. das Waschbecken
    2. die Toilette
    3. die Decke
    4. das Bett
    5. die Dusche
    6. das Handtuch
    7. die Steckdose
    8. das Toilettenpapier
    9. der Kleiderbügel
    10. der Schrank

5. 1. Glühbirne, Lichtschalter
    2. Wasserhahn
    3. verstopft
    4. heißes Wasser

6. 1. das Waschbecken
    2. der Wasserhahn
    3. das Licht
    4. die Glühbirne
    5. der Lichtschalter

7.
1. Rechnung
2. (*insert name*)
3. noch etwas
4. telefoniert
5. Rechnung
6. Rechnung
7. bestellt
8. berechnet
9. Kreditkarten
10. Karte

8.
1. Empfang
2. ausfüllen, Pass
3. Einzelzimmer, Doppelzimmer
4. Bedienung, Mehrwertsteuer
5. Straße, Zimmer, Hof
6. bestellen, Bestätigung
7. voll belegt
8. Hotelpage
9. Zimmermädchen
10. Handtücher, Seife, Toilettenpapier
11. klimatisiert
12. Decke, Bett
13. Kleiderbügel
14. Wäsche-Service
15. bestellen
16. räumen
17. Rezeption
18. Kreditkarte

9.
1. Nein, das Zimmer geht nicht zur Straße. Es ist mit Seeblick.
2. Ja, es hat einen Balkon.
3. Im Zimmer steht ein Doppelbett.
4. Es ist ein Doppelzimmer.
5. Ja, das Zimmer hat ein Bad.
6. Das Badezimmer hat eine Dusche.
7. Das Zimmer hat einen Fernseher.
8. Das Zimmer hat kein Telefon.

10.
1. Die Dame und der Herr stehen an der Rezeption.
2. Sie kommen an. OR Sie checken ein.
3. Sie sprechen mit dem Portier.
4. Der Herr füllt den Meldeschein aus.
5. Die Dame hat eine Kreditkarte in der Hand.

11.
1. Es ist ein Einzelzimmer.
2. Auf dem Bett liegen ein Kopfkissen und eine Decke.
3. Das Zimmermädchen arbeitet im Zimmer.
4. Sie macht das Zimmer (OR das Bett).
5. Im Schrank hängen Kleiderbügel.
6. Ja, das Zimmer hat ein Bad.
7. Ja, es gibt eine Dusche.
8. Zwei Handtücher hängen da.
9. Eine Rolle Toilettenpapier ist im Badezimmer.

Chapter 10

1.
1. Euros
2. Euro
3. Gebühr
4. Bank
5. Wechselkurs

2.
1. wechseln
2. Reiseschecks
3. steht
4. Kasse

3.
1. bar
2. Bargeld
3. einlösen

4.
1. Kleingeld
2. wechseln
3. Münzen

5.
1. Dollar
2. Wechselkurs
3. steht bei
4. Kasse
5. Scheine
6. Euro
7. wechseln
8. Scheine
9. Münzen
10. Scheine

6. 5, 1, 6, 3

7.
1. Sparkonto
2. einzahlen
3. Geld
4. Sparbuch
5. spare
6. hebe
7. Ersparnisse

8.
1. Kontostand
2. neue
3. einlösen, Konto
4. unterschreiben
5. Scheck

9.
1. Raten
2. bar
3. Anzahlung
4. Darlehen aufnehmen
5. Zinssatz
6. Raten
7. Fälligkeitstag

10.
1. b
2. m
3. u
4. l
5. a
6. d
7. g
8. j
9. r
10. c
11. q
12. f
13. s
14. p
15. h

11.
1. wechseln
2. einzahlen
3. einlösen
4. unterschreiben
5. aufnehmen
6. bezahlen
7. wechseln
8. abheben
9. kaufen
10. eröffnen

12. 1. in   4. mit
     2. zur   5. auf, in
     3. in

Chapter 11

1. 1. Briefkasten   4. Briefmarken
    2. Postamt   5. Briefmarken
    3. Porto   6. Post

2. 1. Post   4. Luftpost
    2. Porto   5. 1 Euro
    3. Luftpost   6. 3,90 €

3. 1. Ich sende den Brief per Luftpost.
    2. Der Empfänger ist Konrad Weiß.
    3. Die Postleitzahl des Empfängers ist 23590.
    4. Der Absender ist Ingrid Hansen.
    5. Auf dem Briefumschlag sind zwei Briefmarken.
    6. Der Absender wohnt in Hamburg.

4. 1. Paket OR Päckchen
    2. Waage
    3. versichern
    4. ausfüllen
    5. zerbrechlich
    6. Luftpost
    7. Porto

5. 1. Postamt   3. Briefträger
    2. Briefträger 4. Post

Chapter 12

1. 1. Haarschnitt   5. stutzen
    2. Nachschnitt 6. Schneiden
    3. Haarwäsche 7. Schere
    4. Shampoo   8. rasiere

2. 1. c   4. b
    2. e   5. d
    3. a   6. f

3. 1. oben   3. an den Seiten
    2. im Nacken 4. hinten

4. 1. Waschen   4. Färben
    2. legen   5. Lackieren
    3. Haarschnitt

Chapter 13

1. 1. Schuhe   6. passen
    2. Größe   7. Zehen
    3. Größe   8. klein
    4. Absätze   9. größer
    5. Absätze

2. 1. Das sind Schuhe.
    2. Ja, sie haben Gummisohlen.
    3. Die Absätze sind flach.
    4. Ja, die Schuhe haben Schnürsenkel.

3. 1. ein Hemd   4. Socken
    2. einen Pullover 5. Schuhe
    3. eine Hose

4. 1. helfen   7. Größe
    2. möchte   8. Baumwolle
    3. kurzen   9. Krawatte
    4. gestreiftes 10. passt
    5. Hemd   11. Krawatte
    6. Größe   12. blauen

5. 1. c   3. c
    2. c   4. d

6. 1. karierten
    2. Reißverschluss
    3. Schnürsenkel
    4. Gürtel
    5. Regenmantel
    6. Unterhosen, Unterhemden
    7. Maß nehmen
    8. Nylon
    9. passt
  10. klein

7. 1. eine Jacke   4. eine Strumpfhose
    2. eine Bluse   5. Schuhe
    3. einen Rock

8. 1. a   4. b
    2. a   5. a
    3. b

9. 1. Slip, Unterrock, Büstenhalter
    2. Mischgewebe
    3. passt, karierten
    4. Maß

10. 1. gestreifte
    2. kariertes
    3. gepunktetes

Chapter 14

1. 1. einlaufen, Reinigung, reinigen
   2. schmutzig, bügeln
   3. gestärkt
   4. Knopf, lose, annähen
   5. stopfen
   6. annähen
   7. Fleck

2. 1. waschen   5. Kaffeefleck
   2. bügeln   6. entfernen
   3. gestärkt   7. einlaufen
   4. entfernen   8. reinigen

Chapter 15

1. 1. bestellt, Tisch
   2. Kneipen
   3. Garten OR Biergarten
   4. Schnellimbiss

2. 1. reservieren lassen
   2. Tisch
   3. bestellt
   4. Ecktisch
   5. Fenster

3. 1. Kellner   3. Speisekarte
   2. wünschen   4. Speisekarte

4. 1. Menüs   4. Weinkarte
   2. Gericht   5. empfehlen
   3. Hauptgericht

5. 1. möchten   4. Rotwein
   2. Weinkarte   5. möchte
   3. Flasche

6. 1. Es ist ein gutbürgerliches Restaurant.
   2. Vier Personen sitzen am Tisch.
   3. Der Tisch ist am Fenster.
   4. Der Kellner serviert.
   5. Der Kellner hat die Speisekarten in der linken Hand.

7. 1. gegrillt
   2. im eigenen Saft
   3. gebraten
   4. gebraten
   5. englisch OR rosa

8. 1. gekocht   4. gebraten
   2. gedämpft   5. paniert
   3. gegrillt   6. fritiert

9. 1. Salzstreuer, Pfeffermühle
   2. Zucker
   3. Messer, Gabel, Suppenlöffel, Teelöffel
   4. versalzen OR salzig
   5. zäh

10. 1. der Suppenlöffel   7. der Salzstreuer
   2. der Teelöffel   8. die Serviette
   3. die Tischdecke   9. das Messer
   4. das Glas   10. die Gabel
   5. der Teller   11. die Tasse
   6. die Untertasse   12. die Zuckerdose

11. 1. Zahlen   4. Kreditkarten
   2. Bedienung   5. Quittung
   3. Trinkgeld

12. 1. Restaurant   5. Kellner
   2. Ecke   6. Menüs
   3. bestellt   7. Hauptgericht
   4. Bier

13. 1. Ein Besteck fehlte.
   2. Alle tranken Bier.
   3. Thomas bestellte eine kalte Platte.
   4. Die fünf Freunde wollten das Vanilleeis mit heißen Himbeeren und die Erdbeeren mit Schlagsahne probieren.
   5. Um vier Uhr waren die fünf im Café Wittmann.
   6. Ja, die Bedienung war inbegriffen.
   7. Sie gaben noch ein kleines Trinkgeld dazu, weil die Bedienung freundlich war.

Chapter 16

1. 1. Abfluss
   2. Stöpsel
   3. Wasserhahn
   4. Spüle
   5. Spülmittel
   6. Schwamm
   7. Abtropfkorb
   8. trockne
   9. Geschirrtuch
   10. Geschirrspülmaschine

2. 1. der Kessel   3. die Springform
   2. der Bräter   4. die Bratpfanne

3. 1. das Tranchiermesser
   2. das Schälmesser
   3. der Quirl
   4. der Durchschlag
   5. der Korkenzieher
   6. der Dosenöffner

4. 1. schneiden, braten   4. Kochen
2. kochen   5. schälen
3. braten

5. 1. backen (Kuchen), braten (Fleisch)
2. braten
3. schwenken
4. kochen
5. braten
6. auslassen

6. 1. Ja, in der Küche ist eine Geschirrspülmaschine.
2. Es gibt einen Wasserhahn.
3. Ja, im Abtropfkorb liegt Geschirr.
4. Ja, es gibt eine Speisekammer.
5. Ja, in der Speisekammer sind Lebensmittel.
6. Es ist ein Gasherd.
7. Der Herd hat vier Brenner.
8. Ja, im Tiefkühlfach sind Eiswürfel.

7. 1. Waschbecken, Seife, Handtuch
2. Seifenschale
3. Badewanne, Dusche
4. Badetuch
5. Handtuchhalter
6. Spiegel
7. Zahnpasta, Badezimmerschrank
8. Badekappe
9. Toilette
10. Bademantel

8. 1. der Bademantel
2. der Waschlappen
3. die Toilette
4. der Badezimmerschrank
5. die Badewanne
6. die Dusche
7. das Badetuch
8. der Spiegel
9. das Toilettenpapier
10. die Seife
11. der Handtuchhalter
12. die Badekappe
13. die Seifenschale
14. die Badezimmermatte
15. das Waschbecken
16. die Zahnbürste

9. 1. Zuckerdose
2. Butterdose
3. Salzstreuer
4. Pfefferstreuer, Pfeffermühle
5. Soßenschüssel

10. 1. Salatschüssel   4. Soßenschüssel
2. Suppenschüssel   5. Warmhalteplatte
3. Servierteller

11. 1. der Teelöffel
2. der Suppenlöffel
3. das Messer
4. die Gabel
5. der Teller
6. die Untertasse
7. die Tasse
8. das Wasserglas
9. das Weinglas
10. der Salzstreuer
11. der Pfefferstreuer
12. die Tischdecke
13. die Serviette

12. 1. Gardinen
2. Regalen
3. Bilderrahmen
4. Tisch, Sofa
5. fern, CD OR Platte OR Kassette
6. Teppichboden
7. Sessel, Sofa
8. Zeitung, Schallplatten, Kassetten, CDs
9. Gäste
10. Kopfhörer

13. 1. Nachttisch, Lampe, Wecker
2. Doppelbett
3. Kopfkissen, Kopfkissenbezug
4. Bettlaken, Federbett, Tagesdecke
5. Schubladen
6. Kleiderschrank

14. 1. das Bettlaken
2. der Kopfkissenbezug
3. das Kopfkissen
4. die Decke
5. die Tagesdecke
6. das Federbett

15. 1. Ich gehe um _____ Uhr ins Bett.
2. Ja, ich stelle den Wecker.
   OR Nein, ich stelle den Wecker nicht.
3. Ich schlafe _____ Stunden.
4. Ja, ich schlafe sofort ein.
   OR Ich wälze mich unruhig hin und her.
5. Ich stehe um _____ Uhr auf.
6. Ja, ich mache sofort das Bett.
   OR Nein, ich mache nicht sofort das Bett.

16. 1. Wäsche   7. saugen
2. Waschmaschine   8. fegen OR kehren
3. Trockner   9. wischen
4. bügeln   10. Fenster
5. Bügelbrett   11. Müll
6. Bügeleisen   12. hinaustragen

17.
1. b
2. d
3. a
4. c
5. f

18.
1. Glühbirne
2. Stecker
3. Steckdose

19.
1. ausgeschaltet
2. Sicherung
3. Sicherungskasten
4. Sicherung
5. Elektriker

20.
1. läuft
2. Stöpsel
3. verstopft
4. Klempner
5. Rohre

Chapter 17

1.
1. Rachen
2. Schüttelfrost
3. Lymphdrüsen
4. Fieber
5. Ohren
6. (asiatische) Grippe

2.
1. Arztpraxis
2. Erkältung
3. Influenza/Grippe
4. Symptome
5. Hals
6. Nase
7. Mund
8. Rachen
9. Lymphdrüsen
10. tief einatmen
11. Brust
12. huste
13. Fieber
14. allergisch
15. Ärmel
16. Penizillinspritze
17. verschreibe
18. Tabletten

3.
1. erkältet, (asiatischen) Grippe
2. Schüttelfrost
3. Mund, untersuchen
4. Spritze, Ärmel

4.
1. allergisch
2. geimpft
3. psychische
4. Blutgruppe
5. Krankengeschichte

5.
1. Ja, ich bin operiert worden.
   OR Nein, ich bin nie operiert worden.
2. Als Kind hatte ich _____.
3. Meine Blutgruppe ist _____.
4. Ja, ich habe meinen Blinddarm immer noch.
   OR Nein, ich habe meinen Blinddarm nicht mehr.
5. Ja, ich bin gegen Masern geimpft.
   OR Nein, ich bin nicht gegen Masern geimpft.
6. Ja, sie haben Allergien.
   OR Nein, sie haben keine Allergien.

6. 2, 5, 6, 10, 11, 12

7.
1. gebrochen
2. röntgen
3. Orthopäde
4. richten
5. legen
6. Krücken

8.
1. Pflaster
2. nähen

9.
1. der Finger
2. der Ellbogen
3. das Handgelenk
4. das Bein
5. der Knöchel
6. die Hüfte
7. die Schulter
8. der Fuß

10.
1. Mein Backenzahn tut mir weh.
2. Ich brauche einen Zahnarzt.
3. Die Sprechstundenhilfe bringt mich zum Behandlungsraum.
4. Ich setze mich in den Behandlungsstuhl.
5. Der Backenzahn oben rechts.
6. Der Zahnarzt untersucht den Zahn.
7. Er findet ein Loch.
8. Ich brauche eine Füllung (OR Plombe).

Chapter 18

1.
1. Der Patient kommt in einem Unfallwagen ins Krankenhaus.
2. Nein, der Patient kann nicht laufen.
3. Der Patient liegt auf einer Tragbahre.
4. Eine Krankenschwester fühlt sofort seinen Puls.
5. Ein Arzt oder Assistenzarzt untersucht den Patienten.
6. Er wird auf der Unfallstation (OR in der Notaufnahme) untersucht.
7. Der Patient hat Bauchschmerzen.
8. Der Arzt will röntgen.
9. Man bringt den Patienten zur Radiologie.

2.
1. Formular
2. Formular
3. Krankenkasse

3.
1. Tragbahre
2. Tragbahre, Rollstuhl
3. Unfallstation
4. Puls, Blutdruck
5. röntgen

4.
1. operiert
2. Eingriff
3. Operationssaal (OP-Saal)
4. Beruhigungsmittel
5. fahrbaren Trage
6. Tisch
7. Anästhesistin

8. Chirurg
9. Operation
10. entfernt

5. 1. operieren
2. die Operation
3. den Blinddarm entfernen
4. die Blinddarmentzündung

6. 1. Beobachtungsraum
2. Sauerstoff
3. Ernährung
4. Prognose

7. 1. schwanger
2. Entbindung
3. Wehen
4. Entbindungssaal OR Kreißsaal
5. Geburtshelfer

8. 1. Bauchschmerzen
2. Krankenwagen
3. Tragbahre
4. Unfallstation
5. Puls, Blutdruck
6. Symptome
7. Radiologie, Röntgenbilder
8. Eingriff
9. Beruhigungsmittel
10. OP-Tisch
11. Anästhesistin
12. Chirurg, Blinddarm
13. nähte
14. Beobachtungsraum
15. Sauerstoffschläuche
16. intravenöse
17. Prognose

Chapter 19

1. 1. Theater
2. Komödie
3. Schauspieler
4. Heldin
5. Akte, Szenen
6. Vorhang
7. Pause
8. auf der Bühne
9. Vorstellung
10. applaudieren OR klatschen

2. 1. die Zuschauer
2. der Schauspieler
3. auf der Bühne
4. die Pause

3. 1. Theaterkasse
2. noch
3. Vorstellung
4. ausverkauft
5. Karten
6. Parkett
7. ersten Rang
8. zweiten Rang
9. Plätze
10. Rang
11. kosten
12. Karten
13. Reihe
14. beginnt
15. hebt

4. 1. Jutta war an der Theaterkasse.
2. Nein, sie gehen heute Abend nicht ins Theater.
3. Es gab keine Karten mehr für die Vorstellung von heute Abend.
4. Nein, die Vorstellung morgen Abend war nicht ausverkauft. Es gab noch Karten.
5. Jutta hat zwei Karten für morgen bekommen.
6. Nein, sie sitzen nicht im Parkett.
7. Weil es keine Karten mehr für das Parkett gab.
8. Sie werden im ersten Rang sitzen.
OR Sie haben zwei Plätze in der ersten Reihe.
9. Sie sitzt nicht gern im zweiten Rang oder auf dem Heuboden, weil man von dort nicht gut sieht.
10. Sie sitzt am liebsten im Parkett oder im ersten Rang.

5. 1. Man kann die Theaterkarten an der Theaterkasse kaufen.
2. Die Platzanweiserin zeigt den Zuschauern ihre Plätze.
3. Im Theater kann man den Mantel an der Garderobe abgeben.
4. Der Vorhang hebt sich, wenn die Vorstellung beginnt.
5. Im Theater sieht man vom Parkett am besten.

6. 1. Film, gezeigt
2. gedreht
3. synchronisiert
4. Karten
5. Leinwand
6. Star OR Filmstar

Chapter 20

1. 1. Es gibt elf Spieler in einer Fußballmannschaft.
2. Zwei Mannschaften spielen in einem Fußballspiel.
3. Die Spieler spielen auf dem Fußballfeld.
4. Der Torwart hütet das Tor.
5. Der Torwart will den Ball fangen.
6. Der Spieler schießt den Ball (OR spielt einen Pass) nach vorne (OR zur Seite OR nach rechts OR nach links).
7. Der Schiedsrichter pfeift ein Foul.
8. Auf der Anzeigetafel steht der Spielstand.

2. 1. Mannschaften   5. Tor
   2. Fußballfeld   6. fängt
   3. elf   7. Halbzeit
   4. schießt   8. unentschieden

3. 1. Doppel   5. Netzball
   2. Tennisschläger   6. Aufschlag
   3. Tennisplatz   7. Punkt
   4. Netz   8. aus

Chapter 21

1. 1. Computer   6. Enter-Taste
   2. Schreibtisch   7. Rechner
   3. Rechner   8. DVD
   4. Bildschirm   9. Foto
   5. Rechner   10. schalte, aus

2. 5, 4, 6, 3, 2, 7, 8, 1

3. 1. e   5. a
   2. h   6. d
   3. b   7. c
   4. g   8. f

4. 1. Maus
   2. Sitzung
   3. speichern OR abspeichern
   4. Drucker
   5. öffnen
   6. Diskette
   7. Textverarbeitungsprogramm
   8. Bildschirm OR Monitor

5. 1. surfen
   2. Informationen
   3. Mail
   4. Passwort
   5. Adressbuch
   6. CD
   7. Lieder OR Songs
   8. Chat

6. 1. Ich will im Internet surfen.
   2. Ich habe Frau Becker eine Mail geschickt.
   3. Ich habe Frau Beckers E-Mail-Adresse im Adressbuch.
   4. Die Fotos von meiner Familie sind auf einer CD.
   5. Ich lade 2 neue Lieder runter.
   6. Wir reden im Chat über seine Lieder.

7. 4, 3, 5, 2, 1, 6

Glossary: German-English
Wörterverzeichnis: Deutsch-Englisch

abbiegen *to turn off*

das Abblendlicht, die Abblendlichter *low beams*

abdecken *to clear the table*

abfahren *to leave (trains, buses)*

die Abfahrt, die Abfahrten *departure*

der Abfall *garbage*

abfliegen *to leave, take off (planes)*

der Abflug, die Abflüge *departure (planes)*

der Abfluss, die Abflüsse *drain*

abgeben *to check (coats, luggage)*

abheben *to lift, pick up (telephone receiver); to withdraw, take money out (of an account)*

abholen *to pick up, call for*

abhorchen *to examine with a stethoscope (auscultate)*

ablaufen *to drain, run off*

abnehmen *to pick up (telephone receiver)*

abräumen *to clear (the table)*

der Absatz, die Absätze *heel (of a shoe)*

abschicken *to send, mail*

abschleppen *to tow*

der Abschleppwagen, die Abschleppwagen *tow truck*

abschneiden *to cut off*

absenden *to send, mail*

der Absender, die Absender *sender*

abstellen *to park*

das Abteil, die Abteile *compartment (train)*

abtrocknen *to dry*

sich abtrocknen *to dry oneself*

abtropfen *to drain, drip*

der Abtropfkorb, die Abtropfkörbe *dish drainer*

(das Geschirr) abwaschen *to wash (the dishes)*

abwürgen *to stall (a car)*

die Adresse, die Adressen *address*

der Akt, die Akte *act*

die Aktentasche, die Aktentaschen *briefcase*

aktualisieren *to bring up-to-date*

die akute Blinddarmentzündung *acute appendicitis*

der Albtraum, die Albträume *nightmare*

die Allergie, die Allergien *allergy*

allergisch *allergic*

am Gang *on the aisle*

die Ampel, die Ampeln *traffic light*

das Amtszeichen, die Amtszeichen *dial tone*

an Bord *on board*

an den Seiten *on the sides*

analysieren *to analyze*

die Anästhesie *anesthesia*

der Anästhesist, die Anästhesisten *anesthesiologist (male)*

die Anästhesistin, die Anästhesistinnen *anesthesiologist (female)*

anfangen *to begin*

angenehm *pleasant*

angeschnallt sitzen bleiben *to remain seated with seat belts fastened*

sich anhören *to listen to*

ankommen *to arrive*

die Ankunft, die Ankünfte *arrival*

anlassen *to start (a car)*

anlegen *to create (computer file)*

(den Sicherheitsgurt) anlegen *to fasten (the seat belt)*

die Anmeldung, die Anmeldungen *registration form*

annähen *to sew on*

die Anrichte, die Anrichten *buffet, sideboard, credenza*

der Anruf, die Anrufe *telephone call*

der Anrufbeantworter, die Anrufbeantworter *answering machine*

anrufen *to call, telephone*

anschalten *to turn on (lights and other electrical devices)*

der Anschluss, die Anschlüsse *connection*

sich anschnallen *to fasten (seat belts)*

die Anschrift, die Anschriften *address*

anspringen *to start (a car)*

ansteckend *contagious*

das Antibiotikum, die Antibiotika *antibiotic*

die Anzahlung, die Anzahlungen (leisten) *(to make a) down payment, deposit*

die Anzeigetafel, die Anzeigetafeln *scoreboard*

sich etwas anziehen *to put something on (clothing)*

der Anzug, die Anzüge *suit*

die Appendizitis *appendicitis*

applaudieren *to applaud*

arbeiten *to work*
der Arm, die Arme *arm*
das Armaturenbrett, die Armaturenbretter
  dashboard
der Ärmel, die Ärmel *sleeve*
die Arthritis *arthritis*
der Arzt, die Ärzte *doctor (male)*
die Ärztin, die Ärztinnen *doctor (female)*
die Arztpraxis, die Arztpraxen *doctor's office,*
  medical practice
die asiatische Grippe *Asian flu*
der Assistenzarzt, die Assistenzärzte
  intern (male)
die Assistenzärztin, die Assistenzärztinnen
  intern (female)
das Asthma *asthma*
atmen *to breathe*
Auf Wiederhören! *Goodbye! (telephone)*
Auf Wiedersehen! *Goodbye! (in person)*
aufdrehen *to turn on (faucet)*
die Auffahrt, die Auffahrten (Autobahn) *entrance*
die Aufführung, die Aufführungen *performance*
aufgedreht *turned on (faucet)*
aufgerissen *torn open*
die Aufnahme, die Aufnahmen *admission (hospital)*
aufnehmen *to admit (hospital)*
der Aufruf, die Aufrufe *announcement*
aufrufen *to announce*
der Aufschlag, die Aufschläge *serve (tennis)*
aufsetzen *to put on (hat, glasses)*
aufstehen *to get up*
die Augenhöhe *eye level*
aus *out, from (arriving from)*
auschecken *to check out*
die Ausfahrt, die Ausfahrten (Autobahn) *exit*
ausfüllen *to fill out (form)*
der Ausgang, die Ausgänge *exit, gate (airport)*
ausgeben *to spend (money)*
die Auskunft *information*
die Auslandsauskunft *international information*
der Auslandsflug, die Auslandsflüge *international*
  flight
(Butter) auslassen *to melt (butter)*
ausschalten *to turn off (electrical device)*
aussteigen *to get off*
(einen Flugschein) ausstellen *to issue (a ticket)*
austragen *to deliver (mail, a baby)*
ausverkauft *sold out*
auswählen *to choose*
außer Betrieb *out of order*
außerhalb *out, outside*
das Auto, die Autos *car*
die Autobahn, die Autobahnen *major highway,*
  interstate
das Automatikgetriebe, die Automatikgetriebe
  automatic transmission

der Autounfall, die Autounfälle *automobile*
  accident

die Backe, die Backen *cheek*
der Backenzahn, die Backenzähne *molar*
der Backofen, die Backöfen *oven*
der Badeanzug, die Badeanzüge *swimsuit*
die Badehose, die Badehosen *swimming trunks*
die Badekappe, die Badekappen *bathing (shower)*
  cap
der Bademantel, die Bademäntel *bathrobe*
baden *to bathe, swim*
(sich) baden *to take a bath*
das Badetuch, die Badetücher *bath towel*
die Badewanne, die Badewannen *bathtub*
das Badezimmer, die Badezimmer *bathroom*
die Badezimmermatte, die Badezimmermatten
  bath mat
die Bahnfahrt, die Bahnfahrten *train trip*
der Bahnhof, die Bahnhöfe *railroad station*
das Bahnhofscafé, die Bahnhofscafés *station café*
der Bahnsteig, die Bahnsteige *platform (train*
  station)
der Ball, die Bälle *ball*
die Bank, die Banken *bank*
der Bankangestellte, die Bankangestellten *teller,*
  bank employee (male)
die Bankangestellte, die Bankangestellten *teller,*
  bank employee (female)
der Bankschalter, die Bankschalter *counter at*
  the bank
in bar bezahlen *to pay cash*
das Bargeld *cash*
der Bart, die Bärte *beard*
die Bauchschmerzen *stomach pains*
die Baumwolle *cotton*
die Bedienung, die Bedienungen *service*
das Bedienungsgeld *service charge*
beenden *to exit (end a computer session)*
sich befassen mit *to occupy oneself with*
sich befinden *to be (located)*
befolgen *to follow*
begegnen *to encounter, meet*
beginnen *to begin*
begrüßen *to greet, welcome*
der Behandlungsraum, die Behandlungsräume
  treatment room
der Behandlungsstuhl, die Behandlungsstühle
  dental chair
bei niedriger Hitze *on a low flame (at low heat)*
das Bein, die Beine *leg*
bekommen *to get, receive*
benennen *to name*
benutzen *to use*
das Benzin *gasoline*
der Benzinkanister, die Benzinkanister *gasoline can*

der Beobachtungsraum, die Beobachtungsräume
  recovery room
bereit *ready*
der Berg, die Berge *mountains*
das Beruhigungsmittel, die Beruhigungsmittel
  tranquilizer
berühren *to touch*
die Besatzung, die Besatzungen *crew*
beschaffen *to get, procure*
der Besen, die Besen *broom*
besetzt *busy (telephone line); occupied (seat)*
voll besetzt *full, fully booked (bus, flight)*
das Besetztzeichen, die Besetztzeichen
  busy signal
bestätigen *to confirm*
die Bestätigung, die Bestätigungen *confirmation*
das Besteck, die Bestecke *place setting (silverware)*
bestellen *to order, reserve*
betätigen *to turn on, operate*
der Betrag, die Beträge *amount*
betragen *to amount to*
Betreten verboten *no admittance*
betreuen *to take care of, look after*
das Bett, die Betten *bed*
das Bett beziehen *to put fresh sheets on the bed*
das Bett machen *to make the bed*
ins Bett gehen *to go to bed*
der Bettbezug, die Bettbezüge *duvet cover*
die Bettdecke, die Bettdecken *blanket*
das Bettlaken, die Bettlaken *bed sheet*
bezahlen *to pay (for)*
(rechts/links um die Ecke) biegen *to turn
  (right/left at the corner)*
der Biergarten, die Biergärten *beer garden*
bieten *to offer*
das Bild, die Bilder *picture*
der Bildschirm, die Bildschirme *screen (TV,
  computer monitor)*
die Blase, die Blasen *bladder*
bleiben *to stay, remain*
der Blinddarm, die Blinddärme *appendix*
der Blinker, die Blinker *directional signal*
die Bluse, die Blusen *blouse*
das Blut *blood*
der Blutdruck *blood pressure*
die Blutgruppe, die Blutgruppen *blood type*
die Blutprobe, die Blutproben *blood sample*
der Body, die Bodys *bodysuit*
die Bordkarte, die Bordkarten *boarding pass*
braten *to fry, roast*
der Braten, die Braten *roast*
der Bräter, die Bräter *roasting pan*
die Bratpfanne, die Bratpfannen *frying pan*
brauchen *to need*
breit *wide*
bremsen *to brake*

die Bremsflüssigkeit, die Bremsflüssigkeiten
  brake fluid
das Bremspedal, die Bremspedale *brake pedal*
brennen *to burn*
der Brenner, die Brenner *burner*
der Brief, die Briefe *letter*
der Briefkasten, die Briefkästen *mailbox*
die Briefmarke, die Briefmarken *stamp*
der Briefumschlag, die Briefumschläge *envelope*
das Brötchen, die Brötchen *roll*
der Bruch, die Brüche *break, fracture*
die Brust, die Brüste *chest, breast*
das Buch, die Bücher *book*
das Bücherregal, die Bücherregale *bookshelf*
der Bücherschrank, die Bücherschränke *bookcase*
das Bügelbrett, die Bügelbretter *ironing board*
das Bügeleisen, die Bügeleisen *iron*
bügelfrei *no-iron*
bügeln *to iron, press*
die Bühne, die Bühnen *stage*
das Bündchen, die Bündchen *cuff*
die Bundesrepublik Deutschland *Federal Republic
  of Germany*
die Bundesstraße, die Bundesstraßen *highway*
das Büro, die Büros *office*
der Bus, die Busse *bus*
die Bushaltestelle, die Bushaltestellen *bus stop*
der Büstenhalter (BH), die Büstenhalter (BHs)
  brassiere (bra)
die Butterdose, die Butterdosen *butter dish*

die CD, die CDs *CD*
der CD-Player, die CD-Player *CD player*
im Chat reden *to chat (computer)*
chatten *to chat*
(chemisch) reinigen *to dry-clean*
der Chirurg, die Chirurgen *surgeon (male)*
die Chirurgin, die Chirurginnen *surgeon (female)*
einen chirurgischen Eingriff vornehmen
  to operate
das Cockpit, die Cockpits *cockpit*
der Computer, die Computer *Computer*

das Darlehen, die Darlehen *loan*
ein Darlehen aufnehmen *to take out a loan*
der Darm, die Därme *intestines*
die Datei, die Dateien *file*
die Daten *data*
dauern *to last, take (time)*
die Dauerwelle, die Dauerwellen *perm, permanent
  (hair)*
die Daunendecke, die Daunendecken *down quilt,
  feather bed*
die Decke, die Decken *blanket*
den Tisch decken *to set the table*
das Dessert, die Desserts *dessert*

der Diabetes *diabetes*

der Dickdarm, die Dickdärme *large intestine*

die Diphtherie *diphtheria*

die Diskette, die Disketten *diskette, floppy disk*

das Dokument, die Dokumente *document*

das Doppel, die Doppel *doubles match (tennis)*

das Doppelbett, die Doppelbetten *double bed*

das Doppelzimmer, die Doppelzimmer
   double room

die Dose, die Dosen *can*

der Dosenöffner, die Dosenöffner *can opener*

das Dragée, die Dragées *coated pill*

das Drama, die Dramen *drama, play*

draußen *outside*

dreckig *dirty*

drucken *to print*

drücken *to press*

der Drucker, die Drucker *printer*

die Drüse, die Drüsen (Lymphdrüsen) *gland*
   (lymph glands)

durchchecken *to check through (luggage to a*
   destination)

der Durchfall *diarrhea*

durchgebrannt *blown (fuse), burned out (lightbulb)*

durchgebraten *well done (meat)*

durchkommen *to get through*

auf der Durchreise sein *to be passing through*

die Durchsage, die Durchsagen *announcement*

durchsagen *to announce*

der Durchschlag, die Durchschläge *colander*

durchwählen *to dial directly*

die Durchwahlnummer, die Durchwahlnummern
   direct dial

der Durst *thirst*

durstig *thirsty*

die Dusche, die Duschen *shower*

(sich) duschen *to take a shower*

das Dutzend *dozen*

die DVD, die DVDs *DVD*

die Ecke, die Ecken *corner*

der Ecktisch, die Ecktische *corner table*

die Economy-Klasse *economy class*

die Ehefrau, die Ehefrauen *wife*

der Ehemann, die Ehemänner *husband*

das Ei, die Eier *egg*

der Eierstock, die Eierstöcke *ovary*

die Einbahnstraße, die Einbahnstraßen
   one-way street

einchecken *to check in (luggage), register*
   (at a hotel)

einfache Fahrkarte *one-way ticket*

einführen *to insert*

eingeben *to input, enter (computer)*

eingeschaltet *lit, turned on*

der Eingriff, die Eingriffe *operation, intervention*

einhängen *to hang up*

der Einkauf, die Einkäufe *purchases*

einlaufen *to shrink*

einlösen *to cash (a check)*

einscannen *to scan in*

einschalten *to turn on (a light)*

einschieben *to insert*

einschlafen *to fall asleep*

einsteigen *to get on*

einstellen *to adjust*

der Eintopf, die Eintöpfe *stew (meal cooked in*
   one pot)

die Eintrittskarte, die Eintrittskarten
   admission ticket

einwerfen *to mail, put in*

einzahlen *to deposit (money into an account)*

das Einzel, die Einzel *singles match (tennis)*

das Einzelbett, die Einzelbetten *twin bed*

das Einzelzimmer, die Einzelzimmer *single room*

der Eiswürfel, die Eiswürfel *ice cube*

der Elektriker, die Elektriker *electrician*

das Elektrokardiogramm,
   die Elektrokardiogramme (EKG)
   electrocardiogram (EKG)

der Ellenbogen, die Ellenbogen (der Ellbogen,
   die Ellbogen) *elbow*

der Empfang *reception desk*

empfangen *to receive (guests)*

der Empfänger, die Empfänger *recipient, addressee*

die Empfangsdame, die Empfangsdamen
   desk clerk (female)

empfehlen *to advise, recommend, suggest*

empfehlenswert *recommended, advisable*

empfindlich gegen *sensitive to*

das Ende *end*

eng *narrow, tight*

englisch *rare (meat)*

die Entbindung, die Entbindungen *delivery (birth)*

der Entbindungssaal, die Entbindungssäle
   delivery room

entfernen *to remove*

entfernt *far*

entgegengesetzt *opposite*

entnehmen *to take out*

die Epilepsie *epilepsy*

der epileptische Anfall, die epileptischen Anfälle
   epileptic seizure

die Erdbeere, die Erdbeeren *strawberry*

erfahren *to find out*

erhalten *to receive*

erhitzen *to heat*

erkältet sein *to have a cold*

die Erkältung, die Erkältungen *cold*

erklären *to explain*

erlauben *to allow, permit*

erleichtern *to make easier*

die Ernährung *feeding (food)*
erneuern *to replace*
ernst *serious*
eröffnen *to open*
erreichen *to reach*
der Ersatzreifen, die Ersatzreifen *spare tire*
das Ersatzteil, die Ersatzteile *spare part*
(auf der Bühne) erscheinen *to appear (on stage)*
ersetzen *to replace*
die Ersparnisse *savings*
die Erste Klasse *first class*
erwarten *to expect*
essen *to eat*
der Esslöffel, die Esslöffel *tablespoon, soupspoon*
das Esszimmer, die Esszimmer *dining room*

die Fäden *stitches*
der Fahrgast, die Fahrgäste *passenger*
die Fahrkarte, die Fahrkarten *ticket*
der Fahrplan, die Fahrpläne *schedule, timetable*
der Fahrstreifen, die Fahrstreifen
    lane (of a highway)
fallen *to fall*
der Fälligkeitstag, die Fälligkeitstage *due date*
das Familienmitglied, die Familienmitglieder
    family member
fangen *to catch, stop (a ball)*
die Farbe, die Farben *color*
färben *to dye*
das Federbett, die Federbetten *comforter*
fegen *to sweep*
fehlen *to be missing*
das Fenster, die Fenster *window*
die Ferien *vacation*
das Ferngespräch, die Ferngespräche
    long-distance call
das Fernlicht, die Fernlichter *high beams*
fernsehen *to watch television*
der Fernseher, die Fernseher *television set*
fertig *ready*
die Festplatte, die Festplatten *hard drive*
das Feuer, die Feuer *fire*
die Feuerwehr *fire department*
das Fieber *fever*
der Film, die Filme *film*
einen Film drehen *to shoot a film*
der Finger, die Finger *finger*
der Fingernagel, die Fingernägel *fingernail*
der Fisch, die Fische *fish*
flach *flat*
der Flanell *flannel*
eine Flanke schießen *to make a long pass*
die Flasche, die Flaschen *bottle*
der Flaschenöffner, die Flaschenöffner
    bottle opener
der Fleck, die Flecken *stain*

das Fleisch *meat*
der Fleischer, die Fleischer *butcher*
flicken *to mend*
die Fliege, die Fliegen *bow tie*
fliegen *to fly*
der Flug, die Flüge *flight*
einen Flug aufrufen *to announce a flight*
    (as ready for departure)
der Flugbegleiter, die Flugbegleiter
    flight attendant (male)
die Flugbegleiterin, die Flugbegleiterinnen
    flight attendant (female)
der Flügel, die Flügel *wing*
der Fluggepäckschein, die Fluggepäckscheine
    baggage claim check (plane)
die Fluggesellschaft, die Fluggesellschaften *airline*
der Flughafen, die Flughäfen *airport*
der Flugkapitän, die Flugkapitäne *captain, pilot*
die Fluglinie, die Fluglinien *airline*
die Flugroute, die Flugrouten *flight plan*
der Flugschein, die Flugscheine *airline ticket*
die Flugscheinhülle, die Flugscheinhüllen
    ticket holder
die Flugzeit, die Flugzeiten *flying time*
das Flugzeug, die Flugzeuge *plane*
der Fön, die Föne *electric hair dryer*
das Formular, die Formulare *form (to be filled out)*
das Foto, die Fotos *photograph (photo)*
das Foul, die Fouls *foul*
fragen *to ask*
die Frau, die Frauen *woman, wife*
frei *available, free*
sich frei machen *to undress (in doctor's office only)*
frieren *to be cold, freeze, be freezing*
frisch *fresh*
der Friseur (Frisör), die Friseure (Frisöre)
    barber, hairdresser (male)
die Friseurin (Frisörin), die Friseurinnen
    (Frisörinnen) *barber, hairdresser (female)*
beim Friseur *at the hairdresser*
zum Friseur *to the hairdresser*
fritiert *deep fried*
die Frucht, die Früchte *fruit*
das Frühstück *breakfast*
(den Puls) fühlen *to feel (the pulse)*
führen *to pass (a ball) (sports)*
der Führerschein, die Führerscheine
    driver's license
füllen *to fill*
die Füllung, die Füllungen *filling*
funktionieren *to work (function)*
für *for*
der Fuß, die Füße *foot*
das Fußballfeld, die Fußballfelder *soccer field*
die Fußballmannschaft, die Fußballmannschaften
    soccer team

der Fußboden, die Fußböden *floor*
der Fußnagel, die Fußnägel *toenail*
das Futter, die Futter *lining*

die Gabel, die Gabeln *fork*
die Gallenblase, die Gallenblasen *gallbladder*
der Gang, die Gänge *aisle; course (of a meal);*
    gear (auto)
einen Gang einlegen *to shift into a gear*
im ersten Gang *in first gear*
die Garderobe, die Garderoben *cloakroom,*
    checkroom
die Gardine, die Gardinen *curtain (sheer)*
der Garten, die Gärten *garden*
das Gaspedal, die Gaspedale *gas pedal,*
    accelerator
der Gast, die Gäste *guest*
die Gaststätte, die Gaststätten *restaurant*
das Gate, die Gates *gate (airport)*
gebacken *baked*
gebraten *fried, roast*
gebrochen *broken*
die Gebühr, die Gebühren *charge, fee*
der Geburtshelfer, die Geburtshelfer
    obstetrician (male)
die Geburtshelferin, die Geburtshelferinnen
    obstetrician (female)
gedämpft *steamed*
das Gedärm, die Gedärme *intestines*
gefährlich *dangerous*
das Geflügel *poultry*
gefroren *frozen*
gegen *against*
gegrillt *grilled*
gehackt *chopped*
die Geheimnummer, die Geheimnummern
    PIN number
geimpft *vaccinated*
gekocht *cooked, boiled*
das Geld *money*
der Geldautomat, die Geldautomaten *ATM,*
    cash machine
das Geldstück, die Geldstücke *coin*
das Gemüse *vegetables*
das Gepäck *baggage, luggage*
das Gepäck aufgeben *to check one's luggage*
die Gepäckablage, die Gepäckablagen *overhead*
    compartment
gepunktet *polka-dotted*
geradeaus *straight ahead*
geräuchert *smoked*
das Gericht, die Gerichte *dish*
gerissen *torn*
gesamt *entire, all of*
geschäftlich *on business*
das Geschirr *dishes*

die Geschirrspülmaschine,
    die Geschirrspülmaschinen *dishwasher*
das Geschirrtuch, die Geschirrtücher *dish towel*
die Geschlechtskrankheit,
    die Geschlechtskrankheiten *venereal disease*
geschlossen *closed*
geschmort *sautéed, braised*
geschnitten *cut*
geschwenkt *sautéed*
die Geschwindigkeit, die Geschwindigkeiten *speed*
geschwollen *swollen*
das Geschwür, die Geschwüre *ulcer*
gestärkt *starched*
gestreift *striped*
das Getränk, die Getränke *drink*
gewähren *to grant*
gewann *won*
das Gewebe, die Gewebe *fabric*
gewinnen *to win*
in Gips legen *to put in a cast*
der Gipsverband, die Gipsverbände *(plaster) cast*
das Girokonto, die Girokonten *checking account*
das Glas, die Gläser *glass, jar*
glatt ziehen *to arrange, pull smooth*
das Gleis, die Gleise *track*
die Glühbirne, die Glühbirnen *lightbulb*
googeln *to google*
die Gräte, die Gräten *fish bone*
der graue Star *cataract*
der Griff, die Griffe *handle*
die Grippe *flu*
die Größe, die Größen *size*
die Grundlinie, die Grundlinien *baseline (tennis)*
der Gummistiefel, die Gummistiefel *rubber boot*
der Gurt, die Gurte *belt*
der Gürtel, die Gürtel *belt*
gut durchgebraten *well done (meat)*
gutbürgerlich *moderately priced traditional*
    (restaurant classification)

das Haar, die Haare *hair*
das Haargel, die Haargele *hair gel*
der Haarschnitt, die Haarschnitte *haircut*
das Haarspray, die Haarsprays *hair spray*
die Haarwäsche, die Haarwäschen *shampoo*
das Hähnchen, die Hähnchen *chicken*
die Hähnchenkeule, die Hähnchenkeulen
    drumstick
die Halbpension *room with breakfast plus lunch*
    or *dinner*
die Halbzeit, die Halbzeiten *period, half (soccer)*
die Halle, die Hallen *terminal*
der Hals, die Hälse *neck*
die Halsschmerzen *sore throat*
das Halstuch, die Halstücher *scarf*
halten *to stop*

die Haltestelle, die Haltestellen *stop (bus, streetcar, etc.)*

die Hämorriden *hemorrhoids*

die Handbremse, die Handbremsen *hand brake*

das Handgelenk, die Handgelenke *wrist*

das Handgepäck *carry-on luggage*

der Handschuh, die Handschuhe *glove*

das Handschuhfach, die Handschuhfächer *glove compartment*

die Handtasche, die Handtaschen *handbag, pocketbook*

das Handtuch, die Handtücher *hand towel*

der Handtuchhalter, die Handtuchhalter *towel rack*

das Handy, die Handys *cell phone*

der Hängeschrank, die Hängeschränke *cabinet*

die Haube, die Hauben *hood (of car)*

häufig *frequently*

der Hauptbahnhof, die Hauptbahnhöfe *main railroad station*

das Hauptgericht, die Hauptgerichte *main course*

die Hauptverkehrszeit, die Hauptverkehrszeiten *rush hour*

die Hausarbeit *housework*

der Hausputz *housecleaning*

der Hausschuh, die Hausschuhe *slipper*

die Haut, die Häute *skin*

die Hebamme, die Hebammen *midwife*

heiß *hot*

die Heizung, die Heizungen *radiator*

der Held, die Helden *hero*

die Heldin, die Heldinnen *heroine*

helfen *to help*

das Hemd, die Hemden *shirt*

herabfallen *to fall down*

herausnehmen *to take out*

der Herd, die Herde *stove*

Herein! *Come in!*

hereinkommen *to come in*

herrschen *to rule*

das Herz, die Herzen *heart*

der Herzanfall, die Herzanfälle *heart attack*

der Herzinfarkt, die Herzinfarkte *heart attack*

der Heuboden, die Heuböden *top balcony (in theater; literally, hayloft)*

die Himbeere, die Himbeeren *raspberry*

sich unruhig hin- und herwälzen *to toss and turn (in bed)*

hinausbringen *to take out (the garbage)*

hinten *in the back*

im hinteren Teil *in the rear (compartment)*

hoch *high*

hochkrempeln *to roll up*

zum Hof *facing the courtyard*

höher *higher*

der Hörer, die Hörer *receiver (telephone)*

die Hose, die Hosen *pants*

der Hosenanzug, die Hosenanzüge *pantsuit*

der Hosenschlitz, die Hosenschlitze *fly (in pants)*

der Hotelpage, die Hotelpagen *bellhop*

die Hüfte, die Hüften *hip*

das Huhn, die Hühner *chicken*

der Hunger *hunger*

hungrig *hungry*

die Hupe, die Hupen *horn*

hupen *to blow the horn*

der Husten *cough*

husten *to cough*

die Hypothek, die Hypotheken *mortgage*

eine Hypothek aufnehmen *to assume a mortgage*

im Falle *in case*

impfen *to vaccinate*

in Ordnung *all right, okay*

(im Preis) inbegriffen *included (in the price)*

die Influenza *flu*

die Inlandsauskunft *domestic information*

der Inlandsflug, die Inlandsflüge *domestic flight*

die Intensivstation, die Intensivstationen *intensive care unit*

der Internet-Anschluss *Internet connection*

intravenös *intravenous*

die Jacke, die Jacken *jacket (sports)*

das Jackett, die Jacketts *suit jacket*

die Jalousie, die Jalousien *Venetian blind*

die Jeans *jeans*

der Jeansstoff, die Jeansstoffe *denim*

jetzt *now*

der Jogginganzug, die Jogginganzüge *jogging suit*

der Joggingschuh, die Joggingschuhe *jogging shoe*

die Kabine, die Kabinen *cabin*

das Kabinenpersonal *flight personnel*

der Kaffee *coffee*

das Kalbfleisch *veal*

kalt *cold*

Mir ist kalt. *I'm cold.*

der Kamin, die Kamine *fireplace*

(sich) kämmen *to comb (one's hair)*

das Kammgarn *worsted*

der Kanal, die Kanäle *channel (TV)*

das Kännchen, die Kännchen *small pot (for individual servings of coffee, tea, etc.)*

die Karaffe, die Karaffen *carafe*

kariert *checked*

die Karte, die Karten *ticket*

der Karton, die Kartons *carton, box*

der Käse *cheese*

die Kasse, die Kassen *cashier's window*

die Kasserolle, die Kasserollen *pot*

die Kassette, die Kassetten *tape*

der Kassierer, die Kassierer *cashier (male)*

die Kassiererin, die Kassiererinnen *cashier (female)*
das Kaufhaus, die Kaufhäuser *department store*
der Kellner, die Kellner *waiter*
die Kellnerin, die Kellnerinnen *waitress*
das Kennzeichen, die Kennzeichen *license plate*
die Kernspintomographie,
   die Kernspintomographien *magnetic resonance imaging (MRI)*
der Kerzenständer, die Kerzenständer *candelabra*
das Ketchup *ketchup*
der Keuchhusten *whooping cough*
das Kilometergeld *mileage (kilometer) charge*
der Kilometerzähler, die Kilometerzähler
   odometer (reading in kilometers)
die Kinderkrankheit, die Kinderkrankheiten
   childhood disease
die Kinderlähmung *infantile paralysis,*
   poliomyelitis
das Kino, die Kinos *movies, cinema*
klar *clear*
klatschen *to clap, applaud*
kleben *to paste, glue, attach, apply*
das Kleid, die Kleider *dress*
der Kleiderbügel, die Kleiderbügel *hanger*
das Kleidungsstück, die Kleidungsstücke
   article of clothing
klein *small*
das Kleingeld *change*
der Klempner, die Klempner *plumber*
klicken *to click*
die Klimaanlage, die Klimaanlagen
   air conditioner
klimatisiert *air-conditioned*
klingeln *to ring*
die Klinik, die Kliniken *clinic, hospital*
klopfen *to knock*
die Kneipe, die Kneipen *tavern, pub, bar*
der Kniestrumpf, die Kniestrümpfe *kneesock*
knitterfrei *wrinkle-resistant*
knittern *to wrinkle*
der Knöchel, die Knöchel *ankle*
der Knochen, die Knochen *bone*
der Knopf, die Knöpfe *button*
kochen *to boil, cook*
zum Kochen bringen *to bring to a boil*
der Koffer, die Koffer *suitcase*
der Kofferkuli, die Kofferkulis *luggage cart*
der Kofferraum, die Kofferräume *trunk (of car)*
Kommen Sie herein! *Come in!*
die Kommode, die Kommoden *bureau,*
   chest of drawers
die Komödie, die Komödien *comedy*
das Konto, die Konten *account*
der Kontostand, die Kontostände *balance*
kontrollieren *to check (tickets)*
der Kopf, die Köpfe *head*

der Kopfhörer, die Kopfhörer *headphones*
das Kopfkissen, die Kopfkissen *pillow*
der Kopfkissenbezug, die Kopfkissenbezüge
   pillow case
der Kopfsalat *lettuce*
der Kord *corduroy*
der Korkenzieher, die Korkenzieher *corkscrew*
das Kostüm, die Kostüme *woman's suit*
die Koteletten *sideburns*
der Kotflügel, die Kotflügel *fender*
krank *sick, ill*
die Krankengeschichte, die Krankengeschichten
   medical history
das Krankenhaus, die Krankenhäuser *hospital*
die Krankenkasse, die Krankenkassen *health*
   insurance
der Krankenpfleger, die Krankenpfleger *nurse*
   (male)
die Krankenschwester, die Krankenschwestern
   nurse (female)
der Krankenwagen, die Krankenwagen *ambulance*
die Krawatte, die Krawatten *tie*
der Krebs *cancer*
die Kreditkarte, die Kreditkarten *credit card*
der Kreißsaal, die Kreißsäle *delivery room*
die Kreuzung, die Kreuzungen *intersection*
die Krücken *crutches*
die Küchenmaschine, die Küchenmaschinen
   food processor
kühl *cool*
der Kühler, die Kühler *radiator (of car)*
der Kühlschrank, die Kühlschränke *refrigerator*
das Kühlwasser *water (in car radiator)*
die Kunstfasern *synthetic fabric*
kuppeln *to engage the clutch*
die Kupplung, die Kupplungen *clutch*
kurz *short*
kürzer schneiden *to trim*

die Lampe, die Lampen *lamp*
landen *to land*
die Landkarte, die Landkarten *map*
die Landung, die Landungen *landing*
lang *long*
der Langstreckenflug, die Langstreckenflüge
   long-distance flights
der Laptop, die Laptops *laptop*
der Lärm *noise*
lassen *to leave*
die Lebensmittel *groceries*
das lebenswichtige Organ, die lebenswichtigen
   Organe *vital organ*
die Leber, die Lebern *liver*
lecken *to drip, leak*
das Leder *leather*
leer *empty*

leeren *to empty*
der Leerlauf *neutral*
legen *to put, place (horizontally); to set (hair)*
leiden an *to suffer from*
die Leinwand, die Leinwände *screen (movie)*
die Leitung, die Leitungen *line (telephone, electric)*
das Lenkrad, die Lenkräder *steering wheel*
leuchten *to light up, shine*
das Licht *headlights*
der Lichtschalter, die Lichtschalter *light switch*
das Lied, die Lieder *song*
liegen bleiben *to stall (car)*
der Liegewagen, die Liegewagen *couchette car (train)*
links *left*
links um die Ecke *left at the corner*
nach links fahren (gehen) *to turn left*
das Loch, die Löcher *cavity (in tooth), hole*
die Loge, die Logen *box (at theater)*
der Logenplatz, die Logenplätze *box seat*
lose *loose*
der Luftdruckabfall *reduction in air pressure*
die Luftkrankheit *airsickness*
die Luftpost *airmail*
die Lunge, die Lungen *lungs*

der Magen, die Mägen *stomach*
die Mahlzeit, die Mahlzeiten *meal*
die Mail, die Mails *e-mail*
mailen *to e-mail*
manchmal *sometimes*
die Mandeln *tonsils*
die Maniküre *manicure*
der Mann, die Männer *man, husband*
die Manschetten *French cuffs*
der Manschettenknopf, die Manschettenknöpfe *cuff link*
der Mantel, die Mäntel *coat*
die Maschine, die Maschinen *plane*
die Masern *measles*
Maß nehmen *to take measurements*
die Maße *measurements*
die Matratze, die Matratzen *mattress*
die Maus, die Mäuse *mouse*
das Mauspad, die Mauspads *mouse pad*
die Mayonnaise (Majonäse) *mayonnaise*
medium *medium (meat)*
das Meer, die Meere *sea*
die Mehrwertsteuer *value added tax*
der Meldeschein, die Meldescheine *registration form*
das Menü, die Menüs *fixed menu, menu*
merken *to note*
messen *to measure, take (e.g., blood pressure, temperature)*
das Messer, die Messer *knife*

der Metzger, die Metzger *butcher (especially in southern Germany)*
mieten *to rent*
der Mietvertrag, die Mietverträge *rental contract*
das Mischgewebe, die Mischgewebe *blended fabric*
mit Blick auf *facing*
mit Luftpost *by airmail*
mitnehmen *to take along*
der Mitspieler, die Mitspieler *fellow player, teammate (male)*
die Mitspielerin, die Mitspielerinnen *teammate (female)*
mitteilen *to inform*
der Mixer, die Mixer *blender*
das Mobiltelefon, die Mobiltelefone *cell phone*
die Möglichkeit, die Möglichkeiten *possibility*
monatliche Rate *monthly installment*
der Monitor, die Monitore *monitor*
der MP3-Player, die MP3-Player *MP3 player*
der Müll *garbage*
der Mülleimer, die Mülleimer *garbage can, pail*
der Mumps *mumps*
der Mund, die Münder *mouth*
die Münze, die Münzen *coin*
der Münzeinwurf, die Münzeinwürfe *coin slot*
das Musical, die Musicals *musical*
die Musik in Stereo *stereo music*

nach *to (a destination)*
die Nachricht, die Nachrichten *message*
nachschneiden *to trim*
der Nachschnitt, die Nachschnitte *trim*
nachsehen *to check*
die Nachspeise, die Nachspeisen *dessert*
der Nachttisch, die Nachttische *night table*
der Nachtzug, die Nachtzüge *night train*
der Nacken, die Nacken *(back of the) neck*
der Nagellack *nail polish*
in der Nähe *nearby, in the vicinity*
nähen *to sew, stitch*
die Nahrung *food*
die Naht, die Nähte *seam*
die Nähte *stitches*
der Nahverkehrszug, die Nahverkehrszüge *local train*
nass *wet*
das Navigationssystem (das Navi), die Navigationssysteme (die Navis) *GPS*
das Netz, die Netze *net*
der Netzball, die Netzbälle *net ball*
die Nichtraucherzone, die Nichtraucherzonen *no smoking section*
niedrig *low*
die Niere, die Nieren *kidney*
noch einmal *again*
der Nonstopflug, die Nonstopflüge *nonstop flight*

der Notausgang, die Notausgänge *emergency exit*
der Notfall, die Notfälle *emergency*
die Notrufnummer, die Notrufnummern
    emergency number
notwendig *necessary*
null *zero*
die Nummer, die Nummern *number*
das Nummernschild, die Nummernschilder
    license plate
das Nylon *nylon*

oben *on top*
oben rechts *upper right*
der Ober, die Ober *(head)waiter*
das Obst *fruit*
der Ofen, die Öfen *oven*
offener Wein *carafe wine*
öffentlich *public*
öffnen *to open*
oft *often*
das Ohr, die Ohren *ear*
die Ohrenschmerzen *earache*
das Öl *oil*
ölen *to lubricate*
der Ölstand *oil level*
die Operation durchführen *to operate*
die Operation, die Operationen *operation*
der Operationssaal, die Operationssäle
    operating room
der Operationstisch, die Operationstische
    operating table
operieren *to operate*
der Ort, die Orte *town*
der Orthopäde, die Orthopäden *orthopedist*
das Ortsgespräch, die Ortsgespräche *local call*
das Ovarium, die Ovarien *ovary*

das Paar *pair*
das Päckchen, die Päckchen *(small) package*
das Paket, die Pakete *package*
paniert *breaded*
die Panne, die Pannen *breakdown*
parken *to park*
das Parkett, die Parkette *orchestra (seats)*
der Parkplatz, die Parkplätze *parking lot*
der Passagier, die Passagiere *passenger*
einen Pass spielen *to pass (soccer)*
passen *to pass (a ball) (sports)*
passen *to fit (size)*
passen zu *to go with (e.g., colors)*
passieren *to happen*
die Passkontrolle, die Passkontrollen *passport
    control*
das Passwort, die Passwörter *password*
der Patient, die Patienten *patient (male)*
die Patientin, die Patientinnen *patient (female)*

die Pause, die Pausen *intermission*
die Pediküre *pedicure*
das Penizillin *penicillin*
die Penizillinspritze, die Penizillinspritzen
    penicillin injection
per Einschreiben *by registered mail*
per Luftpost *via airmail*
der Personalausweis, die Personalausweise
    personal identity card
die persönlichen Sachen *personal effects*
die Pfanne, die Pfannen *pan*
der Pfeffer *pepper*
die Pfeffermühle, die Pfeffermühlen *pepper mill*
der Pfefferstreuer, die Pfefferstreuer *pepper shaker*
pfeifen *to whistle*
das Pflaster, die Pflaster *Band-Aid, adhesive bandage*
pflegeleicht *easy-care*
der Piepton, die Pieptöne *beep*
der Pilot, die Piloten *pilot*
der Platten, die Platten *flat tire*
der Platz, die Plätze *seat, place*
Platz nehmen *to take a seat*
der Platzanweiser, die Platzanweiser *usher (male)*
die Platzanweiserin, die Platzanweiserinnen
    usher (female)
die Platznummer, die Platznummern *seat number*
die Platzreservierung, die Platzreservierungen
    seat reservation
plaudern *to chat*
die Plombe, die Plomben *filling (in tooth)*
pochiert *poached*
polieren *to polish*
die Polio *poliomyelitis*
die Polizei *police*
die Polypen *polyps*
der Portier, die Portiers *receptionist (male)*
das Porto *postage*
die Post *mail; post office*
das Postamt, die Postämter *post office*
das Postfach, die Postfächer *post office box*
die Postgebühr, die Postgebühren *postage*
die Postkarte, die Postkarten *postcard*
die Postleitzahl, die Postleitzahlen *zip code*
die Praline, die Pralinen *candy*
der Preisunterschied, die Preisunterschiede
    difference in price
pro Stunde *per hour*
die Probe, die Proben *sample*
probieren *to try, taste*
die Prognose, die Prognosen *prognosis*
das Programm, die Programme *program*
der Psychiater, die Psychiater *psychiatrist (male)*
die Psychiaterin, die Psychiaterinnen *psychiatrist
    (female)*
die psychische Krankheit, die psychischen
    Krankheiten *mental illness*

die psychische Störung, die psychischen Störungen
 mental illness
der Pulli, die Pullis *sweater*
der Pullover, die Pullover *pullover, sweater*
der Puls, die Pulse *pulse*
die Pumps *high-heeled shoes*
der Punkt, die Punkte *point*
das Pünktchen, die Pünktchen *polka dot*
pünktlich *on time*
putzen *to clean*
der Putzlappen, die Putzlappen *polishing cloth*

der Quirl, die Quirle *whisk, beater*
die Quittung, die Quittungen *receipt*

der Rachen, die Rachen *throat*
das Radio, die Radios *radio*
die Radiologie *radiology*
die Radiosendung, die Radiosendungen
 radio program
die Radkappe, die Radkappen *hubcap*
das Radlager, die Radlager *wheel bearings*
das Ragout, die Ragouts *stew*
der Rahm *cream*
der Rahmen, die Rahmen *frame*
der erste Rang, die ersten Ränge *mezzanine*
der zweite Rang, die zweiten Ränge *balcony*
der Rasierapparat, die Rasierapparate
 (electric or safety) razor
(sich) rasieren *to shave (oneself)*
das Rasiermesser, die Rasiermesser *razor*
der Rasierschaum *shaving cream*
die Rasierseife *shaving soap*
der Rastplatz, die Rastplätze *rest (picnic) area*
die Raststätte, die Raststätten *rest stop (with snack
 bar and gas)*
die Rasur, die Rasuren *shave*
die Rate, die Raten *installment (payment)*
auf Raten kaufen *to purchase on the installment
 plan*
in Raten zahlen *to pay off in installments*
rauchen *to smoke*
die Raucherzone, die Raucherzonen *smoking
 section*
räumen *to check out*
der Rechner, die Rechner *CPU*
die Rechnung, die Rechnungen *bill, check*
rechts *right*
nach rechts fahren (gehen) *to turn right*
rechts um die Ecke *right at the corner*
die Rechtschreibprüfung,
 die Rechtschreibprüfungen *spell-check*
reden im Chat *to chat (computer)*
das Regal, die Regale *shelf*
die Regel *menstrual period*
der Regen *rain*

der Regenmantel, die Regenmäntel *raincoat*
regnen *to rain*
reichen *to reach, hand, pass*
der Reifen, die Reifen *tire*
der Reifendruck *tire pressure*
die Reihe, die Reihen *row*
reinigen *to dry-clean*
reinigen lassen *to have dry-cleaned*
die Reise, die Reisen *trip*
reisen *to travel*
der Reisepass, die Reisepässe *passport*
der Reisescheck, die Reiseschecks *traveler's check*
der Reißverschluss, die Reißverschlüsse *zipper*
die Reparatur, die Reparaturen *repair*
reparieren *to repair*
reservieren (lassen) *to reserve*
reserviert *reserved*
das Restaurant, die Restaurants *restaurant*
der Rettungswagen, die Rettungswagen *ambulance*
die Rezeption, die Rezeptionen *reception desk*
richten *to set (a bone)*
die Richtung, die Richtungen *direction*
der Rock, die Röcke *skirt*
das Rohr, die Rohre *pipe, plumbing*
die Rolle, die Rollen *part, role*
das Rollo, die Rollos *shade*
der Rollstuhl, die Rollstühle *wheelchair*
röntgen *to take X-rays, to x-ray*
die Röntgenaufnahme, die Röntgenaufnahmen
 X-ray
das Röntgenbild, die Röntgenbilder *X-ray*
rosa *rare (meat)*
die Röteln *German measles*
der Rotwein, die Rotweine *red wine*
der Rücken, die Rücken *back*
die Rückenlehne, die Rückenlehnen *back (of seat)*
die Rückfahrkarte, die Rückfahrkarten
 round-trip ticket
der Rückspiegel, die Rückspiegel *rearview mirror*
der Rückwärtsgang *reverse (gear)*
rufen *to call*
die Rufnummer, die Rufnummern
 telephone number
ruhig stellen *to immobilize (bone)*
runterladen *to download*

die Sachen *things*
der Saft, die Säfte *juice*
die Sahne *cream*
der Sakko, die Sakkos *(man's suit) jacket*
der Salat, die Salate *salad*
die Salatschüssel, die Salatschüsseln *salad bowl*
der Salatteller, die Salatteller *salad plate*
das Salz *salt*
der Salzstreuer, die Salzstreuer *saltshaker*
die Sandale, die Sandalen *sandal*

satt *full (appetite)*
der Satz, die Sätze *set (tennis)*
der Sauerstoff *oxygen*
die Sauerstoffmaske, die Sauerstoffmasken
  oxygen mask
der Sauerstoffschlauch, die Sauerstoffschläuche
  oxygen tube
das Sauerstoffzelt, die Sauerstoffzelte *oxygen tent*
saugen *to vacuum*
der Saum, die Säume *hem*
scannen *to scan*
der Scanner, die Scanner *scanner*
die Schachtel, die Schachteln *box*
der Schaffner, die Schaffner *conductor (male)*
die Schaffnerin, die Schaffnerinnen *conductor*
  (female)
der Schal, die Schals *scarf*
schälen *to pare, peel*
die Schallplatte, die Schallplatten *record*
das Schälmesser, die Schälmesser *paring knife*
schalten *to shift (gears)*
der Schalter, die Schalter *counter, ticket window*
der Schalthebel, die Schalthebel *gearshift*
schauen *to look*
schaukeln *to bounce*
das Schauspiel, die Schauspiele *drama, play*
der Schauspieler, die Schauspieler *actor*
die Schauspielerin, die Schauspielerinnen *actress*
das Scheckheft, die Scheckhefte *checkbook*
die Scheibe, die Scheiben *slice*
der Scheibenwischer, die Scheibenwischer
  windshield wiper
der Schein, die Scheine *bill (folding money)*
die Schere, die Scheren *scissors*
schicken *to send*
der Schiedsrichter, die Schiedsrichter *referee*
das Schild, die Schilder *sign; ID tag*
der Schlachter, die Schlachter *butcher (especially*
  in northern Germany)
schlafen *to sleep*
der Schlafwagen, die Schlafwagen *sleeping car*
das Schlafzimmer, die Schlafzimmer *bedroom*
die Schlagsahne *whipped cream*
die Schlange, die Schlangen *line (people waiting*
  in line)
der Schleim *mucus, phlegm*
schließen *to close*
das Schließfach, die Schließfächer *locker*
der Schlips, die Schlipse *tie*
der Schlitz, die Schlitze *slot*
der Schlüssel, die Schlüssel *key*
schmal *narrow*
schmecken *to taste*
der Schmerz, die Schmerzen *pain*
schmieren *to grease, lubricate*
die Schminke *makeup*

sich schminken *to apply makeup*
das Schmorfleisch *braised meat*
schmutzig *dirty*
schneiden *to cut*
der Schneider, die Schneider *tailor (male)*
die Schneiderin, die Schneiderinnen *tailor (female)*
der Schnitt, die Schnitte *cut, incision*
das Schnitzel, die Schnitzel *cutlet*
der Schnupfen *runny nose*
der Schnurrbart, die Schnurrbärte *mustache*
der Schnürsenkel, die Schnürsenkel *shoelace*
der Schrank, die Schränke *closet*
die Schrankwand, die Schrankwände *wall unit*
der Schreibtisch, die Schreibtische *desk*
die Schublade, die Schubladen *drawer*
der Schuh, die Schuhe *shoe*
die Schule, die Schulen *school*
der Schüttelfrost *chills and fever*
schützen *to protect*
schwach *weak*
der Schwamm, die Schwämme *sponge*
das Schwammtuch, die Schwammtücher
  sponge cloth
schwanger *pregnant*
die Schwangerschaft, die Schwangerschaften
  pregnancy
das Schweinefleisch *pork*
schwenken *to sauté*
schwer *difficult*
die Schwierigkeit, die Schwierigkeiten *difficulty*
schwindelig *dizzy*
die Schwindsucht *tuberculosis*
die See *sea*
der Seeblick *view of the sea*
die Seide *silk*
die Seife *soap*
die Seifenschale, die Seifenschalen *soap dish*
die Seite, die Seiten *side*
zur Seite *sideways*
selbsttätig *automatically*
der Senf *mustard*
senkrecht *upright*
der Service *service*
der Servierteller, die Servierteller *serving plate*
die Serviette, die Servietten *napkin*
der Sessel, die Sessel *armchair*
die Shorts *shorts*
die Sicherheit *security*
der Sicherheitsgurt, die Sicherheitsgurte *seat belt*
die Sicherheitskontrolle, die Sicherheitskontrollen
  security check
die Sicherheitskopie, die Sicherheitskopien
  backup copy
die Sicherheitsvorschrift,
  die Sicherheitsvorschriften *safety regulation*
die Sicherung, die Sicherungen *fuse*

der Sicherungskasten, die Sicherungskästen *fuse box*

simsen *to text*

der Sitz, die Sitze *seat*

der Sitzplatz, die Sitzplätze *seat*

die Sitzung, die Sitzungen *session (computer)*

der Slip, die Slips *panties*

die SMS, die SMS *text message*

die Socke, die Socken *socks*

das Sofa, die Sofas *sofa, couch*

die Sohle, die Sohlen *sole (foot, shoe)*

der Song, die Songs *song*

die Soßenschüssel, die Soßenschüsseln *gravy boat*

die Spannung *voltage*

das Sparbuch, die Sparbücher *bankbook, passbook*

sparen *to save*

das Sparkonto, die Sparkonten *savings account*

später *later*

der Speck *bacon*

speichern *to save*

die Speise, die Speisen *food*

die Speisekammer, die Speisekammern *pantry*

die Speisekarte, die Speisekarten *menu*

der Speisewagen, die Speisewagen *dining car*

die Spezialität, die Spezialitäten *specialty*

der Spiegel, die Spiegel *mirror*

spielen *to play (games, tapes, records)*

der Spieler, die Spieler *player*

das Spielfeld, die Spielfelder *playing field, (tennis) court*

der Spielstand, die Spielstände *score*

die Spitze, die Spitzen *lace*

sportlich *casual*

die Sprechstundenhilfe, die Sprechstundenhilfen *receptionist in a doctor's office*

der Sprit *gas*

die Spritze, die Spritzen *injection, shot*

die Spucktüte, die Spucktüten *airsickness bag*

die Spüle, die Spülen *sink*

das Spülmittel, die Spülmittel *dishwashing detergent (for washing dishes by hand and for the dishwasher)*

stark *strong*

die Stärke *starch*

der Start, die Starts *start*

startbereit *ready for takeoff*

starten *to start*

der Stau, die Staus *traffic jam*

der Staub *dust*

Staub saugen *to vacuum*

Staub wischen *to dust*

der Staubsauger, die Staubsauger *vacuum cleaner*

das Staubtuch, die Staubtücher *dustcloth*

das Steak, die Steaks *steak*

die Steckdose, die Steckdosen *(electrical) outlet*

stecken *to put*

der Stecker, die Stecker *(electric) plug*

stehen *to stand*

die Stehlampe, die Stehlampen *floor lamp*

stellen *to place, put (vertically)*

(den Wecker) stellen *to set (the alarm clock)*

in Stereo *in stereo*

die Stereomusik *stereo music*

der Stich, die Stiche *stitch*

der Stiefel, die Stiefel *boot*

der Stiel, die Stiele *handle*

stopfen *to darn*

der Stöpsel, die Stöpsel *stopper, plug*

die Stoßstange, die Stoßstangen *bumper*

die Strähnchen *highlights (hair)*

die Straße, die Straßen *street*

zur Straße *facing the street*

das Streichholz, die Streichhölzer *match*

der Strom *electricity (electric current)*

der Strumpf, die Strümpfe *sock, stocking*

die Strumpfhose, die Strumpfhosen *panty hose*

das Stück, die Stücke *piece; drama, play*

das Stück Seife *bar of soap*

der Stuhl *stool (bowel movement)*

der Stuhlgang *bowel movement*

stutzen *to trim (beard)*

suchen *to search for, seek*

die Suppe, die Suppen *soup*

der Suppenlöffel, die Suppenlöffel *soupspoon*

die Suppentasse, die Suppentassen *soup bowl*

der Suppenteller, die Suppenteller *soup plate*

das Sweatshirt, die Sweatshirts *sweatshirt*

das Symptom, die Symptome *symptoms*

synchronisieren *to dub*

die Szene, die Szenen *scene*

der Tabak *tobacco*

das Tablett, die Tabletts *tray*

die Tablette, die Tabletten *tablet, pill*

der Tachometer, die Tachometer *speedometer*

die Tagesdecke, die Tagesdecken *bedspread*

die Tageskarte, die Tageskarten *menu (of daily specials)*

der Tagestarif, die Tagestarife *daily charge*

tagsüber *during the daytime*

der Tank, die Tanks *tank*

die Tankstelle, die Tankstellen *gas station*

die Tasche, die Taschen *bag, pocket (in clothing)*

die Tasche am Sitz *seat pocket (in plane)*

die Taschenlampe, die Taschenlampen *flashlight*

das Taschentuch, die Taschentücher *handkerchief*

die Tasse, die Tassen *cup*

die Tastatur, die Tastaturen *keyboard, keypad*

die Taste, die Tasten *key*

das Taxi, die Taxis *taxi*

ein Taxi (einen Bus) nehmen *to take a taxi (bus)*

der Teelöffel, die Teelöffel *teaspoon*

der Telefonanruf, die Telefonanrufe *telephone call*
das Telefonbuch, die Telefonbücher *telephone book*
telefonieren *to call*
die Telefonnummer, die Telefonnummern
  telephone number
die Telefonzelle, die Telefonzellen *telephone booth*
der Teller, die Teller *plate*
die Temperatur, die Temperaturen *temperature*
der Tennisball, die Tennisbälle *tennis ball*
der Tennisplatz, die Tennisplätze *tennis court*
der Tennisschläger, die Tennisschläger *tennis racket*
das Tennisturnier, die Tennisturniere *tennis
  tournament*
der Teppich, die Teppiche *carpet, rug*
der Teppichboden, die Teppichböden *wall-to-wall
  carpeting*
der Termin, die Termine *appointment*
das Terminal, die Terminals *terminal*
der Tetanus *tetanus*
teuer *expensive*
das Textverarbeitungsprogramm,
  die Textverarbeitungsprogramme
  word processing program
das Theater, die Theater *theater*
die Theaterkasse, die Theaterkassen *ticket window,
  box office*
das Theaterstück, die Theaterstücke *play*
das Ticket, die Tickets *ticket*
tiefgekühlt *frozen*
das Tiefkühlfach, die Tiefkühlfächer *freezer
  compartment*
der Tiefkühlschrank, die Tiefkühlschränke *freezer
  (upright)*
die Tiefkühltruhe, die Tiefkühltruhen *freezer
  (chest)*
der Tisch, die Tische *table*
die Tischdecke, die Tischdecken *tablecloth*
die Tischlampe, die Tischlampen *table lamp*
die Toilette, die Toiletten *toilet*
das Toilettenpapier *toilet paper*
tönen *to color, tint*
der Topf, die Töpfe *pot*
das Tor, die Tore *goal*
ein Tor schießen *to make a goal, score a point*
ein torloses Unentschieden *scoreless game*
der Torwart, die Torwarte *goalie, goalkeeper*
tot *dead*
die Tragbahre, die Tragbahren *stretcher*
tragen *to carry; to wear*
die Tragfläche, die Tragflächen *wing (of a plane)*
die Tragödie, die Tragödien *tragedy*
tranchieren *to carve*
das Tranchiermesser, die Tranchiermesser
  carving knife
der Transitpassagier, die Transitpassagiere
  through passenger

träumen *to dream*
treten *to kick; to step on*
das Trinkgeld, die Trinkgelder *tip*
Tschüss! *Bye!*
die Tuberkulose (TBC) *tuberculosis (TB)*
das Tuch, die Tücher *cloth*
die Turbulenz, die Turbulenzen *turbulence*
der Turnschuh, die Turnschuhe *sneaker*
die Tüte, die Tüten *bag*

übel *nauseous*
sich übergeben *to vomit*
überhitzen *to overheat*
übernachten *to lodge, stay overnight (short time)*
die Überweisung, die Überweisungen
  (bank) transfer
der Ultraschall *ultrasound*
umdribbeln *to dribble around (sports)*
umsteigen *to change (planes, trains, etc.)*
unentschieden *tied (score)*
unerwartete Turbulenz *unexpected turbulence*
der Unfall, die Unfälle *accident*
die Unfallstation, die Unfallstationen *emergency
  room*
unparfümiert *unscented*
unter *under, underneath*
unterbrechen *to cut off, interrupt*
unterbrochen *cut off*
sich unterhalten *to chat*
das Unterhemd, die Unterhemden *undershirt*
die Unterhose, die Unterhosen *underpants*
der Unterrock, die Unterröcke *slip, half-slip*
unterschreiben *to sign*
die Unterschrift, die Unterschriften *signature*
unterstützen *to support, approve*
untersuchen *to analyze, check, examine*
die Untertasse, die Untertassen *saucer*
die Unterwäsche *underwear*
der Urin *urine*
der Urlaub *vacation*
Urlaub machen *to vacation*

das Varieté, die Varietés *variety show*
der Verband, die Verbände *bandage*
verbieten *to prohibit*
verbinden *to connect, put through*
falsch verbunden sein *to have a wrong number*
verbinden *to bandage*
die Verbindung, die Verbindungen *connection*
verboten *forbidden, prohibited*
verbrannt *burned*
verbrennen *to burn*
verbringen *to spend (time)*
vergessen *to forget*
zum Vergnügen *for pleasure*
verirrt *lost (one's way)*

verkaufen *to sell*
der Verkehr *traffic*
die Verkehrsampel, die Verkehrsampeln *traffic
  light*
verlangen *to ask for*
verlassen *to leave, get off*
verletzt *injured*
der Verletzte, die Verletzten *injured person (male)*
die Verletzte, die Verletzten *injured person (female)*
verrenken *to twist, sprain*
versalzen *too salty, oversalted*
verschieden *different, various*
verschließen *to close, lock*
verschreiben *to prescribe*
versichern *to insure*
verspätet *late*
die Verspätung, die Verspätungen *delay*
versprechen *to promise*
verstauchen *to sprain*
verstopft *clogged, stopped up (drain, nose);
  constipated*
die Verstopfung *constipation*
versuchen *to try*
der Vertrag, die Verträge *contract*
sich verwählen *to dial a wrong number, misdial*
verzollen *to declare, pay duty*
vibrieren *to vibrate*
die Viskose *rayon*
das Visum, die Visa *visa*
voll *full*
voll belegt *full, booked up*
die Vollkaskoversicherung,
  die Vollkaskoversicherungen
  comprehensive insurance coverage
die Vollpension *room and board (includes
  breakfast plus lunch and dinner)*
vorbereiten *to prepare*
vorbestellen *to reserve*
der Vorhang, die Vorhänge *curtain, drapes*
vorne *in the front*
im vorderen Teil *in the front, in the forward
  compartment*
nach vorne *forward*
der Vorort, die Vororte *suburb*
die Vorspeise, die Vorspeisen *appetizer*
die Vorstellung, die Vorstellungen *show,
  performance*
die Vorwahl, die Vorwahlen *area code*
vorwärmen *to preheat*
vorziehen *to prefer*

die Waage, die Waagen *scale*
der Wagen, die Wagen *car*
der Wagenheber, die Wagenheber *jack*
wählen *to choose, select; to dial; to vote*
die Wange, die Wangen *cheek*

warm *warm*
die Warmhalteplatte, die Warmhalteplatten
  warming tray
warten *to wait*
was für ein (eine) *what kind of*
das Waschbecken, die Waschbecken *sink,
  wash basin*
die Wäsche *laundry, wash*
der Wäsche-Service *laundry service*
(sich) waschen *to wash (oneself)*
der Wäschetrockner, die Wäschetrockner *dryer*
der Waschlappen, die Waschlappen *washcloth*
die Waschmaschine, die Waschmaschinen
  washing machine
das Waschmittel, die Waschmittel *detergent*
das Waschpulver, die Waschpulver *powdered
  detergent*
der Waschraum, die Washräume *washroom*
das Wasser *water*
der Wasserhahn, die Wasserhähne *faucet*
der Wechselkurs, die Wechselkurse *exchange rate*
wechseln *to exchange, change*
die Wechselstube, die Wechselstuben *exchange
  bureau*
der Wecker, die Wecker *alarm clock*
weder … noch *neither … nor*
weh tun *to hurt*
die Wehe, die Wehen *labor, labor pains*
der Wein, die Weine *wine*
die Weinkarte, die Weinkarten *wine list*
der Weißwein, die Weißweine *white wine*
weit *far; wide*
weiter *farther on*
welcher *which*
wenden *to make a U-turn*
werfen *to throw*
wertvoll *valuable*
der Whiskey *whiskey*
wichtig *important*
wie lange *how long*
wiegen *to weigh*
das Wildleder *suede*
die Windpocken *chickenpox*
die Windschutzscheibe, die Windschutzscheiben
  windshield
wischen *to wipe*
der Wochentarif, die Wochentarife *weekly charge*
das Wohnzimmer, die Wohnzimmer *living room*
der Wohnzimmerschrank,
  die Wohnzimmerschränke *wall unit*
die Wolle *wool*
der Wollstrumpf, die Wollstrümpfe *wool sock*
das Wörterbuch, die Wörterbücher *dictionary*
die Wunde, die Wunden *wound*
wünschen *to wish*
würfeln *to dice*

zäh *tough*

zahlen *to pay (for)*

Zahlen, bitte! *Bill, please! (We'd like to pay.)*

die Zahlungsanweisung, die Zahlungsanweisungen *money order*

der Zahn, die Zähne *tooth*

der Zahnarzt, die Zahnärzte *dentist (male)*

die Zahnärztin, die Zahnärztinnen *dentist (female)*

die Zahnbürste, die Zahnbürsten *toothbrush*

sich die Zähne putzen *to brush one's teeth*

die Zahnpasta (Zahnpaste), die Zahnpasten *toothpaste*

die Zahnschmerzen *toothache*

die Zapfsäule, die Zapfsäulen *gas pump*

das Zapfventil, die Zapfventile *nozzle*

der Zeh, die Zehen; die Zehe, die Zehen *toe*

der Zehnagel, die Zehnägel *toenail*

das Zeichen, die Zeichen *sign*

zeigen *to show, present*

die Zeitschrift, die Zeitschriften *magazine*

die Zeitung, die Zeitungen *newspaper*

die Zentrale, die Zentralen *message center*

zerbrechlich *fragile*

ziehen *to pull*

die Zigarette, die Zigaretten *cigarette*

das Zimmer, die Zimmer *room*

Zimmer frei *rooms available*

das Zimmer machen *to make up the room*

Zimmer mit Einzelbetten *room with twin beds*

der Zimmer-Service *room service*

das Zimmermädchen, die Zimmermädchen *maid*

der Zimmerschlüssel, die Zimmerschlüssel *room key*

der Zins, die Zinsen *interest*

der Zinssatz, die Zinssätze *interest rate*

der Zoll *duty (customs)*

die Zollabfertigung *customs*

der Zollbeamte, die Zollbeamten *customs official (male)*

die Zollbeamtin, die Zollbeamtinnen *customs official (female)*

die Zollerklärung, die Zollerklärungen *customs declaration*

die Zone, die Zonen *zone*

zu Fuß gehen *to walk*

zu Hause *at home*

zubereiten *to prepare*

der Zucker *sugar*

die Zuckerdose, die Zuckerdosen *sugar bowl*

die Zuckerkrankheit *diabetes*

der Zug, die Züge *train*

die Zündkerze, die Zündkerzen *spark plugs*

die Zündung *ignition*

der Zündschlüssel, die Zündschlüssel *ignition key*

zurückbekommen *to get back*

zurückbringen *to bring back, return*

zurückgehen *to go back, walk back*

zurückrufen *to call back*

zurückschlagen *to return (ball)*

zusammen *together*

der Zuschauer, die Zuschauer *spectator, member of the audience*

der Zuschlag, die Zuschläge *supplement, surcharge*

die Zwischenlandung, die Zwischenlandungen *stopover*

die Zyste, die Zysten *cyst*

Glossary: English-German
Wörterverzeichnis: Englisch-Deutsch

accelerator *das Gaspedal, die Gaspedale*
accident *der Unfall, die Unfälle*
account *das Konto, die Konten*
act *der Akt, die Akte*
actor *der Schauspieler, die Schauspieler*
actress *die Schauspielerin, die Schauspielerinnen*
acute appendicitis *die akute Blinddarmentzündung*
address *die Anschrift, die Anschriften; die Adresse,*
  die Adressen
adhesive bandage *das Pflaster, die Pflaster*
to adjust *einstellen*
admission *die Aufnahme, die Aufnahmen*
admission ticket *die Eintrittskarte,*
  die Eintrittskarten
to admit (hospital) *aufnehmen*
no admittance *Betreten verboten*
advisable *empfehlenswert*
again *noch einmal*
against *gegen*
air pressure *der Luftdruck*
air conditioner *die Klimaanlage,*
  die Klimaanlagen
air-conditioned *klimatisiert*
airline *die Fluggesellschaft, die Fluggesellschaften;*
  die Fluglinie, die Fluglinien
airline ticket *der Flugschein, die Flugscheine;*
  das Flugticket, die Flugtickets
airmail *die Luftpost*
airport *der Flughafen, die Flughäfen*
airsickness *die Luftkrankheit*
airsickness bag *die Spucktüte, die Spucktüten*
aisle *der Gang, die Gänge*
on the aisle *am Gang*
alarm clock *der Wecker, die Wecker*
all right, okay *in Ordnung*
allergic *allergisch*
allergy *die Allergie, die Allergien*
to allow, permit *erlauben*
ambulance *der Krankenwagen, die Krankenwagen;*
  der Rettungswagen, die Rettungswagen
amount *der Betrag, die Beträge*
to amount to *betragen*
to analyze *analysieren*
anesthesia *die Anästhesie*

anesthesiologist (female) *die Anästhesistin,*
  die Anästhesistinnen; (male) *der Anästhesist,*
  die Anästhesisten
ankle *der Knöchel, die Knöchel*
to announce *aufrufen, durchsagen*
to announce a flight (as ready for departure)
  einen Flug aufrufen
announcement *der Aufruf, die Aufrufe;*
  die Durchsage, die Durchsagen
answering machine *der Anrufbeantworter,*
  die Anrufbeantworter
antibiotic *das Antibiotikum, die Antibiotika*
to appear *erscheinen*
to appear on stage *auf der Bühne erscheinen*
appendicitis *die Appendizitis;*
  die Blinddarmentzündung
appendix (medical) *der Blinddarm*
appetizer *die Vorspeise, die Vorspeisen*
to applaud *applaudieren, klatschen*
to apply *kleben*
appointment *der Termin, die Termine*
area code *die Vorwahl, die Vorwahlen*
arm *der Arm, die Arme*
armchair *der Sessel, die Sessel*
arrival *die Ankunft, die Ankünfte*
to arrive *ankommen*
arthritis *die Arthritis*
Asian flu *die asiatische Grippe*
to ask *fragen*
to ask for *verlangen*
assistant (doctor's), receptionist in doctor's office
  die Sprechstundenhilfe, die Sprechstundenhilfen
asthma *das Asthma*
at home *zu Hause*
at the hairdresser *beim Friseur*
ATM *der Geldautomat, die Geldautomaten*
automatic transmission *das Automatikgetriebe,*
  die Automatikgetriebe
automatically *selbsttätig; automatisch*
automobile accident *der Autounfall, die Autounfälle*
available (free) *frei*

back *der Rücken, die Rücken*
back (of seat) *die Rückenlehne, die Rückenlehnen*

in the back *hinten*

backup copy *die Sicherheitskopie,*
  die Sicherheitskopien

bacon *der Speck*

bag *die Tasche, die Taschen; die Tüte, die Tüten*

baggage *das Gepäck*

baggage claim check (air travel)
  der Fluggepäckschein, die Fluggepäckscheine

baked *gebacken*

balance *der Kontostand, die Kontostände*

balcony (house, apartment) *der Balkon, die Balkons*

balcony (theater) *der Rang, die Ränge*

ball *der Ball, die Bälle*

bandage *der Verband, die Verbände*

to bandage *verbinden*

Band-Aid *das Pflaster, die Pflaster*

bank *die Bank, die Banken*

bankbook *das Sparbuch, die Sparbücher*

bar *die Kneipe, die Kneipen*

bar of soap *das Stück Seife*

barber (female) *die Friseurin, die Friseurinnen*
  (die Frisörin, die Frisörinnen); (male) *der Friseur*
  (Frisör), die Friseure (Frisöre)

baseline (tennis) *die Grundlinie, die Grundlinien*

bath mat *die Badezimmermatte,*
  die Badezimmermatten

bath towel *das Badetuch, die Badetücher*

to bathe, swim *baden*

bathing (shower) cap *die Badekappe,*
  die Badekappen

bathrobe *der Bademantel, die Bademäntel*

bathroom *das Badezimmer, die Badezimmer*

bathtub *die Badewanne, die Badewannen*

to be (be located) *sich befinden*

beard *der Bart, die Bärte*

beater (whisk) *der Quirl, die Quirle*

bed *das Bett, die Betten*

(to make the) bed *das Bett beziehen, das Bett*
  machen

bed sheet *das Bettlaken, die Bettlaken*

bedroom *das Schlafzimmer, die Schlafzimmer*

bedspread *die Tagesdecke, die Tagesdecken*

beep *der Piepton, die Pieptöne*

beer garden *der Biergarten, die Biergärten*

to begin *anfangen, beginnen*

bellhop *der Hotelpage, die Hotelpagen*

belt *der Gurt, die Gurte; der Gürtel, die Gürtel*

bill (folding money) *der Schein, die Scheine*

bill (check at a restaurant) *die Rechnung,*
  die Rechnungen

Bill, please! (We'd like to pay.) *Zahlen, bitte!*

bladder *die Blase, die Blasen*

blanket *die Decke, die Decken*

blended fabric *das Mischgewebe, die Mischgewebe*

blender *der Mixer, die Mixer*

blood *das Blut*

blood pressure *der Blutdruck*

blood sample *die Blutprobe, die Blutproben*

blood type *die Blutgruppe, die Blutgruppen*

blouse *die Bluse, die Blusen*

to blow the horn *hupen*

blown (fuse) *durchgebrannt*

on board *an Bord*

boarding pass *die Bordkarte, die Bordkarten*

bodysuit *der Body, die Bodys*

to boil *kochen*

to bring to a boil *zum Kochen bringen*

bone *der Knochen, die Knochen*

book *das Buch, die Bücher*

bookcase *der Bücherschrank, die Bücherschränke*

bookshelf *das Bücherregal, die Bücherregale*

boot *der Stiefel, die Stiefel*

bottle *die Flasche, die Flaschen*

bottle opener *der Flaschenöffner, die Flaschenöffner*

to bounce *schaukeln*

bow tie *die Fliege, die Fliegen*

bowel movement *der Stuhlgang*

box *die Schachtel, die Schachteln*

box (theater) *die Loge, die Logen*

box seat *der Logenplatz, die Logenplätze*

bra *der Büstenhalter (BH), die Büstenhalter (BHs)*

braised meat *das Schmorfleisch*

to brake *bremsen*

brake fluid *die Bremsflüssigkeit,*
  die Bremsflüssigkeiten

brake pedal *das Bremspedal, die Bremspedale*

brassiere *der Büstenhalter (BH), die Büstenhalter*
  (BHs)

breaded *paniert*

break, fracture (bone) *der Bruch, die Brüche*

breakdown *die Panne, die Pannen*

breakfast *das Frühstück*

breast *die Brust, die Brüste*

to breathe *atmen*

briefcase *die Aktentasche, die Aktentaschen*

to bring back *zurückbringen*

to bring up-to-date *aktualisieren*

broken *gebrochen*

broom *der Besen, die Besen*

to brush one's teeth *sich die Zähne putzen*

buffet (piece of furniture) *die Anrichte, die Anrichten*

bumper *die Stoßstange, die Stoßstangen*

bureau (chest of drawers) *die Kommode,*
  die Kommoden

to burn *verbrennen; brennen (CD)*

burned *verbrannt*

burned out (lightbulb) *durchgebrannt*

burner *der Brenner, die Brenner*

bus *der Bus, die Busse*

bus stop *die Bushaltestelle, die Bushaltestellen*

on business *geschäftlich*

busy (telephone) *besetzt*

busy signal *das Besetztzeichen, die Besetztzeichen*

butcher *der Fleischer, die Fleischer; der Metzger,*
die Metzger (especially in southern Germany);
der Schlachter, die Schlachter (especially in
northern Germany)

butter dish *die Butterdose, die Butterdosen*

button *der Knopf, die Knöpfe*

by airmail *mit Luftpost*

by registered mail *per Einschreiben*

Bye! *Tschüss!*

cabin *die Kabine, die Kabinen*

cabinet (kitchen) *der Hängeschrank,*
die Hängeschränke

to call *rufen*

to call back *zurückrufen*

to call up *anrufen*

can *die Dose, die Dosen*

can opener *der Dosenöffner, die Dosenöffner*

cancer *der Krebs*

candelabra *der Kerzenständer, die Kerzenständer*

candy *die Praline, die Pralinen*

captain (on airplane) *der Flugkapitän,*
die Flugkapitäne

car *das Auto, die Autos; der Wagen, die Wagen*

carafe *die Karaffe, die Karaffen*

carafe wine *offener Wein*

carpet *der Teppich, die Teppiche*

to carry *tragen*

carry-on luggage *das Handgepäck*

carton *der Karton, die Kartons*

to carve (meat) *tranchieren*

carving knife *das Tranchiermesser,*
die Tranchiermesser

in case *im Falle*

cash *das Bargeld*

to cash (a check) *einlösen*

cash machine *der Geldautomat, die Geldautomaten*

cashier (female) *die Kassiererin, die Kassiererinnen;*
(male) der Kassierer, die Kassierer

cashier's window *die Kasse, die Kassen*

cast (plaster, medical) *der Gipsverband,*
die Gipsverbände

to put in a cast *in Gips legen*

casual *sportlich*

cataract *der graue Star*

to catch *fangen*

cavity (tooth) *das Loch, die Löcher*

CD *die CD, die CDs*

CD player *der CD-Player, die CD-Player*

cell phone *das Handy, die Handys; das Mobiltelefon,*
die Mobiltelefone

change *das Kleingeld*

to change (planes, trains, etc.) *umsteigen*

channel (TV) *der Kanal, die Kanäle*

charge *die Gebühr, die Gebühren*

to chat *plaudern, sich unterhalten*

to chat (computer) *reden im Chat, chatten*

check (banking) *der Scheck, die Schecks*

check (in a restaurant) *die Rechnung,*
die Rechnungen

to check (coats) *abgeben*

to check (tickets) *kontrollieren*

to check (to examine something) *nachsehen*

to check (one's luggage) *(das Gepäck) aufgeben*

to check in *einchecken (das Gepäck aufgeben)*

to check out *auschecken, das Zimmer räumen*

to check through (luggage on a trip) *durchchecken*

checkbook *das Scheckheft, die Scheckhefte*

checked (e.g., pattern on cloth) *kariert*

checking account *das Girokonto, die Girokonten*

checkroom *die Garderobe, die Garderoben*

cheek *die Backe, die Backen; die Wange, die Wangen*

cheese *der Käse*

chest *die Brust, die Brüste*

chicken *das Huhn, die Hühner*

chickenpox *die Windpocken*

childhood disease *die Kinderkrankheit,*
die Kinderkrankheiten

chills and fever *der Schüttelfrost*

cinema *das Kino, die Kinos*

to choose *wählen, auswählen*

chopped *gehackt*

cigarette *die Zigarette, die Zigaretten*

to clap *klatschen*

to clean *putzen, sauber machen*

clear *klar*

to clear the table *abdecken, abräumen*

to click *klicken*

clinic *die Klinik, die Kliniken*

cloakroom *die Garderobe, die Garderoben*

clogged *verstopft*

to close *schließen*

closed *geschlossen*

closet *der Schrank, die Schränke*

cloth *das Tuch, die Tücher*

clothing (article of) *das Kleidungsstück,*
die Kleidungsstücke

clutch (automotive) *die Kupplung, die Kupplungen*

to (engage the) clutch *kuppeln*

coat *der Mantel, die Mäntel*

coated pill *das Dragée, die Dragées*

coatroom *die Garderobe, die Garderoben*

cockpit *das Cockpit, die Cockpits*

coffee *der Kaffee*

coin *die Münze, die Münzen; das Geldstück,*
die Geldstücke

coin slot *der Münzeinwurf, die Münzeinwürfe*

colander *der Durchschlag, die Durchschläge*

cold *kalt*

cold *die Erkältung, die Erkältungen*

to be cold *frieren*

to have a cold *erkältet sein*
I'm cold. *Mir ist kalt.*
colon (large intestine) *der Dickdarm*
color *die Farbe, die Farben*
to color *tönen*
to comb *kämmen*
to comb one's hair *sich kämmen*
Come in! *Kommen Sie herein! / Herein!*
comedy *die Komödie, die Komödien*
comforter *das Federbett, die Federbetten*
compartment (train) *das Abteil, die Abteile*
computer *der Computer, die Computer*
conductor (female) *die Schaffnerin,*
  die Schaffnerinnen; (male) *der Schaffner,*
  die Schaffner
to confirm *bestätigen*
confirmation *die Bestätigung, die Bestätigungen*
to connect *verbinden*
to be connected with a wrong number
  falsch verbunden sein
connection *der Anschluss, die Anschlüsse;*
  die Verbindung, die Verbindungen
constipated *verstopft*
constipation *die Verstopfung*
contagious *ansteckend*
contract *der Vertrag, die Verträge*
to cook *kochen*
cool *kühl*
corduroy *der Kord*
corkscrew *der Korkenzieher, die Korkenzieher*
corner *die Ecke, die Ecken*
corner table *der Ecktisch, die Ecktische*
cotton *die Baumwolle*
couchette car (train) *der Liegewagen,*
  die Liegewagen
cough *der Husten*
to cough *husten*
counter *der Schalter, die Schalter;*
  (at the bank) *der Bankschalter, die Bankschalter*
course (of a meal) *der Gang, die Gänge*
court (tennis) *das Spielfeld, die Spielfelder*
CPU *der Rechner, die Rechner*
cream *der Rahm, die Sahne*
credenza *die Anrichte, die Anrichten*
credit card *die Kreditkarte, die Kreditkarten*
to create (computer file) *anlegen*
crew *die Besatzung, die Besatzungen*
crutches *die Krücken*
cuff *das Bündchen, die Bündchen*
cuff link *der Manschettenknopf,*
  die Manschettenknöpfe
cup *die Tasse, die Tassen*
curtain (sheer) *die Gardine, die Gardinen*
customs *die Zollabfertigung, die Zollabfertigungen*
customs declaration *die Zollerklärung,*
  die Zollerklärungen

customs official (female) *die Zollbeamtin,*
  die Zollbeamtinnen; (male) *der Zollbeamte,*
  die Zollbeamten
cut *der Schnitt, die Schnitte*
to cut (hair, piece of meat, cloth, etc.) *schneiden*
cut *geschnitten*
cut off *abgeschnitten, unterbrochen*
to cut off *abschneiden, unterbrechen*
cutlet *das Schnitzel, die Schnitzel*
cyst *die Zyste, die Zysten*

daily charge *der Tagestarif, die Tagestarife*
dangerous *gefährlich*
to darn *stopfen*
dashboard *das Armaturenbrett, die Armaturenbretter*
data *die Daten*
dead *tot*
to declare (customs) *verzollen*
deep fried *fritiert*
delay *die Verspätung, die Verspätungen*
to deliver (a child, mail) *austragen*
delivery (giving birth) *die Entbindung,*
  die Entbindungen
delivery room *der Kreißsaal, die Kreißsäle;*
  der Entbindungssaal, die Entbindungssäle
denim *der Jeansstoff*
dental chair *der Behandlungsstuhl,*
  die Behandlungsstühle
dentist (female) *die Zahnärztin, die Zahnärztinnen;*
  (male) *der Zahnarzt, die Zahnärzte*
department store *das Kaufhaus, die Kaufhäuser*
departure, takeoff (plane) *der Abflug, die Abflüge*
departure (train) *die Abfahrt, die Abfahrten*
deposit *die Anzahlung, die Anzahlungen*
to deposit (money into an account) *einzahlen*
desk *der Schreibtisch, die Schreibtische*
desk clerk (female) *die Empfangsdame,*
  die Empfangsdamen; (male) *der Portier,*
  die Portiers
dessert *das Dessert, die Desserts; die Nachspeise,*
  die Nachspeisen
detergent *das Waschmittel, die Waschmittel;*
  (powdered) *das Waschpulver, die Waschpulver*
diabetes *der Diabetes; die Zuckerkrankheit*
to dial *wählen*
to dial a wrong number *sich verwählen*
to dial directly *durchwählen*
dial tone *das Amtszeichen, die Amtszeichen*
diarrhea *der Durchfall*
to dice (food) *würfeln*
dictionary *das Wörterbuch, die Wörterbücher*
difference in price *der Preisunterschied,*
  die Preisunterschiede
difficult *schwer*
difficulty *die Schwierigkeit, die Schwierigkeiten*
dining car *der Speisewagen, die Speisewagen*

dining room *das Esszimmer, die Esszimmer*
diphtheria *die Diphtherie*
to direct *leiten*
direct dial (telephone) *die Durchwahlnummer,*
   die Durchwahlnummern
direction *die Richtung, die Richtungen*
directional signal *der Blinker, die Blinker*
dirty *dreckig, schmutzig*
dish (cuisine) *das Gericht, die Gerichte*
dish drainer *der Abtropfkorb, die Abtropfkörbe*
dish towel *das Geschirrtuch, die Geschirrtücher*
dishes *das Geschirr*
dishwasher *die Geschirrspülmaschine,*
   die Geschirrspülmaschinen
dishwashing detergent *das Spülmittel, die Spülmittel*
diskette (floppy disk) *die Diskette, die Disketten*
dizzy *schwindelig*
doctor's office *die Arztpraxis, die Arztpraxen*
doctor (female) *die Ärztin, die Ärztinnen;*
   (male) *der Arzt, die Ärzte*
document *das Dokument, die Dokumente*
domestic information *die Inlandsauskunft*
domestic flight *der Inlandsflug, die Inlandsflüge*
double bed *das Doppelbett, die Doppelbetten*
double room *das Doppelzimmer, die Doppelzimmer*
doubles match (tennis) *das Doppel, die Doppel*
(to make a) down payment *die Anzahlung,*
   die Anzahlungen (leisten)
down quilt *die Daunendecke, die Daunendecken*
to download *runterladen*
to drain *ablaufen, abtropfen*
drain *der Abfluss, die Abflüsse*
drama *das Drama, die Dramen*
drapes *der Vorhang, die Vorhänge*
drawer *die Schublade, die Schubladen*
to dream *träumen*
dress *das Kleid, die Kleider*
to dribble around (sports) *umdribbeln*
drink *das Getränk, die Getränke*
to drip *lecken*
driver's license *der Führerschein, die Führerscheine*
drumstick (food) *die Hähnchenkeule,*
   die Hähnchenkeulen
to dry (the dishes) *abtrocknen*
to dry oneself *sich abtrocknen*
to dry-clean *(chemisch) reinigen*
to have dry-cleaned *reinigen lassen*
dryer *der Wäschetrockner, die Wäschetrockner*
to dub (film) *synchronisieren*
due date *der Fälligkeitstag, die Fälligkeitstage*
during the daytime *tagsüber*
dust *der Staub*
to dust *Staub wischen*
dustcloth *das Staubtuch, die Staubtücher*
duty (customs) *der Zoll*
duvet cover *der Bettbezug, die Bettbezüge*

DVD *die DVD, die DVDs*
to dye *färben*

ear *das Ohr, die Ohren*
earache *die Ohrenschmerzen*
easy-care *pflegeleicht*
to eat *essen*
economy class *die Economy-Klasse*
egg *das Ei, die Eier*
elbow *der Ellenbogen, die Ellenbogen (der Ellbogen,*
   die Ellbogen)
electric hair dryer *der Fön, die Föne*
electrician *der Elektriker, die Elektriker*
electricity (electric current) *der Strom*
electrocardiogram (EKG) *das Elektrokardiogramm,*
   die Elektrokardiogramme (EKG)
e-mail *die Mail, die Mails*
to e-mail *mailen*
emergency *der Notfall, die Notfälle*
emergency exit *der Notausgang, die Notausgänge*
emergency number *die Notrufnummer,*
   die Notrufnummern
emergency room *die Unfallstation,*
   die Unfallstationen
empty *leer*
to empty *leeren*
to enter (computer) *eingeben*
entire *gesamt*
entrance (Autobahn) *die Auffahrt, die Auffahrten*
envelope *der Briefumschlag, die Briefumschläge*
epilepsy *die Epilepsie*
epileptic seizure *der epileptische Anfall,*
   die epileptischen Anfälle
euro *der Euro, die Euros*
eurocent *der Eurocent, die Eurocents*
to examine *untersuchen*
to examine with a stethoscope (auscultate)
   abhorchen
to exchange, change *wechseln*
exchange bureau *die Wechselstube,*
   die Wechselstuben
exchange rate *der Wechselkurs, die Wechselkurse*
exit (Autobahn) *die Ausfahrt, die Ausfahrten*
to exit (computer) *beenden*
to expect *erwarten*
expensive *teuer*
to explain *erklären*
eye level *die Augenhöhe*

fabric *das Gewebe, die Gewebe*
facing *mit Blick auf*
facing the courtyard *zum Hof*
facing the street *zur Straße*
to fall *fallen*
to fall asleep *einschlafen*
to fall down *herabfallen*

family member *das Familienmitglied,*
   die Familienmitglieder
far *entfernt, weit*
farther on *weiter*
to fasten (seat belts) *sich anschnallen,*
   die Sicherheitsgurte anlegen
faucet *der Wasserhahn, die Wasserhähne*
feather comforter *das Federbett, die Federbetten*
fee *die Gebühr, die Gebühren*
feeding (food) *die Ernährung*
to feel (the pulse) *(den Puls) fühlen*
fellow player (female) *die Mitspielerin,*
   die Mitspielerinnen; (male) *der Mitspieler,*
   die Mitspieler
fender *der Kotflügel, die Kotflügel*
fever *das Fieber*
file *die Datei, die Dateien*
filling (tooth) *die Plombe, die Plomben; die Füllung,*
   die Füllungen
film *der Film, die Filme*
to find out *erfahren*
finger *der Finger, die Finger*
fingernail *der Fingernagel, die Fingernägel*
fire *das Feuer, die Feuer*
fire department *die Feuerwehr*
fireplace *der Kamin, die Kamine*
first class *die Erste Klasse*
fish *der Fisch, die Fische*
fish bone *die Gräte, die Gräten*
to fit *passen*
flannel *der Flanell*
flat *flach*
flat tire *der Platten, die Platten*
flight *der Flug, die Flüge*
flight attendant (female) *die Flugbegleiterin,*
   die Flugbegleiterinnen; (male) *der Flugbegleiter,*
   die Flugbegleiter
flight personnel *das Kabinenpersonal*
flight plan *die Flugroute, die Flugrouten*
floor *der Fußboden, die Fußböden*
floor lamp *die Stehlampe, die Stehlampen*
flower *die Blume, die Blumen*
flu *die Grippe, die Influenza*
fly (in pants) *der Hosenschlitz, die Hosenschlitze*
to fly *fliegen*
flying time *die Flugzeit, die Flugzeiten*
food *das Essen, die Essen; die Nahrung* (no plural);
   die Speise, die Speisen
food processor *die Küchenmaschine,*
   die Küchenmaschinen
foot *der Fuß, die Füße*
for *für*
forbidden *verboten*
to forget *vergessen*
fork *die Gabel, die Gabeln*
form (to fill out) *das Formular, die Formulare*

forward *nach vorne*
in the front compartment *im vorderen Teil*
foul *das Foul, die Fouls*
fragile *zerbrechlich*
frame *der Rahmen, die Rahmen*
to freeze *frieren*
freezer (upright) *der Tiefkühlschrank,*
   die Tiefkühlschränke
freezer (chest) *die Tiefkühltruhe, die Tiefkühltruhen*
freezer compartment *das Tiefkühlfach,*
   die Tiefkühlfächer
French cuffs *die Manschetten*
frequently *häufig*
fresh *frisch*
fried *gebraten*
from (arriving from) *aus*
in the front *vorne, im vorderen Teil*
frozen *gefroren, tiefgekühlt*
fruit *die Frucht, die Früchte; das Obst* (no plural)
to fry *braten*
frying pan *die Bratpfanne, die Bratpfannen*
full (person's appetite) *voll, satt*
full (hotel) *voll belegt*
full (plane) *besetzt*
insurance coverage (comprehensive)
   die Vollkaskoversicherung,
   die Vollkaskoversicherungen
fuse *die Sicherung, die Sicherungen*
fuse box *der Sicherungskasten, die Sicherungskästen*

gallbladder *die Gallenblase, die Gallenblasen*
garbage *der Abfall, die Abfälle; der Müll* (no plural)
garbage can *der Mülleimer, die Mülleimer*
garden *der Garten, die Gärten*
gas can *der Benzinkanister, die Benzinkanister*
gas pedal *das Gaspedal, die Gaspedale*
gas pump *die Zapfsäule, die Zapfsäulen*
gas station *die Tankstelle, die Tankstellen*
gasoline *das Benzin; der Sprit*
gate (airport) *der Ausgang, die Ausgänge;*
   das Gate, die Gates
gear *der Gang, die Gänge*
(in first) gear *(im ersten) Gang*
gearshift *der Schalthebel, die Schalthebel*
German measles *die Röteln*
to get (obtain) *beschaffen*
to get (receive) *bekommen*
to get back *zurückbekommen*
to get off *aussteigen*
to get on *einsteigen*
to get through *durchkommen*
to get up *aufstehen*
gland (lymph glands) *die Drüse, die Drüsen*
   (Lymphdrüsen)
glass *das Glas, die Gläser*
glove *der Handschuh, die Handschuhe*

glove compartment *das Handschuhfach,*
   die Handschuhfächer
to glue *kleben*
to go back *zurückgehen*
to go to bed *ins Bett gehen*
to go with (e.g., colors) *passen zu*
goal *das Tor, die Tore*
(to make) a goal, score a point *ein Tor schießen*
goalie, goalkeeper *der Torwart, die Torwarte*
Goodbye *Auf Wiederhören* (telephone);
   Auf Wiedersehen (in person)
to google *googeln*
GPS *das Navigationssystem, die Navigationssysteme*
   (das Navi, die Navis)
to grant *gewähren*
gravy boat *die Soßenschüssel, die Soßenschüsseln*
to grease *schmieren*
to greet *begrüßen*
grilled *gegrillt*
groceries *die Lebensmittel*
guest *der Gast, die Gäste*

hair *das Haar, die Haare*
hair gel *das Haargel, die Haargele*
hair spray *das Haarspray, die Haarsprays*
haircut *der Haarschnitt, die Haarschnitte*
hairdresser (female*) die Friseurin (Frisörin),*
   die Friseurinnen (Frisörinnen);
   (male) *der Friseur (Frisör), die Friseure (Frisöre)*
to hand (someone something) *reichen*
hand brake *die Handbremse, die Handbremsen*
hand towel *das Handtuch, die Handtücher*
handbag *die Handtasche, die Handtaschen*
handkerchief *das Taschentuch, die Taschentücher*
handle *der Griff, die Griffe;* (long) *der Stiel, die Stiele*
hang up *auflegen, einhängen*
hanger *der Kleiderbügel, die Kleiderbügel*
to happen *passieren*
hard drive (computer) *die Festplatte, die Festplatten*
head *der Kopf, die Köpfe*
headlights *das Licht*
headphones *der Kopfhörer, die Kopfhörer*
(head)waiter *der Ober, die Ober*
health insurance *die Krankenkasse,*
   die Krankenkassen
heart *das Herz, die Herzen*
heart attack *der Herzanfall, die Herzanfälle;*
   der Herzinfarkt, die Herzinfarkte
heat *die Heizung, die Heizungen*
to heat *erhitzen*
heel (of a shoe) *der Absatz, die Absätze*
to help *helfen*
hem *der Saum, die Säume*
hemorrhoids *die Hämorriden*
hero *der Held, die Helden*
heroine *die Heldin, die Heldinnen*

high *hoch*
high beams *das Fernlicht, die Fernlichter*
high-heeled shoes *der Pumps, die Pumps*
higher *höher*
highlights (hair) *die Strähnchen*
highway *die Bundesstraße, die Bundesstraßen*
highway (super-, interstate) *die Autobahn,*
   die Autobahnen
hip *die Hüfte, die Hüften*
to hit *schlagen*
Please hold. *Bitte, bleiben Sie am Apparat.*
hood (of car) *die Haube, die Hauben*
horn (of car) *die Hupe, die Hupen*
hospital *das Krankenhaus, die Krankenhäuser*
hot *heiß*
housecleaning *der Hausputz*
housework *die Hausarbeit*
how long *wie lange*
hubcap *die Radkappe, die Radkappen*
hunger *der Hunger*
hungry *hungrig*
to hurt *weh tun*
husband *der Ehemann (Mann), die Ehemänner*
   (Männer)

ice cube *der Eiswürfel, die Eiswürfel*
ignition *die Zündung, die Zündungen*
ignition key *der Zündschlüssel, die Zündschlüssel*
ill *krank*
to immobilize (a bone) *ruhig stellen*
important *wichtig*
incision *der Schnitt, die Schnitte*
included (in the price) *inbegriffen (im Preis)*
infantile paralysis (polio) *die Kinderlähmung*
influenza *die Influenza*
to inform *mitteilen*
information *die Auskunft, die Auskünfte*
injection *die Spritze, die Spritzen*
injured *verletzt*
injured person (female) *die Verletzte, die Verletzten;*
   (male) *der Verletzte, die Verletzten*
to input (computer) *eingeben*
to insert *einführen; einschieben*
installment (payment) *die Rate, die Raten*
to insure *versichern*
intensive care unit *die Intensivstation,*
   die Intensivstationen
interest *die Zinsen*
interest rate *der Zinssatz, die Zinssätze*
intermission *die Pause, die Pausen*
intern (female) *die Assistenzärztin,*
   die Assistenzärztinnen; (male) *der Assistenzarzt,*
   die Assistenzärzte
international flight *der Auslandsflug,*
   die Auslandsflüge
international information *die Auslandsauskunft*

Internet connection *der Internet-Anschluss*
intersection (street) *die Kreuzung, die Kreuzungen*
intestine *der Darm, die Därme; das Gedärm,*
   die Gedärme
intravenous *intravenös*
iron *das Bügeleisen, die Bügeleisen*
to iron, press *bügeln*
no-iron (fabric) *bügelfrei*
ironing board *das Bügelbrett, die Bügelbretter*
to issue (a ticket) *einen Flugschein ausstellen*

jack (automotive) *der Wagenheber, die Wagenheber*
jacket (sport) *der Sakko, die Sakkos*
jacket (suit) *die Jacke, die Jacken; das Jackett,*
   die Jacketts
jar *das Glas, die Gläser*
jeans *die Jeans*
jogging shoe *der Joggingschuh, die Joggingschuhe*
jogging suit *der Jogginganzug, die Jogginganzüge*
juice *der Saft, die Säfte*

ketchup *das Ketchup*
key (door) *der Schlüssel, die Schlüssel*
key (keyboard) *die Taste, die Tasten*
keyboard *die Tastatur, die Tastaturen*
keypad *die Tastatur, die Tastaturen*
to kick *treten*
kidney *die Niere, die Nieren*
kneesock *der Kniestrumpf, die Kniestrümpfe*
knife *das Messer, die Messer*
to knock *klopfen*

labor, labor pains *die Wehe, die Wehen*
lace *die Spitze, die Spitzen*
lamp *die Lampe, die Lampen*
to land *landen*
landing *die Landung, die Landungen*
lane (of highway) *der Fahrstreifen, die Fahrstreifen*
laptop *der Laptop, die Laptops*
to last, take (time) *dauern*
late *verspätet*
later *später*
laundry service *der Wäsche-Service*
laundry *die Wäsche*
to leak *lecken*
leather *das Leder*
to leave *lassen, verlassen*
to leave (planes) *abfliegen*
to leave (trains, buses) *abfahren*
(to the) left *links*
left at the corner *links um die Ecke*
leg *das Bein, die Beine*
letter *der Brief, die Briefe*
lettuce *der Kopfsalat, die Kopfsalate*
license plate *das Nummernschild,*
   die Nummernschilder

life jacket *die Schwimmweste, die Schwimmwesten*
to lift *abheben*
light switch *der Lichtschalter, die Lichtschalter*
to light up, shine *leuchten*
lightbulb *die Glühbirne, die Glühbirnen*
line (people waiting) *die Schlange, die Schlangen*
line (telephone) *die Leitung, die Leitungen*
lining *das Futter, die Futter*
to listen to *sich anhören*
lit, turned on *eingeschaltet*
liver *die Leber, die Lebern*
living room *das Wohnzimmer, die Wohnzimmer*
loan *das Darlehen, die Darlehen*
local call *das Ortsgespräch, die Ortsgespräche*
local train *der Nahverkehrszug,*
   die Nahverkehrszüge
to lock *verschließen*
locker *das Schließfach, die Schließfächer*
to lodge, stay overnight *übernachten*
long *lang*
long-distance call *das Ferngespräch,*
   die Ferngespräche
long-distance flight *der Langstreckenflug,*
   die Langstreckenflüge
to look *schauen*
loose *lose*
lost (one's way) *verirrt*
low beams *das Abblendlicht, die Abblendlichter*
lower *niedriger*
to lubricate *ölen, schmieren*
luggage *das Gepäck*
luggage cart *der Kofferkuli, die Kofferkulis*
lungs *die Lunge, die Lungen*

magazine *die Zeitschrift, die Zeitschriften*
magnetic resonance imaging (MRI) *die*
   Kernspintomographie, die Kernspintomographien
maid *das Zimmermädchen, die Zimmermädchen*
mail *die Post*
to mail *einwerfen; einstecken*
mailbox *der Briefkasten, die Briefkästen*
main course (meal) *das Hauptgericht,*
   die Hauptgerichte
main railroad station *der Hauptbahnhof,*
   die Hauptbahnhöfe
to make a U-turn *wenden*
to make easier *erleichtern*
makeup *die Schminke*
(to apply) makeup *sich schminken*
man *der Mann, die Männer*
manicure *die Maniküre*
map *die Landkarte, die Landkarten*
mattress *die Matratze, die Matratzen*
mayonnaise *die Mayonnaise (Majonäse)*
meal *die Mahlzeit, die Mahlzeiten*
measles *die Masern*

to measure *messen*
measurements *die Maße*
meat *das Fleisch*
medical history *die Krankengeschichte,*
  die Krankengeschichten
medium (meat) *medium*
to meet *treffen*
to melt (Butter) *(Butter) auslassen*
to mend *flicken*
menstrual period *die Regel*
mental illness *die psychische Krankheit,*
  die psychischen Krankheiten; die psychische
  Störung, die psychischen Störungen
menu *die Speisekarte, die Speisekarten*
menu (of daily specials) *die Tageskarte,*
  die Tageskarten
(fixed) menu *das Menü, die Menüs*
message *die Nachricht, die Nachrichten*
message center *die Zentrale, die Zentralen*
mezzanine *der erste Rang, die ersten Ränge*
midwife *die Hebamme, die Hebammen*
mileage (kilometer) charge *das Kilometergeld*
mirror *der Spiegel, die Spiegel*
to misdial *sich verwählen*
to be missing *fehlen*
moderately priced traditional (restaurant
  classification) *gutbürgerlich*
molar *der Backenzahn, die Backenzähne*
money *das Geld*
money order *die Zahlungsanweisung,*
  die Zahlungsanweisungen
monitor *der Monitor, die Monitore*
monthly payment *die monatliche Rate*
mortgage *die Hypothek, die Hypotheken*
to take out / assume a mortgage *eine Hypothek*
  aufnehmen
mountain *der Berg, die Berge*
mouse *die Maus, die Mäuse*
mouse pad *das Mauspad, die Mauspads*
mouth *der Mund, die Münder*
movies *das Kino, die Kinos*
mucus *der Schleim*
mumps *der Mumps*
musical *das Musical, die Musicals*
mustache *der Schnurrbart, die Schnurrbärte*
mustard *der Senf*

nail polish *der Nagellack*
to name *benennen*
napkin *die Serviette, die Servietten*
narrow *schmal, eng*
nauseous *übel*
nearby, in the vicinity *in der Nähe*
necessary *notwendig*
neck *der Hals, die Hälse*
(back of the) neck *der Nacken, die Nacken*

to need *brauchen*
neither … nor *weder … noch*
net *das Netz, die Netze*
net ball *der Netzball, die Netzbälle*
neutral *der Leerlauf*
newspaper *die Zeitung, die Zeitungen*
night table *der Nachttisch, die Nachttische*
night train *der Nachtzug, die Nachtzüge*
nightmare *der Albtraum, die Albträume*
noise *der Lärm*
nonstop flight *der Nonstopflug, die Nonstopflüge*
to note *merken*
now *jetzt*
nozzle *das Zapfventil, die Zapfventile*
number *die Nummer, die Nummern*
nurse (female) *die Krankenschwester,*
  die Krankenschwestern; (male) *der Krankenpfleger,*
  die Krankenpfleger
nylon *das Nylon*

obstetrician (female) *die Geburtshelferin,*
  die Geburtshelferinnen; (male) *der Geburtshelfer,*
  die Geburtshelfer
(fully) occupied *(voll) besetzt*
to occupy oneself with *sich befassen mit*
odometer (reading in kilometers)
  der Kilometerzähler, die Kilometerzähler
office *das Büro, die Büros*
often *oft*
oil *das Öl*
oil level *der Ölstand, die Ölstände*
okay, all right *in Ordnung*
on a low flame (at low heat) *bei niedriger Hitze*
one-way street *die Einbahnstraße,*
  die Einbahnstraßen
one-way ticket *einfache Fahrkarte*
to open *öffnen, eröffnen*
to operate (piece of equipment) *betätigen*
to operate (medical) *die Operation durchführen;*
  operieren; einen chirurgischen Eingriff
  vornehmen
operating room *der Operationssaal,*
  die Operationssäle
operating table *der Operationstisch,*
  die Operationstische
operation (surgical intervention) *der Eingriff,*
  die Eingriffe; die Operation, die Operationen
orchestra (seats) *das Parkett*
to order *bestellen*
orthopedist (female) *die Orthopädin,*
  die Orthopädinnen; (male) *der Orthopäde,*
  die Orthopäden
out *aus*
out of order *außer Betrieb*
outlet (electrical) *die Steckdose, die Steckdosen*
outside *draußen, außerhalb*

ovary *der Eierstock, die Eierstöcke; das Ovarium, die Ovarien*
oven *der Backofen, die Backöfen; der Ofen, die Öfen*
overhead compartment *die Gepäckablage, die Gepäckablagen*
overheat *überhitzen*
oxygen *der Sauerstoff*
oxygen mask *die Sauerstoffmaske, die Sauerstoffmasken*
oxygen tent *das Sauerstoffzelt, die Sauerstoffzelte*
oxygen tube *der Sauerstoffschlauch, die Sauerstoffschläuche*

package *das Paket, die Pakete*
package (small) *das Päckchen, die Päckchen*
pain *der Schmerz, die Schmerzen*
pair *das Paar, die Paare*
pan *die Pfanne, die Pfannen*
panties *der Slip, die Slips*
pantry *die Speisekammer, die Speisekammern*
pants *die Hose, die Hosen*
pantsuit *der Hosenanzug, die Hosenanzüge*
panty hose *die Strumpfhose, die Strumpfhosen*
to pare *schälen*
paring knife *das Schälmesser, die Schälmesser*
to park *parken, abstellen*
part (role) *die Rolle, die Rollen*
to pass (a ball) *führen, passen*
to pass (soccer) *einen Pass spielen*
(to make a long) pass *eine Flanke schießen*
to pass (hand something to someone) *reichen*
passenger (male or female) *der Passagier, die Passagiere; der Fahrgast, die Fahrgäste*
to be passing through *auf der Durchreise sein*
passport *der Reisepass, die Reisepässe*
passport control *die Passkontrolle, die Passkontrollen*
password *das Passwort, die Passwörter*
to paste *kleben*
patient (female) *die Patientin, die Patientinnen;* (male) *der Patient, die Patienten*
to pay *bezahlen, zahlen*
to pay duty *verzollen*
pay off in installments *in Raten zahlen*
pedicure *die Pediküre*
to peel *schälen*
penicillin *das Penizillin*
penicillin injection *die Penizillinspritze, die Penizillinspritzen*
pepper *der Pfeffer*
pepper mill *die Pfeffermühle, die Pfeffermühlen*
pepper shaker *der Pfefferstreuer, die Pfefferstreuer*
per hour *pro Stunde*
performance *die Aufführung, die Aufführungen*
period, half (soccer) *die Halbzeit, die Halbzeiten*
perm, permanent wave *die Dauerwelle, die Dauerwellen*

personal effects *die persönlichen Sachen*
personal identity card *der Personalausweis, die Personalausweise*
phlegm *der Schleim*
photograph, photo *das Foto, die Fotos*
to pick up (fetch, collect) *abholen*
to pick up (receiver) *abheben, abnehmen*
picture *das Bild, die Bilder*
piece *das Stück, die Stücke*
pillow *das Kopfkissen, die Kopfkissen*
pillowcase *der Kopfkissenbezug, die Kopfkissenbezüge*
pilot (female) *die Pilotin, die Pilotinnen;* (male) *der Pilot, die Piloten*
PIN number *die Geheimnummer, die Geheimnummern*
pipe (plumbing) *das Rohr, die Rohre*
place, seat *der Platz, die Plätze*
to place *legen* (horizontal), *stellen* (vertical)
place setting (silverware) *das Besteck, die Bestecke*
plane *das Flugzeug, die Flugzeuge; die Maschine, die Maschinen*
plate *der Teller, die Teller*
platform (at train station) *der Bahnsteig, die Bahnsteige*
play *das Stück, die Stücke; das Theaterstück, die Theaterstücke; das Schauspiel, die Schauspiele*
to play (games, tapes, records) *spielen*
player *der Spieler, die Spieler*
playing field *das Spielfeld, die Spielfelder*
pleasant *angenehm*
for pleasure *zum Vergnügen*
plug (electric) *der Stecker, die Stecker*
plug (for sink) *der Stöpsel, die Stöpsel*
plumber *der Klempner, die Klempner*
plumbing *die Rohre*
poached *pochiert*
pocket *die Tasche, die Taschen*
pocketbook *die Handtasche, die Handtaschen*
point *der Punkt, die Punkte*
police *die Polizei*
poliomyelitis *die Polio*
to polish *polieren*
polishing cloth *der Putzlappen, die Putzlappen*
polka dot *das Pünktchen, die Pünktchen*
polka-dotted *gepunktet*
polyps *die Polypen*
pork *das Schweinefleisch*
possibility *die Möglichkeit, die Möglichkeiten*
post office *das Postamt, die Postämter*
post office box *das Postfach, die Postfächer*
postage (fee) *das Porto; die Postgebühr, die Postgebühren*
postcard *die Postkarte, die Postkarten*
pot (cooking) *die Kasserolle, die Kasserollen; der Topf, die Töpfe*

pot (small, for individual servings of coffee, tea, etc. in restaurants) *das Kännchen, die Kännchen*

poultry *das Geflügel*

to prefer *vorziehen*

pregnancy *die Schwangerschaft, die Schwangerschaften*

pregnant *schwanger*

to preheat *vorwärmen*

to prepare *vorbereiten, zubereiten*

to prescribe *verschreiben*

to present, show *zeigen*

to press *drücken*

to print *drucken*

printer *der Drucker, die Drucker*

prognosis *die Prognose, die Prognosen*

program *das Programm, die Programme*

to prohibit *verbieten*

prohibited *verboten*

to promise *versprechen*

to propose *vorschlagen*

to protect *schützen*

psychiatrist (female) *die Psychiaterin, die Psychiaterinnen;* (male) *der Psychiater, die Psychiater*

pub (bar) *die Kneipe, die Kneipen*

public *öffentlich*

to pull *ziehen*

to pull smooth *glatt ziehen*

pullover *der Pullover, die Pullover*

pulse *der Puls, die Pulse*

purchase *der Einkauf, die Einkäufe*

to purchase on the installment plan *auf Raten kaufen*

to push *schieben*

to put *stecken; stellen* (vertically), *legen* (horizontally)

to put in *einwerfen*

to put something on (clothing) *sich etwas anziehen*

to put something on (hat, glasses) *aufsetzen*

to put through (a telephone call) *verbinden*

radiator (car) *der Kühler, die Kühler*

radio *das Radio, die Radios*

radio program *die Radiosendung, die Radiosendungen*

radiology *die Radiologie*

railroad station *der Bahnhof, die Bahnhöfe*

rain *der Regen*

raincoat *der Regenmantel, die Regenmäntel*

rare (meat) *englisch, rosa*

raspberry *die Himbeere, die Himbeeren*

rayon *die Viskose*

razor *das Rasiermesser, die Rasiermesser*

razor (electric or safety) *der Rasierapparat, die Rasierapparate*

to reach *erreichen, reichen*

to read *lesen*

ready *bereit, fertig*

ready for takeoff *startbereit*

in the rear *im hinteren Teil*

rearview mirror *der Rückspiegel, die Rückspiegel*

receipt *die Quittung, die Quittungen*

to receive (get, obtain) *bekommen, erhalten*

to receive (guests) *empfangen*

receiver (telephone) *der Hörer, die Hörer*

reception *die Rezeption, die Rezeptionen*

reception desk *der Empfang*

recipient (addressee) *der Empfänger, die Empfänger*

to recommend *empfehlen*

recommended *empfehlenswert*

record *die Schallplatte, die Schallplatten*

recovery room *der Beobachtungsraum, die Beobachtungsräume*

red wine *der Rotwein, die Rotweine*

reduction in air pressure *der Luftdruckabfall*

referee *der Schiedsrichter, die Schiedsrichter*

refrigerator *der Kühlschrank, die Kühlschränke*

registration form *die Anmeldung, die Anmeldungen; der Meldeschein, die Meldescheine*

to remain seated with seat belts fastened *angeschnallt sitzen bleiben*

to remove *entfernen*

to rent *mieten*

rental contract *der Mietvertrag, die Mietverträge*

repair *die Reparatur, die Reparaturen*

to repair *reparieren*

to replace *erneuern, ersetzen*

to reserve *reservieren (lassen), vorbestellen*

rest (picnic) area (by highway) *der Rastplatz, die Rastplätze*

rest stop (with snack bar and gas) *die Raststätte, die Raststätten*

restaurant *die Gaststätte, die Gaststätten; das Restaurant, die Restaurants*

to return (bring back) *zurückbringen*

to return a ball (tennis) *zurückschlagen*

reverse (gear) *der Rückwärtsgang*

(to the) right *rechts*

right at the corner *rechts um die Ecke*

to ring *klingeln*

roast *der Braten, die Braten*

to roast *braten*

roasting chicken *das Hähnchen, die Hähnchen*

role (theatrical) *die Rolle, die Rollen*

roll (bread) *das Brötchen, die Brötchen; die Semmel, die Semmeln*

to roll up *hochkrempeln*

room *das Zimmer, die Zimmer*

(to make up) the room *das Zimmer (machen)*

room and board (includes breakfast plus lunch *and* dinner) *die Vollpension*

room key *der Zimmerschlüssel,*
  die Zimmerschlüssel
room service *der Zimmer-Service*
room with breakfast plus lunch *or* dinner
  die Halbpension
rooms available *Zimmer frei*
rough *rau*
round-trip ticket *die Rückfahrkarte,*
  die Rückfahrkarten
row *die Reihe, die Reihen*
rubber boot *der Gummistiefel, die Gummistiefel*
rug *der Teppich, die Teppiche*
runny nose *der Schnupfen*
rush hour *die Hauptverkehrszeit,*
  die Hauptverkehrszeiten

safety regulation *die Sicherheitsvorschrift,*
  die Sicherheitsvorschriften
salad *der Salat, die Salate*
salad bowl *die Salatschüssel, die Salatschüsseln*
salad plate *der Salatteller, die Salatteller*
salt *das Salz*
saltshaker *der Salzstreuer, die Salzstreuer*
sample *die Probe, die Proben*
sandal *die Sandale, die Sandalen*
saucer *die Untertasse, die Untertassen*
to sauté *schwenken*
sautéed *geschwenkt*
to save *sparen;* (computer) *speichern*
savings *die Ersparnisse*
savings account *das Sparkonto, die Sparkonten*
scale *die Waage, die Waagen*
scan *scannen*
scanner *der Scanner, die Scanner*
scarf *das Halstuch, die Halstücher; der Schal,*
  die Schals
scene *die Szene, die Szenen*
schedule (timetable) *der Fahrplan, die Fahrpläne*
school *die Schule, die Schulen*
scissors *die Schere, die Scheren*
score *der Spielstand, die Spielstände*
scoreboard *die Anzeigetafel, die Anzeigetafeln*
scoreless game *torloses Unentschieden*
screen (movie) *die Leinwand, die Leinwände;*
  (TV, computer monitor) *der Bildschirm,*
  die Bildschirme
sea *das Meer, die Meere; die See*
view of the sea *der Seeblick*
seam *die Naht, die Nähte*
to search for *suchen*
seat *der Sitz, die Sitze; der Sitzplatz, die Sitzplätze;*
  der Platz, die Plätze
seat belt *der Sicherheitsgurt, die Sicherheitsgurte*
seat number *die Platznummer, die Platznummern*
seat pocket (in plane) *die Tasche, die Taschen*
  am Sitz

seat reservation *die Platzreservierung,*
  die Platzreservierungen
security *die Sicherheit*
security check *die Sicherheitskontrolle,*
  die Sicherheitskontrollen
to select *wählen*
to sell *verkaufen*
to send *schicken*
to send off *abschicken, absenden*
sender *der Absender, die Absender*
sensitive to *empfindlich gegen*
serious *ernst*
serve (tennis) *der Aufschlag, die Aufschläge*
service *der Service; die Bedienung, die Bedienungen*
session *die Sitzung, die Sitzungen*
serving plate *der Servierteller, die Servierteller*
set (tennis) *der Satz, die Sätze*
to set (a bone) *richten*
to set (hair) *legen*
to set (the alarm clock) *(den Wecker) stellen*
to set the table *den Tisch decken*
to sew *nähen*
to sew on *annähen*
shade *das Rollo, die Rollos*
shampoo *die Haarwäsche, die Haarwäschen*
shave *die Rasur, die Rasuren*
to shave *rasieren*
to shave (oneself) *sich rasieren*
shaving cream *der Rasierschaum*
shaving soap *die Rasierseife*
shelf *das Regal, die Regale*
to shift (gears) *schalten*
to shift (into a gear) *einen Gang einlegen*
to shine *leuchten*
shirt *das Hemd, die Hemden*
shoe *der Schuh, die Schuhe*
shoelace *der Schnürsenkel, die Schnürsenkel*
to shoot a film *einen Film drehen*
short *kurz*
shorts *die Shorts*
shot *die Spritze, die Spritzen*
show *die Vorstellung, die Vorstellungen*
to show *zeigen*
shower *die Dusche, die Duschen*
to shrink *einlaufen*
sick *krank*
side *die Seite, die Seiten*
on the sides *an den Seiten*
sideburns *die Koteletten*
sideways *zur Seite*
sign (board) *das Schild, die Schilder*
sign (symbol, indication) *das Zeichen, die Zeichen*
to sign *unterschreiben*
signature *die Unterschrift, die Unterschriften*
silk *die Seide*
single room *das Einzelzimmer, die Einzelzimmer*

singles match (tennis) *das Einzel, die Einzel*
sink (kitchen) *die Spüle, die Spülen*
sink (bathroom) *das Waschbecken, die Waschbecken*
size *die Größe, die Größen*
skin *die Haut, die Häute*
skirt *der Rock, die Röcke*
to sleep *schlafen*
sleeping car *der Schlafwagen, die Schlafwagen*
sleeve *der Ärmel, die Ärmel*
slice *die Scheibe, die Scheiben*
slip *der Unterrock, die Unterröcke*
slipper *der Hausschuh, die Hausschuhe*
slot *der Schlitz, die Schlitze*
small *klein*
to smoke *rauchen*
smoked *geräuchert*
smoking section *die Raucherzone, die Raucherzonen*
no smoking section *die Nichtraucherzone,*
   die Nichtraucherzonen
sneaker *der Turnschuh, die Turnschuhe*
soap *die Seife*
soap dish *die Seifenschale, die Seifenschalen*
soccer field *das Fußballfeld, die Fußballfelder*
soccer team *die Fußballmannschaft,*
   die Fußballmannschaften
sock *die Socke, die Socken*
sofa *das Sofa, die Sofas*
sold out *ausverkauft*
sole (foot, shoe) *die Sohle, die Sohlen*
sometimes *manchmal*
song *der Song, die Songs; das Lied, die Lieder*
sore throat *die Halsschmerzen*
soup *die Suppe, die Suppen*
soup bowl *die Suppentasse, die Suppentassen*
soup plate *der Suppenteller, die Suppenteller*
spare part *das Ersatzteil, die Ersatzteile*
spare tire *der Ersatzreifen, die Ersatzreifen*
spark plugs *die Zündkerze, die Zündkerzen*
specialty *die Spezialität, die Spezialitäten*
spectator *der Zuschauer, die Zuschauer*
speed *die Geschwindigkeit, die Geschwindigkeiten*
speedometer *der Tachometer, die Tachometer*
spell-check *die Rechtschreibprüfung,*
   die Rechtschreibprüfungen
to spend (money) *ausgeben*
to spend (time) *verbringen*
sponge *der Schwamm, die Schwämme*
sponge cloth *das Schwammtuch,*
   die Schwammtücher
to sprain *verstauchen*
stage *die Bühne, die Bühnen*
stain *der Fleck, die Flecken*
to stall (automotive) *abwürgen*
stamp *die Briefmarke, die Briefmarken*
to stand *stehen*
starch *die Stärke*

starched *gestärkt*
start *der Start, die Starts*
to start *starten; (a car) anlassen; anspringen*
station café *das Bahnhofscafé, die Bahnhofscafés*
to stay *bleiben*
to stay overnight *übernachten*
steak *das Steak, die Steaks*
steamed *gedämpft*
steering wheel *das Lenkrad, die Lenkräder*
to step on *treten*
(in) stereo *in Stereo*
stereo music *die Musik in Stereo, die Stereomusik*
stew *das Ragout, die Ragouts; der Eintopf,*
   die Eintöpfe
to stick on *kleben*
to stitch *nähen*
stitches *die Fäden; die Stiche*
stocking *der Strumpf, die Strümpfe*
stomach *der Magen, die Mägen*
stomach pains *die Bauchschmerzen*
stool (bowel movement) *der Stuhl*
stop (for bus, streetcar) *die Haltestelle,*
   die Haltestellen
to stop *halten*
stopover (plane) *die Zwischenlandung,*
   die Zwischenlandungen
stove *der Herd, die Herde*
straight ahead *geradeaus*
strawberry *die Erdbeere, die Erdbeeren*
street *die Straße, die Straßen*
stretcher *die Tragbahre, die Tragbahren*
striped *gestreift*
strong *stark*
suburb *der Vorort, die Vororte*
suede *das Wildleder*
to suffer from *leiden an*
sugar *der Zucker*
sugar bowl *die Zuckerdose, die Zuckerdosen*
to suggest *empfehlen, vorschlagen*
suit *der Anzug, die Anzüge*
suit jacket (man's) *das Jackett, die Jacketts;*
   der Sakko, die Sakkos
suitcase *der Koffer, die Koffer*
superhighway *die Autobahn, die Autobahnen*
supplement *der Zuschlag, die Zuschläge*
to support *unterstützen*
surcharge *der Zuschlag, die Zuschläge*
surgeon (female) *die Chirurgin, die Chirurginnen;*
   (male) der Chirurg, die Chirurgen
sweater *der Pulli, die Pullis*
sweatshirt *das Sweatshirt, die Sweatshirts*
to sweep *fegen, kehren*
swimming trunks *die Badehose, die Badehosen*
swimsuit *der Badeanzug, die Badeanzüge*
switchboard (office) *die Vermittlung,*
   die Vermittlungen

swollen *geschwollen*

symptoms *das Symptom, die Symptome*

synthetic fabric *die Kunstfasern*

table *der Tisch, die Tische*

table lamp *die Tischlampe, die Tischlampen*

tablecloth *die Tischdecke, die Tischdecken*

tablespoon *der Esslöffel, die Esslöffel;*
  der Servierlöffel, die Servierlöffel

tablet, pill *die Tablette, die Tabletten*

tag (identification) *das Schild, die Schilder*

tailor (female) *die Schneiderin, die Schneiderinnen;*
  (male) der Schneider, die Schneider

to take a bath *sich baden*

to take a seat *Platz nehmen*

to take a shower *sich duschen*

to take a taxi (bus) *das Taxi (einen Bus) nehmen*

to take along *mitnehmen*

to take care of *betreuen*

to take measurements *Maß nehmen*

to take out (a loan) *(ein Darlehen) aufnehmen*

to take out (remove) *herausnehmen*

to take out (the garbage) *hinausbringen*

to take out (withdraw money from an account)
  abheben

to take X-rays *röntgen*

tank *der Tank, die Tanks*

tape *die Kassette, die Kassetten*

to taste *probieren, schmecken*

tavern *die Kneipe, die Kneipen*

taxi *das Taxi, die Taxis*

teammate (female) *die Mitspielerin,*
  die Mitspielerinnen; (male) der Mitspieler,
  die Mitspieler

teaspoon *der Teelöffel, die Teelöffel*

telephone book *das Telefonbuch, die Telefonbücher*

telephone booth *die Telefonzelle, die Telefonzellen*

telephone call *der Telefonanruf, die Telefonanrufe*

telephone number *die Telefonnummer,*
  die Telefonnummern

television set *der Fernseher, die Fernseher*

teller (female) *die Bankangestellte,*
  die Bankangestellten; (male) der Bankangestellte,
  die Bankangestellten

temperature *die Temperatur, die Temperaturen*

tennis ball *der Tennisball, die Tennisbälle*

tennis court *der Tennisplatz, die Tennisplätze*

tennis racket *der Tennisschläger, die Tennisschläger*

tennis tournament *das Tennisturnier,*
  die Tennisturniere

terminal *die Halle, die Hallen; das Terminal,*
  die Terminals

tetanus *der Tetanus*

text message *die SMS, die SMS*

to text (send a text message) *simsen*

theater *das Theater, die Theater*

things *die Sachen*

thirst *der Durst*

thirsty *durstig*

throat *der Rachen, die Rachen*

through passenger *der Transitpassagier,*
  die Transitpassagiere

to throw *werfen*

ticket *die Fahrkarte, die Fahrkarten; die Karte,*
  die Karten; das Ticket, die Tickets

ticket holder *die Flugscheinhülle,*
  die Flugscheinhüllen

ticket window *der Schalter, die Schalter;*
  (box office) die Theaterkasse, die Theaterkassen

tie *die Krawatte, die Krawatten; der Schlips,*
  die Schlipse

tied (game) *unentschieden*

tight *eng*

on time *pünktlich*

tip *das Trinkgeld, die Trinkgelder*

tire *der Reifen, die Reifen*

tire pressure *der Reifendruck*

tobacco *der Tabak*

to (a destination) *nach*

toe *der Zeh, die Zehen; die Zehe, die Zehen*

toenail *der Fußnagel, die Fußnägel*

together *zusammen*

toilet *die Toilette, die Toiletten*

toilet paper *das Toilettenpapier*

tonsils *die Mandeln*

tooth *der Zahn, die Zähne*

toothache *die Zahnschmerzen*

toothbrush *die Zahnbürste, die Zahnbürsten*

toothpaste *die Zahnpasta, die Zahnpasten*

on top *oben*

top balcony *der Heuboden, die Heuböden*

torn *gerissen*

torn open *aufgerissen*

to toss and turn *sich unruhig hin- und herwälzen*

to touch *berühren*

tough *zäh*

to tow *abschleppen*

tow truck *der Abschleppwagen,*
  die Abschleppwagen

towel rack *der Handtuchhalter,*
  die Handtuchhalter

town *der Ort, die Orte*

track *das Gleis, die Gleise*

traffic *der Verkehr*

traffic jam *der Stau, die Staus*

traffic light *die Verkehrsampel, die Verkehrsampeln;*
  die Ampel, die Ampeln

tragedy *die Tragödie, die Tragödien*

train *der Zug, die Züge*

train trip *die Bahnfahrt, die Bahnfahrten*

tranquilizer *das Beruhigungsmittel,*
  die Beruhigungsmittel

(bank) transfer *die Überweisung,*
  die Überweisungen
to travel *reisen*
traveler's check *der Reisescheck, die Reiseschecks*
tray *das Tablett, die Tabletts*
treatment room *der Behandlungsraum,*
  die Behandlungsräume
trim *der Nachschnitt, die Nachschnitte*
to trim (beard) *stutzen*
to trim (hair) *nachschneiden*
trip *die Reise, die Reisen*
trunk (of car) *der Kofferraum, die Kofferräume*
to try *versuchen; probieren*
tuberculosis *die Schwindsucht; die Tuberkulose*
  (TBC)
turbulence *die Turbulenz, die Turbulenzen*
to turn left *nach links fahren (gehen)*
to turn off (go in a direction) *abbiegen*
to turn off (lights and other electrical devices)
  ausschalten
to turn on (faucet) *aufdrehen*
to turn on (lights and other electrical devices)
  anschalten, einschalten
to turn right *nach rechts fahren (gehen)*
to turn right/left at the corner *rechts/links um*
  die Ecke biegen
twin beds *die Einzelbetten*
to twist, sprain *verrenken*

ulcer *das Geschwür, die Geschwüre*
ultrasound *der Ultraschall*
under, underneath *unter*
underpants *die Unterhose, die Unterhosen*
undershirt *das Unterhemd, die Unterhemden*
underwear *die Unterwäsche*
to undress (in doctor's office only) *sich frei machen*
unexpected turbulence *unerwartete Turbulenz*
unscented *unparfümiert*
to update *aktualisieren*
upper right *oben rechts*
upright *senkrecht*
urine *der Urin*
to use *benutzen*
usher (female) *die Platzanweiserin,*
  die Platzanweiserinnen; (male) *der Platzanweiser,*
  die Platzanweiser

to vaccinate *impfen*
vaccinated *geimpft*
to vacuum *saugen, Staub saugen*
vacuum cleaner *der Staubsauger, die Staubsauger*
valuable *wertvoll*
value added tax *die Mehrwertsteuer*
variety show *das Varieté, die Varietés*
various *verschieden*
veal *das Kalbfleisch*

vegetables *das Gemüse*
venereal disease *die Geschlechtskrankheit,*
  die Geschlechtskrankheiten
Venetian blind *die Jalousie, die Jalousien*
via airmail *per Luftpost*
to vibrate *vibrieren*
visa *das Visum, die Visa*
viscose *die Viskose*
vital organ *das lebenswichtige Organ,*
  die lebenswichtigen Organe
voice *die Stimme, die Stimmen*
voltage *die Spannung*
to vomit *sich übergeben*

to wait *warten*
waiter *der Ober, die Ober; der Kellner, die Kellner*
waitress *die Kellnerin, die Kellnerinnen*
to walk *spazieren, gehen, zu Fuß gehen, spazieren*
  gehen
wall unit *die Schrankwand, die Schrankwände;*
  der Wohnzimmerschrank,
  die Wohnzimmerschränke
wall-to-wall carpeting *der Teppichboden,*
  die Teppichböden
wand (airport security) *die Magnetsonde,*
  die Magnetsonden
warm *warm*
warming tray *die Warmhalteplatte,*
  die Warmhalteplatten
to wash *waschen*
to wash oneself *sich waschen*
to wash the dishes *(das Geschirr) abwaschen*
washcloth *der Waschlappen, die Waschlappen*
washing machine *die Waschmaschine,*
  die Waschmaschinen
washroom *der Waschraum, die Waschräume*
to watch television *fernsehen*
water *das Wasser*
water (in car radiator) *das Kühlwasser*
weak *schwach*
to wear *tragen*
weekly charge *der Wochentarif, die Wochentarife*
to weigh *wiegen*
to welcome *begrüßen*
well done (meat) *durchgebraten*
wet *nass*
what kind of *was für ein (eine)*
wheel bearing *das Radlager, die Radlager*
wheelchair *der Rollstuhl, die Rollstühle*
which *welcher*
whipped cream *die Schlagsahne*
whisk *der Quirl, die Quirle*
whiskey *der Whiskey*
to whistle *pfeifen*
white wine *der Weißwein, die Weißweine*
whooping cough *der Keuchhusten*

wide *breit, weit*

wife *die Ehefrau (Frau), die Ehefrauen (Frauen)*

to win *gewinnen*

window *das Fenster, die Fenster*

windshield *die Windschutzscheibe, die Windschutzscheiben*

windshield wiper *der Scheibenwischer, die Scheibenwischer*

wine *der Wein, die Weine*

wine list *die Weinkarte, die Weinkarten*

wing *der Flügel, die Flügel*

wing (of a plane) *die Tragfläche, die Tragflächen*

to wipe *wischen*

to wish *wünschen*

to withdraw (money from an account) *abheben*

woman *die Frau, die Frauen*

woman's suit *das Kostüm, die Kostüme*

won *gewann*

wool *die Wolle*

wool sock *der Wollstrumpf, die Wollstrümpfe*

word processing program *das Textverarbeitungsprogramm, die Textverarbeitungsprogramme*

to work *arbeiten;* (function) *funktionieren*

worsted *das Kammgarn*

wound *die Wunde, die Wunden*

wounded *verletzt*

to wrap *einwickeln*

to wrinkle *knittern*

wrinkle-resistant *knitterfrei*

wrist *das Handgelenk, die Handgelenke*

X-ray *das Röntgenbild, die Röntgenbilder; die Röntgenaufnahme, die Röntgenaufnahmen*

to x-ray *röntgen*

zero *null*

zip code *die Postleitzahl, die Postleitzahlen*

zipper *der Reißverschluss, die Reißverschlüsse*

zone *die Zone, die Zonen*